JN080938

トランスランゲージング・クラスルーム

子どもたちの複数言語を活用した学校教師の実践

オフィーリア・ガルシア
スザンナ・イバラ・ジョンソン
ケイト・セルツァー
［著］

佐野愛子　中島和子
［監訳］

THE
TRANSLANGUAGING
CLASSROOM
Leveraging Student
Bilingualism for Learning

Ofelia García
Susana Ibarra Johnson
Kate Seltzer

This is a translation of
THE TRANSLANGUAGING CLASSROOM
Leveraging Student Bilingualism for Learning

明石書店

THE TRANSLANGUAGING CLASSROOM: Leveraging Student Bilingualism for Learning
by Ofelia García, Ph.D., Susana Ibarra Johnson, Ph.D., and Kate Seltzer, Ph.D.

Originally published in the United States of America by Caslon, Inc.,
and acquired by Paul H. Brookes Publishing Co., Inc.
Copyright © 2016 by Paul H. Brookes Publishing Co., Inc.

Japanese translation published by arrangement with Paul H. Brookes Publishing Co., Inc.
through The English Agency (Japan) Ltd.

監訳者によるまえがき

　翻訳プロジェクトが始まって約 3 年になります。ついにこの『トランスラ
ンゲージング・クラスルーム——子どもたちの複数言語を活用した学校教師
の実践』、通称 TLC を皆様のお手元にお届けできることを訳者一同大変うれ
しく思っております。

　この本の原著である *The Translanguaging Classroom: Leveraging Student Bilin-
gualism for Learning* は、科研基盤研究 B　課題番号 21H00538「文化的言語的
に多様な子どもの教育のための汎用的言語能力の参照枠の構築」（研究代表
者：国際教養大学　伊東祐郎）の理論的基盤として科研メンバーで輪読するた
めに選ばれました。科研のミーティングで読み進めていくうちに、この本が
近年言語教育の分野で大きな潮流を生み出している「トランスランゲージン
グ」の教育理念を、具体的な事例を豊富に交えてわかりやすく説明してくれ
ることが明らかになり、ぜひ日本の教育現場の先生方にも気軽に読んでいた
だきたい、という思いが強まり、この翻訳プロジェクトがスタートしたので
す。

　トランスランゲージングという用語が言語教育の分野で使われ始めたのは、
2000 年代の初め頃でした。日本の研究者がこの概念に注目し始めたのは、
2014 年 の García and Li Wei の *Translanguaging: Language, Bilingualism and Educa-
tion* が出版された頃だったと思います。私もすぐに入手してこの本を読み、
翌年来日した Ofelia García 博士の講演を聴いてまさに eye-opening な感動があ
りました。それから 10 年の間に、この概念はバイリンガル研究、ことばの
教育の研究において極めて重要な位置を占めるに至り、これに関わる論文の
数は膨大なものとなっています。

　この用語を使用する論文が増えるにつれて、この概念も拡張していき、現
在では大きく分けて 2 つの分野で扱われるようになっています。1 つは、バ
イリンガル・マルチリンガルの言語使用を社会言語学的なアプローチで分析

するものです。もう1つは、バイリンガル・マルチリンガルな子どもたちの教育を考えるうえでの枠組みとなるもので、「教育学的トランスランゲージング（pedagogical translanguaging）」と呼ぶこともあります。本書はこの、後者に属すものです。

　本書で展開されるトランスランゲージング教育論では、教師のトランスランゲージング・スタンスと、トランスランゲージング・デザイン、そしてトランスランゲージング・シフトの3つが互いに絡みあいながら1つの強くてしなやかな綱を編み上げるイメージが用いられます。ここで言う「スタンス」とは、バイリンガル・マルチリンガルの生徒の言語資源すべてを価値あるものとして認め、尊重する教師の態度を指します。「デザイン」とは、そうしたスタンスを反映した指導とアセスメントの構築を意味します。生徒たちの言語パフォーマンスをよく観察し、それぞれの生徒が今どんな支援を必要としているのか、どのようなタスクを設定すればさらに力を開花させられるのか見極めながら明確な意図性を持って指導と評価を計画していくことが求められています。同時に、指導やアセスメントの場面で、生徒のパフォーマンスに即して臨機応変に指導を調節する柔軟さ、「シフト」も重要です。この3つが互いを支え合う形で授業が展開するとき、生徒たちの力が存分に活用され、その学びが深まっていきます。本書には、その具体的な事例がたくさん紹介されています。

　この3つのうち、とりわけ本書の核心と言うべき部分は、デザインに関わる記述の厚みです。特に、本書が提案する、児童生徒が様々なタスクを遂行する中で見せるパフォーマンスを、GLP（言語総合パフォーマンス）とLSP（言語固有パフォーマンス）に分けて見る視点は、複数言語環境に育つ子どもたちの教育を考えるうえで極めて重要だと思います。日本の文脈で考えるなら、日本語でできること、できないことを見極めることも当然大切ですが、子どもたちが母語も含めてすべての言語資源をあますことなく活用した場合にできること、まだできないこと、教師の適切な足場がけがあればできそうなことを見極めていくことは、子どもたちの認知発達を止めないためにも必要不可欠な視点だと言えるでしょう。

　この本を読みながら、私の心の中に常にあったのは、子どもたちが学ぶ権

利についてでした。日本の様々な小学校で出会う複数言語で学ぶ子どもたちに、「学校は楽しいですか？」と問いかけると、多くの子どもたちが「楽しいです！」と答えくれます。「何が楽しいですか？」と続けて聞くと、「勉強です」と答える子どもたちや「宿題です」と答える子どもたちがたくさんいます。これは、子どもたちの本当の声だと思います。いわゆる「おりこうさん」ぶった応答をしたのではなく、そもそも子どもというものは、学ぶことが好きなのだ、学ぶことは人間にとって大きな喜びなのだ、ということを改めて考えさせられます。

　ただ、残念なことに、複数言語環境に生きる子どもたちには、その「学ぶ喜び」がしっかりと届いていないことが少なくないと思います。それは、自分たちの持つ言語資源を最大限に活用する機会を奪われているからです。この文章を書いている時点においても、「母語使用禁止」のルールを設置している学校がある、という報告が届いています。また、学校のルールとして明示的にそうした機会を奪っていないにしても、「ここは日本の学校だから……」という教師のプレッシャーを子どもたちは敏感に感じ取って、「自主規制」してしまいます。そのような状況では深い学びが起こるべくもなく、子どもたちは学ぶ喜びから周縁化され、「勉強のできない子」というレッテルを貼られ、そのレッテルを内面化していきます。

　複数言語環境に育つ子どもたちの力が、思うように伸びていかないとき、「まだ言葉がうまくできないからしかたないよね」と親も教師もあきらめてしまうことが往々にしてあります。そう言われ続けるうちに、子ども自身もあきらめてしまいます。そういう学習現場では、子どもたちの学びは「とりあえず」の形でドリルなどの単純作業に矮小化されてしまうことがよくあります。しかし、ドリル練習をいくら積み重ねても、認知的な発達を支える本物のことばは育っていきません。ドリルの延長線上には、思考の発達はないのです。

　注意しなくてはならないのは、教師や周囲の支援者は、子どもたちに過度な負担をかけないように、という「善意」に基づいて子どもたちにドリル的な単純作業を与えてしまうことがある、という点です。しかし、一人ひとりの教師が「善意」と思ってそうしたとしても、それは構造的な同化政策に直

結してしまう危険性を持っています。振り返ってみれば、先住民族の言語が抑圧されていくとき、また、植民地化された場所での人々のことばが抑圧されていくとき、マジョリティの側は常に「それがマイノリティの利益になるのだ」という理論で自らを納得させてきました。しかし、言葉を奪うことは、子どもが学ぶ機会を、もっと言えば思考のためのツールを奪うことです。それは、子どもに対する最も大きな罪だというべきでしょう。21世紀の今、私たちが同じ過ちを繰り返すことは許されません。何が真に子どもたちのためになる教育なのか、それに迷ったときには、「この教育実践を10年続けたとき、この子はどんなに輝いているだろうか」と自らに問わなくてはいけないと思います。10年たっても、「日本語がわりとできる人」というだけなのか、それとも「マルチリンガルとしてのアイデンティティを確立し、自分に誇りを持ち、他者へのリスペクトにあふれた人間」に育っているのか、それを考え続けるのがバイリンガル・マルチリンガルな子どもたちを教える教師の使命ではないでしょうか。日本語の発達段階にかかわらず、また家庭言語の発達段階にかかわらず、すべての子どもたちが自分につながることばと文化に誇りを持ち、すべての言語資源を活用しながら友達と共に学びを深めていくために、私たちは授業実践を改革し続ける義務があると思います。この本は、そうした改革を自らに課す教師のみなさんに向けて書かれた本です。

　本書で一貫して用いられるメタファー、「トランスランゲージング・コリエンテ」とは、しなやかに姿を変えながら強いうねりとなって必然の方向へ流れる河をイメージしたものです。本書が示す河の流れが、強く、しなやかに、日本で学ぶマルチリンガルの子どもたちに、「学ぶ喜び」を届けるうねりを生み出すことを祈りながら。

　　　訳者を代表して　　　　　　　　　　　　　　　　　　佐　野　愛　子
　　　　梅のほころび始めた京都にて

謝　辞

　本書の出版は、科研基盤研究B　課題番号21H00538「文化的言語的に多様な子どもの教育のための汎用的言語能力の参照枠の構築」の助成を受けたものです。また、この本の編集にあたり、明石書店の深澤孝之氏、及び岡留洋文氏に多大なお力添えをいただきました。ここに記して感謝の意を示したいと思います。

序　文

　この「まえがき」を書き始めている今、スタンフォード大学では秋学期が始まったばかりで、私のコース「Issues in the Study of Bilingualism（バイリンガル研究の諸問題）」に在籍する学生たちに初めて会ったところです。学生たちは熱心で、その多くがこの問題に興味を持ち、将来の研究者や現役・将来の教師として世の中に何らかの変化をもたらしたいと心から思っています。このクラスに登録した理由を聞いてみると、二重言語（バイリンガル）プログラムや双方向バイリンガルイマージョンプログラムのデザインについて、また、英語学習者へどのように理科や、算数・数学、読み・書きを指導すべきか、そしてどう支援すれば移民出身の生徒が、拡大し続ける学力格差を解消できるのか、このような課題のために最も適した指導法を学ぶことを喫緊の課題として挙げる者たちが何人もいます。学校がどうにかこうした生徒の人生をよりよいものにできるだろうと楽観視する者はほとんどなく、現在の取り組み方では移民出身の子どもたちがアメリカの学校で実際にまともに教育を受けられないのではないかと懸念する者がたくさんいます。

　簡単にイントロダクションをしたあと、私は授業でまず、バイリンガリズムの分野で起こっているシフトについて話し始めます。認識論の推移について、そして、『言語接触』（Weinrich, 1979）以来、私たちの知識に影響を与え続けてきた既存の知識体系や思考に疑問を投げかけながら前進することがどれほどワクワクするものであるか話すのです。学生たちは、その質問から明らかなように、まだ "disinvention of languages"[1]（Makoni & Pennycook, 2007）や

1　Disinvention of languages：Makoni & Pennycookがその著書 *Disinventing and Reconstituting Languages* などで展開した従来的な言語の捉え方に対する疑義。

"the multilingual turn"[2]（May, 2013）や "super-diversity"[3]（Vertovec, 2013）などの概念については何も知りません。そしてとりわけ translanguaging（Creese & Blackledge, 2010; Canagarajah, 2011, 2013; García, 2011a & b, 2012, 2013, 2014; García & Li Wei, 2014; Li Wei, 2010, 2013）については全く聞いたこともないのです。ほとんどの学生がコード・スイッチングについては聞いたことがあり、その使用については否定的な意見を持っています。自分自身の言語使用をスパングリッシュ[4]やチングリッシュ[5]であるという学生もいます。そして在籍クラスの大半が、バイリンガルを一人の人間の中に二人のモノリンガルがいると見なす狭義のバイリンガリズムの定義に完全に同意しているのです。学生たちが盲目的に信じている、不完全な言語使用こそが移民の若者の言語の特徴である、という思い込みから彼らを解き放ち、自分たちの現在及び将来のマルチ・コンピテンスの豊かさを受け入れるように、学生たちをそっと誘導するためには、やるべきことがたくさんあります。英語を断片的に教えることに集中し、あらゆる知的活動において家庭言語を排除することが生徒たちの健全な心の発達において有効でないかもしれないということを学生たちに納得させるのは、さらに難しいかもしれません。

　それでも頑張るしかありません。講義では、基礎的な文献と新しい文献（トランスランゲージング、多元主義、メトロリンガリズム[6]、そしてトランスイディオマティックな実践[7]について）の両方を読むよう求める予定です。言語イデオロ

2　The multilingual turn：May がその著書 *The Multilingual Turn* で提唱した、モノリンガル的なバイリンガル観・バイリンガル教育の枠組みに対する批判的視点に立ち、マルチリンガル的視点から、マルチリンガル教育を捉えなおそうとする動き。

3　Super-diversity：イギリスの移民社会の言語的・文化的・社会的多様性が圧倒的なレベルに達し、これまでの文化的多様性についての枠組みでは捉えきれないことを示すために Vetrovec が提唱した用語。その後、様々な文脈において使用されるようになった。詳しくは Vertovec, S. (2007). Super-diversity and its implications. *Ethnic and Racial Studies, 30*(6), 1024-1054. を参照。

4　スパングリッシュ（Spanglish）：スペイン語の影響を強く受けた英語。

5　チングリッシュ（Chinglish）：中国語の影響を強く受けた英語。

6　メトロリンガリズム（Metrolingualism）：Pennycook & Otsuji (2015) がその著書 *Metrolingualism: Language in the City* で描写した都市における多様でフレキシブルな言語実践。

7　トランスイディオマティックな実践（Transidiomatic practices）：トランスナショナルな人々が様々な言語やコードを活用して行うコミュニケーションの実践を指すために Jacquemet (2005) が提唱した用語。テクノロジーの発展によって人・言語・テクストのモビリティが急速に高まっ

ギー、言語のバリエーション、社会的バイリンガリズムと個人的バイリンガ
リズム、「名づけられた」言語[8]のあいまいな境界線などについて学ぶ予定で
すし、また、言語とアイデンティティ、多言語主義、多文化主義、新しい言
語景観について幅広く議論し、世代を超えてバイリンガリズムを維持・支援
するための指導のあり方について議論する予定です。学生たちは（願わくば）
多くのことを学び、強く根付いている多くのビリーフや視点に疑問を抱くよ
うになるでしょう。

　とはいえ、私が注意深く選んだ文献を読むだけで、学生たちの常日頃の教
え方が変わるわけではないことは重々承知しています。もしバイリンガリズ
ムに関するこうした新しい視点を、バイリンガル教育に関わる既存の知見を
基盤とした変革的実践に結びつけようとするならば、既存の理論や研究成果
に関する文献を読むだけでは足りないのです。全く違うタイプの文献や研究
についても読まなくてはなりません。そうした文献は、理論的基盤に基づい
たもので、新しい言語観や、教室における「名づけられた」言語の使用に関
する新しいアプローチを探索し、授業実践を変革していくよう教師を誘（いざな）うの
です。望むらくはそのような本には、(1) 新しい理論を、多言語能力を持つ
生徒のいる教室の毎日の授業にどのように導入できるか、(2) 若者のニーズ
をどのように特定すべきか、(3) 特定の教育論が生徒の特性や長所にどのよ
うに対応するか、などについて書かれているはずです。そしてこうした様々
なニーズを満たす授業実践のデザイン、さらに若者の教科知識や言語レパー
トリーを伸ばすことができる教育法の種類についても、詳しく書かれている

　ていることを背景として人々が日常的にローカルな言語実践とグローバルな言語実践に同時に関
　わっている現状を説明するために用いられる。詳しくはJacquemet, M. (2015). Transidiomatic
　practices: Language and power in the age of globalization. *Language & Communication, 25*(3),
　257-277. を参照。
8　「名づけられた」言語（Named languages）：国家に関連する人的集団としてのnationに帰属す
　るものとして捉えられる「言語」を指す用語。様々な「言語」は、「日本」語、「ドイツ」語、
　「フランス」語、といったように国家の名前を冠しているものの、これらの言語の境界線は言語
　学的に特定されたものではなく、社会的・政治的状況の中で切り分けられていることを批判的に
　明示するために用いられる。詳しくはOtheguy, R., Garcia, O., & Reid, W. (2015). Clarifying
　translanguaging and deconstructing named languages: A perspective from linguistics. *Applied
　Linguistics Review, 6*(3), 281-307. を参照。

はずなのです。

　理論を実践に移すプロセスは簡単なものではありません。教師は見たことのないものを想像することはできません。いったん自分の専門分野や職業的アイデンティティ、それに伴う言語イデオロギーに取り囲まれてしまうと、代替案をしっかりと理解しない限り、自分たちの実践を変えることはできないのです。教師たちは、既存のアプローチの限界については十分気がついています。しかし、その結論から、何をすべきか、どのように実行すべきかを実現可能な形で理解するためには、どのようなステップを踏めばよいかについての詳細な説明が必要なのです。また、より広範な個人的ビリーフや、子どもの言語や能力の捉え方、カリキュラム上の要求、政策上求められること、そして評価に関する取り組みなど、特定の教育法と結びつけた解説つきの実践モデルが必要なのです。

　本書は、まさに、バイリンガリズムに関する新しい理論的視点と実際の授業実践との間の、この重要なつながりを提供してくれるものです。本書は、移民の背景を持つ生徒の教育に対する現在のアプローチを今後長年にわたって大きく転換させ、問題点を明らかにする重要な書物です。さらに、本書で紹介されている考え方や実践が議論され、討論され、実践されるにつれて、研究者や現場の先生たちが、すべての子どもたち、とりわけ言語的マイノリティの子どもたちの教育における言語の使用とその役割についての見方を劇的に変えていくことが予想されます。人種、不平等、貧困、機会、そして移民について国を挙げて議論が交わされている今、本書は画期的で大胆な教育的ビジョンを私たちに提示してくれるのです。本書は、私たち教師や研究者が、(1) 移民背景を持つ生徒たちが通う一般の学校及びバイリンガルプログラムの学校における教科学習内容と言語の指導、(2) 双方向や二重言語バイリンガル教育（DLBE）プログラムにおける英語以外の言語（LOTE）の習得を望むモノリンガルの英語母語話者の子どもたちの指導のために、私たちがこれまで用いてきた、あるいは推奨してきた常識的な日々の授業実践を再検討し、変えていくよう私たちに呼びかけています。

　あえて言わせてもらえばこの本は、画期的かつ大胆な見解を提示したものと言えるでしょう。画期的といったのは、本書で紹介されている教育実践の

根底にある言語観が、多くの教育者にとって、新しいものであり、前例のないものであるからです。大胆としたのは、提案された指導アプローチに反映されている言語的マルチ・コンピテンスに関する見解や視点が、バイリンガリズム、バイリンガルの子どもたち、そして教育における二言語の使用に関する既存のあり方に真っ向から挑戦するものだからです。

　本文で詳述されるトランスランゲージング教育論は、García & Li Wei（2014）によるトランスランゲージングとその教育における役割に関する著作を基盤とするもので、ここではトランスランゲージングは「バイリンガルの言語実践を、従来考えられてきたように2つの独立した言語システムとして捉えるのではなく、社会的に2つの異なる言語として構築されてきた言語の特徴を兼ね備える1つの言語レパートリーとして捉える言語使用、バイリンガリズム、バイリンガルの教育に対するアプローチ」（p. 2）と定義されています。この本の中でGarcíaとLi Weiはトランスランゲージングを「バイリンガル自身の言語実践の捉え方〔thinking about〕でありかつ言語実践への取り組み方〔acting on〕である」と表現しています。そのうえでGarcíaとLi Weiはバイリンガルであることそのもの——その豊かさと複雑さ——を基盤とした教授方法のためのステップ・バイ・ステップのガイドを提示し、日々の教室活動において多様で複雑な言語実践のレパートリーとして二言語能力を捉え、活用し、伸ばしていくよう教師に促すのです。

　必要な変化をもたらすためにはまず、バイリンガルの人々自身の言語実践についての**捉え方**とそれに対する**取り組み方を変える**ことが必要です。そして、変化は不可欠なのです！　特に移民背景を持つ子どもたちは、ますます困難な課題に直面しているのです。何年もの間、このような子どもたちの教育に携わる私たちは、英語学習者（ELL）（Lin-quanti & Cook, 2013）に分類される様々な若者が、難しい教科内容を学ぶと同時に英語を「学ぼう」と奮闘する中で直面する課題に人々の注意を喚起する方法を探し続けてきました。例えば、学校で働いた経験がないために、「英語を教えることは単純で、人種に左右されることもなく、政治と関係のない活動だ」と思い込んでいる人々

に、「ELLゲットー」⁹とは何か説明しようとしてきました。また、学習し、優秀な成績を収め、学問的に競いあう機会を得られると思っていた生徒たちの落胆した顔や、何時間も断片的な英語の無意味なドリルばかりさせられることによる生徒たちの失望を人に伝えることにも苦労してきました。残念なことに、ELLのいる教室で活動する多くの人がよく知っているように、ELLと分類される生徒たちが年齢に合った適切な内容の授業を受けられず、ただプリントや、静かに忙しく手を動かすための活動をさせられている学校やクラスがたくさんあるのです。生徒たちは際限なくテストを受けさせられ、その進歩は非常に狭い範囲でしか評価されないのです。

　本書は、pobrecito［かわいそうな］生徒にほとんど難しいことをさせない善意の教育の現状に真っ向から挑戦するものです。生徒たちはそもそも貴重な言語能力を持って入学してくることを前提とし、その既存の言語レパートリーを常時フルに活用することで、生徒の豊かな心を育み、生徒の学問的・個人的能力をさらに伸ばすことができる、という考えがその基盤にあるのです。バイリンガルの生徒を教えるにあたり、萌芽的バイリンガルの生徒であろうとより確立されたバイリンガルの生徒であろうといずれにせよ、欠陥の視点［deficit perspectives］やアプローチをとることを拒絶し、その生徒たちの多様なあり方や話し方が、生徒たちの文化的な知の方法［cultural ways of knowing］の本質的な部分であることを認識することを本書は主張しているのです。

　本書はこれまで示されてきた中で最も説得力のある**文化的持続性のある教育**の例ということができるでしょう。この、文化的持続性のある教育につい

---

9 「ELLゲットー」：ゲットーとは、中世から近代にかけて、ヨーロッパの諸都市に設けられた、ユダヤ人の強制居住区域を指す。比喩的な意味で、差別の対象となる人々を押し込めた場所、というニュアンスで使用されることもある語。英語が未熟なものだけが押し込められているため、規範的な英語を学ぶ機会が持てないことを問題視したRubin & Turk（1997）の論文でESL ghettoという語が用いられ（p. 143）ている。さらにここでは発展的に、英語を闊達に使えないため、学びから周縁化されている児童生徒が集められた場所、というニュアンスがある。詳しくはRubin, D. L., & Turk, D. (1997). The basic communication course: Options for accommodating non-native speakers of mainstream North American English. *Journal of the Association for Communication Administration, 2,* 140-148. を参照。

て、Paris（2012, p. 95）は以下のように定義しています。

文化的持続性という用語は、我々の教育論が、年少者の文化的経験や実践に対応しているとか、関連性があるとかではなく、それ以上のものでなければならないということを示している——年少者が彼らのコミュニティの文化的言語的コンピテンスを保持しつつ同時に社会のマジョリティ文化のコンピテンスにもアクセスできるよう支援することを求めているのだ。文化的持続性のある教育とは、その明確な目標として、多言語主義と多文化主義をその実践において支え、生徒と教師のための視点を支えることをその明確な目標として掲げている。つまり、文化的持続性のある教育論は、学校教育という民主的なプロジェクトの一環として、言語、読み書き、文化の多元主義を永続させ、促進し、そして維持しようとするものである。

Paris（2012）が論じているように、資産や資源を活用する教育論、つまり、欠陥の視点に抵抗し、マイノリティの児童生徒の文化や経験を尊重し、探求し、その上に築こうとする教育論の探求は、長く困難なものでした。公正性に深くコミットしている研究者を含め、私たち全員が、生徒のヘリテージやコミュニティでの実践は教育の機会や学問的な卓越性とは相容れないものである、という深く根付いた概念を疑問視するよう他者を説得することは難しいと感じてきました。文化への対応力や関連性［cultural responsiveness and relevance］を重視した教育論が提案されても、学校内外の様々な場面、フォーマルな場面でもインフォーマルな場面でも、生徒に、自分たちが受け継いできたものを大切にしたり、自分たちの言語レパートリーをまるごと全部、誇りを持って話したり、読んだり書いたりして使い続けるように促すものではないことがあまりにも多かったのです。

本書は違うのです。これまでの言語研究がバイリンガリズムやバイリンガルの言語実践の本質を誤解してきたという立場を明確に打ち出しています。生徒たち自身が、その複雑な（言語）レパートリーを育み、保持し、そして伸ばしていくよう促される必要があると指摘するのです。そして言語Aと言

語Bを切り離して、もともとあった形をとどめておくべきだという静的な見方を否定するよう教師に求めています。そして、子どもたちの生活における豊かなマルチ・コンピテンスに、思慮深く、そして喜びを持って関わるように促しているのです。

　私たちは、この時宜にかなった重要な本から、そしてここで紹介されている**言語的に持続性のある教育法**の実践から、多くのことを学ぶでしょう。これらの教育法が実践に移されるにつれて、この分野では、本書で独自に提示され、問題視された理論やイデオロギーについて、挑戦的、かつ重要な会話や議論が交わされることになるでしょう。スタンフォード大学での私の授業でつとに明らかになったように、「バイリンガリズム」に対する私たちの理解は重要な点で変化しています。私たちは、より多くのことを知った今、言語の複雑性及び柔軟性とその幅についてこれまで直視することを妨げてきた多くの既成概念に疑問を投げかけています。私の学生の場合、そのほとんどが社会的公正に深くコミットしており、専門職としてのキャリアを通じて児童生徒の生活に変化をもたらすには、既成の理論と現在の理論の両方を常に検証し、問題視する必要があるのです。また、Paris（2012）が示唆したように、**スタンス、用語、実践**の明確な変化も必要です。どう考え、どう話し、どう行動するかが重要なのです。前進するための指針を与えてくれた著者たちに拍手を送るとともに、世界の子どもたちの複雑で多様な声に対する著者たちの深いコミットメントに心から感謝したいと思います。

グアダルペ・バルデス
カリフォルニア州　パロ・アルトにて

原著者によるまえがき

　本書を手にとったあなたは、おそらく教師、カリキュラム開発者、教員養成に関わる指導者、管理職あるいはその他の学校関係者など、何らかの形で教育に関わる方でしょう。そして、ほとんどの教育者と同様、あなたの教室や学校にも英語以外の言語（LOTE）を話す児童生徒がいて、英語の発達もリテラシーの発達も含め、どのようにこうした子どもたちの教育を進めていくべきか、知りたいと願っていることでしょう。この本はまさにそうしたあなたのための本です。

　本書は、バイリンガルの児童生徒の教育で成功する鍵として、**トランスランゲージング（Translanguaging：TL）**がいかに重要であるかを、教師や管理職、コンサルタント、そして研究者に示すために書かれました。TLとは、バイリンガルの言語実践について考え、行動する方法のことです。この本で提唱するTL教育論は、目的を持った戦略的なものです。この本では、教師が以下の目的のために、どのようにTLを活用できるかを示しています。

1. 児童生徒が複雑な教科学習内容やテクストを理解できるようにサポートする
2. 児童生徒が学びの場［academic context］での言語実践を身につける機会を提供する
3. 児童生徒のバイリンガリズムと知の方法［ways of knowing］のための特別な場を作る
4. 児童生徒のバイリンガル・アイデンティティと社会的情動［socio-emotional］の発達を支援する

　以上の4つの目的は、TL教育論の枠組みを構成するもので、4つが相まってTLの第一の目的——社会的公正——を進めるのです。社会的公正とは、

バイリンガルの児童生徒、特に言語的マイノリティの児童生徒が、その指導やアセスメントにおいて平等な教育機会が与えられることを意味します。

トランスランゲージング・クラスルーム（Translanguaging Classroom：TLC）は 21 世紀のグローバルであると同時に、ローカルな現実と合致するものです。これらのダイナミックな教室は、バイリンガルの生徒の批判的思考と創造性を高めながら、大学進学や職業に就くための基準［standards］[1]が求めるような実践を促進します。教師は、すべての教科学習内容と言語に関する基準、そして家庭や学校、地域社会、社会の実践と理解に応えられるよう自らの指導の枠を拡大すると同時にローカライズ[2]することを学ぶのです。また、生徒のバイリンガル能力に報いるためにバイリテラシー認証制度[3]を採用する州が増えていますが、TLCは教師が、その重要な責任を果たすのを助けることもできるのです。この文章を書いている時点ですでに 14 の州でこうしたバイリテラシー認証制度が導入されています。

この本が想定する読者像

この本は、特に小学校 4 年生から高校 3 年までのバイリンガルの児童生徒を念頭に置いて書かれています。教師や指導者が、あらゆるコンテクストの指導、指導プログラミング、授業改善を目指す研究の指針としてこの本を活用することができます。

私たちが一番大切にしている読者は教師です。どんな教師でも、モノリンガルであろうとバイリンガルであろうと、また英語を教室内で使用言語として採用している授業［English-Medium Instruction：EMI］[4]と公式に指定されたプログラムで教えていようと、あるいはバイリンガル・プログラムで教えていようと、トランスランゲージング・クラスルームを創設できるのです。あな

1　本文第 1 章注 12 を参照。

2　本文第 4 章注 1 を参照。

3　本文第 3 章注 16 を参照。

4　原注 1）英語を教室内で使用言語として採用している授業・プログラムとは、指導のために正式には英語を使用するクラス・プログラムであり、英語での学業達成と言語発達を目指すものである。バイリンガル教育のクラスやプログラムは、2 つ以上の言語を指導目的で使用し、2 つの言語での読み書き能力及び学業成績を目標とするものである。

たは、言語専門の教師あるいは専門家、つまり付加言語［additional language］としての英語教育、バイリンガル教育、家庭言語リテラシー教育、ワールド・ランゲージ[5]の教師であるかもしれませんし、児童や青少年の教育に携わる一般の教師かもしれません。あるいは中等教育レベルの特定の教科を専門的に教える教師、あるいは学校の校長先生かもしれません。教師でも管理職でも、従来のバイリンガル児童生徒のための教育プログラムの理解を超えた［新しい］指導の場を構築することができるのです。

　多くの教室——ほとんどの教室ではないにしても——は、英語以外の言語も話す児童生徒がいる多言語の教室です。これらの生徒の中には、高度なバイリンガル・バイリテラシーを持つ生徒（**experienced bilinguals：経験豊かなバイリンガル**）もいれば、バイリンガル・バイリテラシーが芽生えつつある生徒（**emergent bilinguals：萌芽的バイリンガル**）もいることでしょう。このようなバイリンガル学習者の中には、質の高い学校システムを通してアカデミックな面でしっかりとした基礎を身につけた生徒もいれば、正規の学校教育をあまり受けていない生徒もいます。本書は、あなたの児童生徒がバイリンガルとしての発達段階のどのあたりにいるのか、そして教育的な発達段階のどのあたりにいるのかにかかわらず、児童生徒のための革新的な教育方法を紹介します。

　アメリカの教育現場では、バイリンガルのラティーノ[6]の生徒が重要な位置を占めているため、この本では、読者のTLCの理解を促すためにEMIのコンテクスト及びバイリンガル教育のコンテクストで学ぶラティーノの生徒を中心に説明しています。もちろん、TLは英語とスペイン語のバイリンガリズムに限定されたものではありませんから、EMIの教室で学ぶ言語的文化

5　原注2）アメリカでは、世界言語（world language）とは、言語的多数派である児童生徒を対象に、LOTE（英語以外の言語）を教科として教えることに重点を置いた授業を指し、家庭言語のリテラシークラスは、その言語を教科としてバイリンガルの生徒に教えるクラスである。付加言語としての英語の教師は、その教科（英語リテラシー）のみを教えることもあれば、全教科のクラス担任になることもある。バイリンガル教師は2つの言語を通して教科を教える教師を指す。

6　原注3）本書ではLatinoをoの屈折をつけた「スペイン語」として（訳注：「男性」という含意がある。女性形はLatina）ではなく、単にラテンアメリカにつながり、スペイン語を話すすべての性自認の人々を包含する言葉として使用する。

的に多様な背景を持つ児童生徒たちの例も参考にしています。あなたの生徒がスペイン語を話す生徒であっても、また中国語や韓国語、カレン語やプル語や、さらに別の言語を話す生徒であっても、教室におけるTLの基本理念は変わりません。

　アメリカの学校におけるバイリンガリズムに関する研究と実践はこれまで、主にEMIのクラスで学ぶ学習者を対象に、その英語学習者の教科学習と言語学習に非常に狭いフォーカスを当ててきました。ここには「言語は問題または欠陥である」という方向性[7]が反映されていたのです。本書ではこれとは対照的に、もっとずっと広いアプローチをとります。私たちは、萌芽的なバイリンガルも、そして教科学習を行う普通学級では英語話者と思われているが実は家では英語以外の言語を話している生徒も含め、すべてのバイリンガルの児童生徒に光を当てます。私たちは、教師たちに、どのようにしてすべてのバイリンガルの生徒――その生徒が学習の場面で英語を使ったほうがよくできるのか、それとも別の言語を使ったほうがよくできるかにかかわらず、そしてその生徒がEMIのクラスで学んでいるかバイリンガルのクラスか、それともLOTEのクラスで学んでいるかにかかわらず――の二言語での多様なパフォーマンスを見極め、それをどのように活用していくかを示します。

　この本では、3つのとても異なるクラスでの場面描写を通じてTL教育論を描き出します。

---

7 「言語は問題または欠陥である」という方向性（Language-as-problem or deficit orientation）：バイリンガルの児童生徒が持つ家庭言語の力は、習得しようとしている第二言語の発達の障害になる、という考え方や、バイリンガルの児童生徒の言語力を、不完全な第二言語のみで捉え、その欠陥部分のみに注目するような方向性。こうした視点を多くのバイリンガル教育研究者が批判してきた。特にRuiz（1984）は、Language-as-problem（問題としての言語）と異なる立場としてLanguage-as-right（権利としての言語）及びLanguage-as-resource（資源としての言語）という2つの立場について言及している。このうち前者はバイリンガルの児童生徒が家庭言語を学ぶ権利を認めるものであるが、後者はさらにそれが学習者自身及び社会にとって価値のあるものとして積極的に評価する立場である。本書で論じられるトランスランゲージングは、この「資源としての言語」のスタンスに立つものである。詳しくはRuiz, R. (1984). Orientations in language planning. *NABE Journal, 8*, 15–34. (Hornberger, N. H. (2016). *Honoring Richard Ruiz and his work on language planning and bilingual education*. Multilingual Mattersに再掲）を参照。

- ニューメキシコ州アルバカーキにある、英語かスペイン語、またはその両方を家庭で話す児童を対象に、バイリンガル（スペイン語−英語）の教師が教える4年生の二重言語バイリンガル教育［Dual-Language Bilingual Education：DLBE］のクラス。
- ニューヨーク市にある、英語かスペイン語、またはその両方を家庭で話す生徒を対象に、モノリンガルの教師が教える11年生（高校2年相当）のEMIの社会科のクラス。
- カリフォルニア州ロサンゼルスにある、スペイン語、広東語、中国語、フランス語、タガログ語、ベトナム語、韓国語、マンディンゴ語、プル（フラ）語を家庭で話す萌芽的バイリンガル生徒を含む生徒たちを対象に、数学・理科の専門教員とESL（第二言語としての英語）の教員がティームティーチングで教える7年生（中学1年相当）のEMIの数学と理科のクラス。

これらの豊かで多様なケースを通じてこの本では、どのようなタイプのバイリンガル生徒であろうと、また、どのような教育現場であろうと、教師がTL教育論を取り入れることができることを明確に示しているのです。

トランスランゲージング教育論の主要な構成要素

この本の中心となる教師のための革新的なコンセプトは「**トランスランゲージング**」です。García（2009）はこれを「これまであたりまえとされてきた言語に焦点を当てたバイリンガリズムへのアプローチではなく、容易に観察可能なバイリンガルの実践に焦点を当てたバイリンガリズムへのアプローチ」（p. 45）と表現しています。この本では3つの重要な点で、このアプローチに立脚しています。1つ目として、**トランスランゲージング・コリエンテ［流れ］**[8]、つまり教室を流れる児童生徒のバイリンガリズムの自然な流れ

8　原注4）本書では、スペイン語の「corriente」という単語を使用するが、これは英語の「current」と同根語である。この本全体を通じて私たちは自らの言語実践を反映させるためスペイン語の用語を使用する。アメリカのバイリンガルの児童生徒の4分の3以上がスペイン語を使用しているので本書ではラティーノの生徒たちに特に注目しているが、他の言語グループと関わる教

について説明します。2つ目として、**ダイナミック・トランスランゲージング・プログレッション**（Dynamic Translanguaging Progressions、以下DTP）を提案します。これは、教師が特定のクラスでのタスクにおけるバイリンガルの生徒の言語パフォーマンスを、異なる時期に異なる視点から総合的に見ることを可能にする柔軟なモデルです。3つ目として、生徒が生み出すTLコリエンテ［流れ］を意図的かつ戦略的に**活用 [leverage]** するために教師が使用できる、指導とアセスメントのための**TL教育論**を紹介します。

　TLCには2つの重要な次元があります。まず、教師は児童生徒の言語パフォーマンスを観察し、その複雑な言語実践を描写し、評価します。次に、教師はTL教育論を指導とアセスメントに適応して使用することで、学びのためのTLコリエンテ［流れ］を活用するのです。私たちの取り組みの工程には以下の3つの理念があります。

1. バイリンガルはその言語レパートリーを学びのリソースとして用いると同時に、革新的な知の方法［ways of knowing］、生き方（being）、コミュニケーションの方法を示すアイデンティティ・マーカーとしても用いる。
2. バイリンガルは、家庭や、社会的及び文化的環境における他者との相互作用を通じて言語を学ぶ。
3. TLとは、バイリンガルが意味を生成する［sense-making］プロセスの一部である流動的な言語使用を指す。

トランスランゲージング・コリエンテ［流れ］

　私たちは、生徒のバイリンガリズムのポジティブなエネルギーによって生み出され動かされているTLコリエンテ［流れ］は、すべての教室に流れている、と主張しています。比喩的に言えば、私たちはTLコリエンテ［流れ］を、いつも見たり感じたりすることはできないが、いつも存在し、動いていて、（教室の）風景の変化を引き起こす川のようなものだと考えています。例えば、

育者は、これらの用語の本質的な部分を残す他の言語の用語を使用してもよい。

教師が一生徒の家庭言語をあまり学習に活用しない教室では、TLコリエンテ［流れ］は水面下で穏やかに流れています。また、バイリンガルの教室や、児童生徒の母語を活用するEMIの教室などでは、TLコリエンテ［流れ］がより強く働くこともあります。

　TLコリエンテ［流れ］を感じるには、日常から一歩引いて、耳を傾け、目を開いて見るだけでいいのです。教室、廊下、カフェテリア、そして運動場で、生徒たちがあなたや仲間に言うことに耳を傾けてください。十分に耳を傾ければ、生徒たちの内面的な［intrapersonal］〈声〉[9]（生徒が頭の中で自分自身や友達と交わしている声にならない対話）を感じとることができるかもしれません。また、生徒たちの家族や友達がいる場面でどのような会話がなされているか、耳を傾けてみましょう。何がどのように語られているのか、また、何が語られていないのか、なぜ語られていないのかを聞いてみてください。このように耳を傾けることで、生徒の〈声〉を新たに聞くことができ、また、TLコリエンテ［流れ］に触れることができるでしょう。たとえその流れが教室で明らかに表面化していなくても。

　この本では、TLコリエンテ［流れ］が、その内容を通して流れていますし、そしてまた、この全体的には英語を用いた本の中であえてイタリック体にせずにスペイン語を使おうと決めた、そうした私たちが選んだ言葉の使い方を通しても流れているのです。このような使い方をしたのは、これは、私たちにとって、使用するスペイン語の特徴が異質なものでも外的なものでもなく、単に私たちの語り［narrative］の一部であり、英語で文章を書いているときでさえも、常に存在し、私たちの一部であることを示したかったからです。付録の文書の一部をスペイン語に翻訳してあるのは、先に述べたように、アメリカのバイリンガルの生徒や、本書で取り上げた教室では、スペイン語話者が最も多いためです。しかし、これらの文書についてはあなたのクラスのTLコリエンテ［流れ］を強めるために、英語から何語でも、あなたの教室で使われている言語に翻訳してもらってかまいません。

9　〈声〉（voice）：本文第1章注28を参照。

ダイナミック・トランスランゲージング・プログレッション [Dynamic Translanguaging Progressions：DTP]

　TLコリエンテ［流れ］という概念は、従来の、すべてのバイリンガルの学習者が多かれ少なかれ同じように比較的直線的な道筋をたどって成長すると仮定される、言語熟達度［proficiency］という概念から私たちを引き離し、言語パフォーマンス［performance］という概念に移行させるものです。DTPによって、教師は以下のことができるようになります。

- 様々なタスクにおける生徒の様々なバイリンガルのパフォーマンスを、様々な視点から評価する。
- **言語総合パフォーマンス** [General Linguistic Performance：GLP]（例えば、複雑な考えを効果的に表現する、物事を説明する、説得する、議論する、比較対照する、出来事を説明する、ジョークを言うなどのアカデミックなタスクに際して使用言語に関係なくバイリンガル生徒が見せるパフォーマンス）と**言語固有パフォーマンス** [Language-Specific Performance：LSP]（社会が特定の言語または言語変種と見なす特徴に対応したバイリンガル生徒の言語使用）を区別する。
- TLコリエンテ［流れ］を授業に積極的に活用 [leverage] する。

　TLCの教師は、DTPを使用し、特定の教室ベースのタスクに関する児童生徒の言語パフォーマンスを記録するのです——どの言語でなされたパフォーマンスであっても。

トランスランゲージング・スタンス、デザイン、シフト

　本書におけるトランスランゲージング教育論は、指導とアセスメントの両方を包含するもので、相互に関連する3つの綱 [strand]、すなわち**トランスランゲージング・スタンス、デザイン、シフト**で構成されています。

　スタンスとは、教師が教育論上の枠組みを構築するために参考にする哲学、思想、またはビリーフ体系を指します。TLスタンスを持つ教師は、バイリンガルの児童生徒の様々な言語実践は、それぞれが異なる領域に属している

かのように別々に扱うのではなく、一緒に［juntos］協働すると考えます。このため教師は教室という場が、教科内容、言語、人々、そして家庭・学校・コミュニティにまたがるコラボレーションを促進しなければならないと考えるのです。TLスタンスでは、バイリンガルの子どもの複雑な**言語レパートリー**を資源として捉え、欠陥としてマイナスに捉えることは決してないのです。

　TLの指導とアセスメントをデザインするにあたっては、家庭や学校、コミュニティの言語や文化的実践を統合することが必要です。その動きは、TLコリエンテ［流れ］と教師と生徒の協働行動との相互作用によって生み出され、それによってバイリンガルの児童生徒たちは家庭と学校での実践を統合することができるのです。TLの指導をデザインすることは、（生徒のグループ分けや、重要なアイディア・質問・テクストといった授業計画の主要な構成要素、内容・言語・そしてTLの到達目標、成果プロジェクト、デザインサイクル、教育方略などについて）綿密に計画するということです。TLデザインは、EMIやバイリンガル教育の教師がカリキュラムの指導単元や授業案、教室内の活動計画を立てる際に使用できる柔軟なフレームワークです。この柔軟なデザインがTLCの教育論の中核にあり、これによって教師も生徒も、すべての教科内容と言語のスタンダードと到達目標に取り組むことができるのです。すべての生徒にとって、特に、在籍学級や学校では疎外されがちなバイリンガルの児童生徒にとって公平な方法で。TLコリエンテ［流れ］の方向性を設定するために評価をデザインするということは、他者の〈声〉を取り入れ、教科内容に関わる部分と言語に関わる部分の違いやGLPとLSPの違いを考慮に入れながら、生徒が必要に応じて他の人やリソースの助けを借りながらタスクを遂行する機会を与えることを意味します。

　TLコリエンテ［流れ］は常に教室に存在するものですから、それがある、と認識するスタンスや、それを活用するデザインを持っているだけでは不十分で、時には、TLコリエンテ［流れ］のダイナミックな動きに乗ることも重要です。TLシフトとは、教師が常に行っている一瞬一瞬の決定を指します。TLシフトは、生徒の〈声〉を解放し、サポートするために、授業やアセスメント、またそのために計画されていた言語使用を変更する教師の柔軟性と

意欲を反映するものです。こうしたシフトは、意味の生成［meaning-making］と学習をすべての指導とアセスメントの中心に据えて、TLコリエンテ［流れ］に乗ることを望む教師でなければできないという点で、スタンスと関連が深いものです。

本書の使い方

本書には3つの目的があります。1つ目は、教育者や研究者に、TL教育論が実際どのように具体化されるのか見てもらいたいということです。3つの大きく異なる教室での例を見ることで、様々なバイリンガル・マルチリンガルコミュニティにおける生徒、教室、プログラム、学校、実践、そして研究について具体的に考えることができるのではないでしょうか。2つ目は、この本で提示しているTL教育論があらゆるTLコンテクストに適応されるよう、教師たちの努力のガイドの役割を担いたいということです。3つ目は、理論をより洗練させ、実践を強化するために、教師や研究者がTLCにおける実証的なエビデンスを集めるための土台となる基盤を提供することです。

本書では、私たちが対象としているバイリンガルやEMIのクラスで実際に使われているテンプレートと事例を紹介し、読者のみなさんが教室や学校、そしてコミュニティにあるTLコリエンテ［流れ］を見いだしてそれを土台とする形で指導単元、授業、アセスメントなどをデザインする際に役立つテンプレートや事例を提供しています[10]。教師がTLスタンスを確立し、指導と評価のためにTLデザインを実行し、生徒の学習状況に応じて意図的にその実践をシフトさせるとき、アメリカの教育政策や実践の多くに共通する英語オンリーの流れに抗い、社会的公正を推進する力となるのです。

本書は3つのパートに分かれています。

　　Part 1：学校におけるダイナミック・バイリンガリズム
　　　　このパートでは、TLの「何」と「なぜ」に焦点を当てています。

10　日本語版では付録は巻末ではなく明石書店ウェブサイト（https://www.akashi.co.jp/book/b643131.html）にアップロードしてある。

Part 2：トランスランゲージング教育論

　このパートでは、どのようにトランスランゲージング教育論を構築するかについて焦点を当てています。

Part 3：トランスランゲージングを通した指導と学習の再考

　このパートでは、様々なスタンダードやリテラシーにおける生徒のパフォーマンスを向上させ、社会情動的アイデンティティを育み、社会的公正を推進するためにTL教育論がどのように機能するかに焦点を当てます。

　各章は3つの部分に分かれています。学習目標では、読者がその章で何を学び、何ができるようになるかを示しています。続いて教室実践の場面描写や、ツール、テンプレート、フレームワークなど、各章のメインパートがあります。各章の最後には、これから教師になる学生や現場の教師がTLCを様々な角度から、「やってみる」ための質問とアクティビティが掲載されています。全体として「やってみよう」の問題は、教育者が具体的な文脈でTL教育論を自分のものとするためのガイドとなるでしょう。また、実践者が自分自身のTL教育論を作り出し、実践し、振り返り、評価する際にも役立つでしょう。これらの質問やアクティビティは、教育者同士の親密なコミュニティで行うのがよいと思います。そうすれば、あなたが自分の教室でTLコリエンテ［流れ］を探索し、取り入れていくときに、お互いにサポートしあうことができるでしょう。

　さあ、どうぞ内省的な実践者としてTLコリエンテ［流れ］に身を委ねてください。ここから一緒に指導におけるTLコリエンテ［流れ］の意味を探り、その波と流れを活用する指導法を探っていきましょう。ぜひ一緒に、以下のことをやってみましょう。

- すでに教室や学校に存在するTLコリエンテ［流れ］を見ること、そして聞くこと。
- TLスタンス、デザイン、シフトを適用することで意図的、目的意識的、そして戦略的に指導と評価におけるTLコリエンテ［流れ］をナビ

ゲートする方法を学ぶこと。

- 教科内容を学び、言語を伸ばし、バイリンガル的知の方法［ways of knowing］のための場を作り、より安定した社会情動的アイデンティティを育むために、バイリンガルの児童生徒と教師がどのようにTLコリエンテ［流れ］を活用できるか示すこと。
- 内省的実践者及び批判的研究者のスタンスに立ち、より批判的な視点から社会的公正を目指すこと。
- TLCで教育者が直面する可能性のある課題を明らかにし、それらを克服する方法を考えること。
- 多様なマルチリンガル・コンテクストにおけるTL教育論、実践、研究を強化するために、行動志向の社会的公正のためのアジェンダを立ち上げること。

謝　辞

　本書は、私たち自身と編集者のRebecca Fieldとの多くの交渉の結果生まれたものである。その過程は時に困難なものであったが、Rebeccaは私たちの思考、言葉、そして原稿そのものを後押ししてくれた。苦しかったとき、一度も言わなかったけれど、gracias, Rebecca。

　Kathy Escamilla、Jamie Schissel、Guadalupe Valdés、そして他の査読者たちから得た洞察にも感謝したい。Garcíaはまた、2015年夏のケルン大学での客員任用、及びこの原稿を推敲するスペースを与えてくれた同僚のJulie Panagiotopoulouにも謝意を表する。

Part 1
学校におけるダイナミック・バイリンガリズム

第1章
トランスランゲージング・クラスルーム　　36
教室環境と目的

第2章
言語実践とトランスランゲージング・クラスルームの枠組み　　70

第3章
生徒のダイナミック・バイリンガリズムを記録する　94

Part 2
トランスランゲージング教育論

第4章
トランスランゲージング・スタンス　128

第5章
指導におけるトランスランゲージング・デザイン　151

第9章
トランスランゲージング・クラスルームにおける
教科学習内容に関わるリテラシー　276

第10章
トランスランゲージング・クラスルームにおけるバイリテラシー　299

第11章
社会的情動面におけるウェルビーイングと社会的公正　326

略語一覧

略語	元の用語	本書での訳語	参照すべき注や本文中の説明など
BCCI	Bilingual Common Core Initiative	バイリンガル・コモンコア・イニシアティブ	p. 14
CCLS	Common Core Learning Standards	CCLS	p. 13
CCSS	Common Core State Standards	コモンコア	p. 13
DLBE	Dual-Language Bilingual Education	二重言語バイリンガル教育	p. 8 注 13
DTP	Dynamic Translanguaging Progressions	ダイナミック・トランスランゲージング・プログレッション	第2章と3章に詳しい
ELD	English Language Development	英語発達	p. 10
ELL	English Language Learners	英語学習者	p. 6 注 8
EMI	English-Medium Instruction	英語を教室内で使用言語として採用している授業	p. 44 注 19
ESL	English as a Second Language	第二言語としての英語	p. 5
GLP	General Linguistic Perfomance	言語総合パフォーマンス	第2章と3章に詳しい
HLAP	Home Language Arts Progression	家庭言語のランゲージアーツ発達段階	p. 14
LOTE	Language Other Than English	英語以外の言語	p. 20
LSP	Language-Specific Performance	言語固有パフォーマンス	第2章と3章に詳しい
LTELL	Long-Term English Language Learners	長期英語学習者	p. 12
NLAP	New Language Arts Pregression	新しい言語のランゲージアーツ発達段階	p. 14
SIFE	Student(s) with Incomplete/Interrupted Formal Education	正規教育が未完／中断した生徒	p. 99
TL	Translanguaging	トランスランゲージング	
TLC	Translanguaging Classroom	トランスランゲージング・クラスルーム	p. 6, 1-1
WIDA	World-class Instructional Design and Assessment	WIDA	p. 9 注 16
ZPD	Zone of Proximal Development	発達の最近接領域	p. 19

本書の原書では、指導単元、授業、アセスメントなどをデザインする際に役立つテンプレートや事例を巻末に付録として掲載していますが、利用する際の利便性を考え、日本語版では巻末ではなく明石書店ウェブサイト（https://www.akashi.co.jp/book/b643131.html）にアップロードしてあります。

Part 1

学校におけるダイナミック・バイリンガリズム

1 | トランスランゲージング・クラスルーム
教室環境と目的

この章の学習目標

・トランスランゲージング（以下TL）を定義する
・様々な教室環境で教師がどうTLを活用するかを説明する
・TLの4つの目的とそれらが社会的公正という包括的な目的にどのように役立つかまとめる
・具体的な例を挙げてTLの目的を実践的に説明する
・自分の教室のプロファイリングを開始する

　トランスランゲージング（TL）を理解する最良の方法は、実際に目で見ること、耳で聞くことです。これまで一緒に仕事をしてきた先生たちのうち多くの方が、生徒の言葉を聞いていて、「ハッとする瞬間」があったといいます。例えば、英語で出された数学の問題について、二人の生徒がスペイン語でアイディアを出しあっていたり、英語がよくできる生徒が、中国から来たばかりの生徒に静かに手順を説明したり、英語とスペイン語のダジャレを使って、グループで冗談を言いあったり、そうした場面を目の当たりにしたときなどです。バイリンガルの生徒を観察するためのこの新しいレンズを手に入れれば、生徒たちがランゲージする方法[1]について、新しく、しかもワクワクするようなことに気づくでしょう。そうした気づきによって、生徒た

1　ランゲージする方法：Languageとはもともと「言語」という意味の名詞である。「思考を媒介するプロセスとしての言語活動」を的確に表現するには、アウトプットという動きのない言葉では表現できないとし、Swain（1985）などでこれを動詞として使用することが提唱されるようになった。その動名詞形である「ランゲージング」とは、言語を通じて意味を生成し、知識を形作り、経験を積む、学びそのものであるとSwain（2006）は述べている。バイリンガル教育の文脈でこの用語を使用する研究者はSwain、ひいてはVygotskyのこうした言語観・学習観を共有している。Swain, M.（2006）. Languaging, agency and collaboration in advanced second language proficiency. *Advanced language learning: The contribution of Halliday and Vygotsky*, 95-108.

ちのニーズに合わせて計画し、指導し、評価し、そしてそれをさらに推し進めていくための指針を得ることができるのです。私たちが「ランゲージする」という動詞を使うのは（例：「languaging」「translanguaging」）、言語を使うということをダイナミックなコミュニケーションの1つとして理解しているからです。

　トランスランゲージング・クラスルーム（TLC）とは、生徒が自分の言語のレパートリー[2]すべてを活用できる教室を指します。ここでいう「生徒の言語レパートリーすべて」、というのは、その場で指導のために正式に採用されている特定の言語だけではなく、すべての言語を指します。このような教室は、バイリンガルの生徒がいる、あるいはバイリンガルになりつつある生徒がいれば、どこでも作ることができます。これには、公式な言語として英語のみを使用する教室（例：**取り出し**であれ、**入り込み**であれ**第二言語としての英語** [English as a Second Language：ESL] のクラスや、**構造化された英語イマージョン** [Structured English Immersion：SEI][3] プログラムを含む英語習得を目的とする教室）や、バイリンガルの教室（二重言語バイリンガル教育[4]、移行型バイリンガル教育[5]など）、ワールド・ランゲージ[6]、継承語の教室も含まれます。TLC

2　言語のレパートリー：個人が持っている言語資源を総体として捉えたものを指す。

3　構造化された英語イマージョン（Structured English Immersion）：移民の子弟の第二言語習得を目的とした英語習得プログラムの一形態。「イマージョン」という名前がついているものの、カナダのフレンチイマージョンなどのような、バイリテラシー育成を目的とした加算的バイリンガリズム（Cummins, 2001; Lambert, 1974）の理念に従ったプログラムとは正反対に、第二言語の習得のみを目的とするもので、実質的にはサポートなしに第二言語の海に投げ込まれる「サブマージョン」と呼ぶべきものであると言われている（Cummins, 2021）。

4　二重言語バイリンガル教育（Dual Language Bilingual Education）：社会の主要言語と別の言語（partner language）2つの言語におけるリテラシーの習得を目指すプログラムで、授業時間の半分以上でpartner languageを使用する。transitional bilingual education（注5参照）とはその目的が異なる。移民の子弟を対象とするもの、外国語教育の一種として行うもの、双方向イマージョンプログラム、などいくつかの種類がある。注14（原注2）も参照。

5　移行型バイリンガル教育（transitional bilingual education）：言語的マイノリティの児童生徒がマジョリティ言語に習熟するまでの期間、学びに空白が生まれないように母語での学習を補償する形のバイリンガル教育。母語学習を補償する期間の長さによって、early exit、late exitなどの区別があるが、最終的にはマジョリティ言語でのみ教育が受けられるようになることを目的とするもの。

6　ワールド・ランゲージ（World Language Edcation）：アメリカでは近年「Foreign language ed-

の生徒を、私たちは「バイリンガルの生徒」と呼んでいます。これは、バイリンガルとしての成長の初期段階にある**萌芽的バイリンガル**［emergent bilinguals］と、タスク、コミュニケーション・モード[7]、言語によってパフォーマンスが異なるものの、2つ以上の言語を比較的容易に使いこなすことができる**経験豊かなバイリンガル**［experienced bilinguals］の両方を含みます。本書では、学校が正式に英語学習者［English Language Learner：ELL］[8]と指定した生徒や、他の言語（スペイン語、アラビア語、中国語など）を学習している英語話者を「萌芽的バイリンガル」と呼ぶことにします。「ELL」という言葉を使わないのは、その用語を使うことで萌芽的バイリンガルの生徒が伸ばしている英語以外の言語［Language Other Than English：LOTE］のレパートリーが見えなくなってしまうためです。ただし、学校として正式な場ではELLという用語を使います。

1.1 トランスランゲージング・クラスルーム

　トランスランゲージング・クラスルーム（TLC）とは、教師とバイリンガルの生徒が、それぞれの異なる言語実践を用いて、深く創造的かつ批判的な方法で教え、学ぶために、協働で構築する場［space］[9]を指します。トランスランゲージング（TL）という言葉は、ウェールズ語の*trawsieithu*に由来して

---

ucation（外国語教育）」に変えてこの用語を使用するようになってきた。これはネイティブ・アメリカンの諸語や、アメリカ手話のように、もともとアメリカに存在していた言語並びに継承語話者がたくさんいるスペイン語のような言語を"Foreign（なじみのないもの）"とすることの妥当性について疑義が呈されるようになってきたことを反映するものである。"Foreign（なじみのないもの）"という言葉の使用によって、"Us"と"Them"の間に境界線を引いてしまうことについての批判がその根底にある。原著者によるまえがき注5を参照。

7　コミュニケーション・モード：原語は「modality」。これは言語学的な文脈では文の内容に対する話し手の判断や態度といったものを意味するが、言語教育の文脈ではスピーキングやライティング、手話言語のサイニングなどのコミュニケーション様式、という意味で使用される。本書では言語学的な意味との混乱を避けるため、「コミュニケーション・モード」という訳語を当てる。

8　英語学習者（English Language Learner：ELL）：英語を母語としない生徒を称するためにアメリカなどで一般に用いられる呼称。

9　場（space）：この「場」には物理的な「場」という意味だけではなく、比喩的な意味も含まれ、本書の文脈では「時間帯」という意味になる場合もある。

おり、ウェールズの教育者である Cen Williams（1994, 2002）によって名づけられたものです。Williams は、生徒に英語で読んだのちにウェールズ語で書かせたり、その逆をさせたりして、受容言語と産出言語を切り替えさせることで生徒たちのバイリンガル度を深め、伸ばすためのバイリンガル教育学を形作ったのです。

　2001 年に Collin Baker がウェールズ語の用語を英語に翻訳して以来、TL は多くの研究者によって、バイリンガルやマルチリンガルの個人やコミュニティの複雑な言語実践と、それらの実践を利用した教育的アプローチの両方を指すようになりました[10]。García（2009）は、TL について、「従来型の、言語に焦点を当てたバイリンガルに対するアプローチではなく、観察可能なバイリンガルの実践を中心に据えたバイリンガリズムへのアプローチである」（p. 45）と説明しています。言語学の観点からは、Otheguy, García, and Reid（2015）は TL を「社会的・政治的に定義された名づけられた言語[11]間の境界を注意深く守ることを気にせず、話者のすべての言語レパートリーを展開すること」と定義しています（p. 281）。Flores and Schissel（2014, pp. 461-462）は以下のように述べています。

　　トランスランゲージングは、2 つの異なるレベルで理解することができる。社会言語学的な観点から見るとトランスランゲージングはバイリンガル・コミュニティの流動的な言語実践を説明するものである。教育学的な観点から見ると、こうした言語実践と公式な学校環境で求められる言語実践との橋渡しを教師が行う教育的アプローチをトランスランゲージングは説明しているのだ。

10　原注 1）トランスランゲージングについてのより詳しい議論については García and Li Wei（2014）及び Lewis, Jones, and Baker（2012a）（2012b）を参照。

11　名づけられた言語（Named Languages）：García らは、「〇〇語」と「●●語」の境界線は言語学的に明確なものではなく、常に歴史的・政治的文脈の中でその境界線が引かれてきたものであることを強調し、これらを named languages と受け身形で表現する。本書ではこれ以降これを「個別言語」と訳す。序文注 8 を参照。

この本では、教えることの技術、科学、方法、そして実践としての教育学に焦点を当てます。

　TLの教室では、公式に指定された指導言語が何語であるかにかかわらず、バイリンガリズムがその規範となっています。この本ではTL教育論を提唱し、教科学習内容と言語発達に関わるスタンダード（基準）[12] に対応しつつ、同時にバイリンガルの生徒やコミュニティの言語実践をいかに**推し進め[leverage]** [13]、最大限に活用するには教育者はどうすべきなのかを示します。この教育論の実践を、生徒、教師、言語政策、プログラムの種類、学校の学年などにおける多様性を示す3つの事例で説明しています。読者のみなさんには、ご自分の学校の言語方針の下、生徒たちが実際に行っている言語実践について考えていただきたいと思います。

1.1.1　カーラ先生の小学校の二重言語バイリンガル教育のクラス

　<u>カーラ先生</u>は、ニューメキシコ州アルバカーキで小学4年生の二重言語バイリンガル教育（DLBE）[14] のクラスを教えています。この教室に通う生徒は

12　教科学習内容と言語j発達に関わるスタンダード（Core Content and Language Development Standards）：スタンダード（基準）とは日本で言うところの学習指導要領に相当し、各教科においてどの学年にどのような内容を学ぶか示すものである。アメリカでは州によってそれぞれ定められていたが、統一しようという動きもある（注15を参照）。また、英語を母語としない児童・生徒のための英語学習の指針としてWIDAやELPA21などの言語基準がある。英語を母語としない児童・生徒の学習においては、教科学習内容と第二言語としての英語の両方の基準を満たしていくことが求められる。

13　推し進める（leverage）：原義は「てこの原理を使って重いものを動かすこと」である。本書では、教師が生徒にエンパワーしながら教育実践を深めていく場面で多用される。

14　原注2）ここでは意図的に**二重言語バイリンガル教育 [Dual-Language Bilingual Education]**という用語を用いる。ニューメキシコではこのタイプのバイリンガル・プログラムは**One-Way Dual Language Education**と呼ばれることが多い。他の教育区ではDevelopmental Bilingual Education ProgramやDevelopmental-Maintenance Bilingual Education programと呼ばれていることもある。しかし、実践においては「同じ」言語背景を持つ萌芽的バイリンガルや経験豊かなバイリンガルの生徒たちが日々の生活でどのように言語を使用するかという点については極めて多様なパターンがあるため、ここでは、"one-way" という用語を排する。さらに、バイリンガリズム及びバイリンガル教育に対する反動として二言語教育における議論から消えてしまった「バイリンガル」という語も挿入している。実際、バイリンガル教育に携わる教員が、二言語教育はバイリンガル教育ではない、ということもまれではなくなってきているが、我々はそうした意見とは立場を異とするものである。「バイリンガル」という言葉をあえて使用することで、二重言語教

みな、家庭ではスペイン語を話しています。この小学校のプログラムでは、バイリンガリズム、バイリテラシー、そして二言語における学業達成［academic achievement］を目指しています。カーラ先生はメキシコのプエブラで生まれ、10歳のときに家族と一緒にニューメキシコにやってきました。彼女はバイリンガルで、高校・大学でスペイン語を学び、バイリンガル教育の資格取得のため勉強しました。

　カーラ先生の生徒はそのほとんどがスペイン語を話すバイリンガルですが、それぞれのプロフィールは大きく異なります。例えば、モーセは2年前にメキシコからアメリカに移住してきた、ニューカマーです。モーセは公式にはELLに指定されていますが、私たちは彼を萌芽的バイリンガルと呼びます。モーセはカーラの教室でスペイン語と英語の両方の力を伸ばしていますが、スペイン語を話すほうを好みます。リカルドはモーセと同様にニューカマーで、公式にELLに指定されています。リカルドは英語を学んでいる最中です。家ではスペイン語と、家族やメキシコのコミュニティで使っていたミクステコ語を話しています。アメリカ生まれのエリカとジェニファーは、バイリンガル・スペクトラム線上の別の点にいる二人だと言えるでしょう。エリカの家族はスペイン語で話すこともありますが彼女自身は英語を話すほうを好みます。一方、ジェニファーはより経験豊富なバイリンガルで、学習上のタスクを遂行するために両方の言語を使うことに慣れています。このように、カーラ先生の生徒のすべてがELLに分類されているわけではなく、また、私たちが言うところの萌芽的バイリンガルなわけでもありません。彼女の生徒のバイリンガル能力は様々で、言語の中で、また言語を超えて、幅広い強みを持っているのです。

　ニューメキシコ州ではコモンコア［Common Core State Standards：CCSS］[15]が採

育はバイリンガル教育であることを我々は強調するのである。

15　コモンコア（Common Core State Standards）：アメリカでは公教育に関する権限は各州に委ねられており、従来カリキュラムも州によって異なるものだった。しかし、州ごとに教育目標が異なりすぎることには問題点も多く、それを是正するため全米州知事会と州教育長協議会が調整する形で各州に共通する基準を定めようという動きが出てきたのである。発表時の2010年には41の州が参加したが、その後、脱退した州もある。共通基礎基準、と訳される場合もあるが、本書では以下コモンコア（CCSS）と表記する。

用されており、また、この本の執筆時点ではPartnership for Assessment of Readiness for College and Career（PARCC）コンソーシアムに加盟しています。したがって、カーラ先生の指導はコモンコア（CCSS）に沿ったものでなければならず、生徒はPARCCの評価で習熟度を示さなければなりません。ニューメキシコ州はWIDAコンソーシアム[16]のメンバーでもあります。そのため、ELLとして公式に指定されている萌芽的バイリンガルに対するカーラ先生の指導は、WIDAの英語発達（ELD）基準に沿ったものでなければならず、これらの生徒はWIDAが開発したテスト、ACCESS for ELLsで英語力を証明しなければなりません。また、ニューメキシコ州では、この時点でLAS Link Españolという、スペイン語の発達段階を診断するテストをバイリンガルの生徒に実施しています。さらに、DLBEプログラムに参加している生徒はみな、バイリンガリズム及びバイリテラシーの目標に関連した学習の成果を実証しなければなりません。この学区では、英語の読解力を評価するためにDRA［Developmental Reading Assessment］を使用し、スペイン語の読解力を評価するためにEDL［Evaluación del Desarrollo de la Lectura］を使用しています。

　カーラ先生は、TLに慣れていて、異文化コミュニケーションにおけるその価値を認めていましたが、指導には決してTLを使わないように教えられていました。彼女が受けたバイリンガル教育の教師養成プログラムでは、スペイン語のための明確で独立した場がなければ、英語が主導権を握り、スペイン語は維持されないと提唱されていました。二重言語モデルを学ぶ中で、彼女は、教師は決して異なる言語の実践を並列に行ってはいけないと言われました。英語で書かれたものとスペイン語で書かれたものが一緒に提示されることがないように、2つの言語それぞれのために独立したエリアを教室内に用意するように教えられました。駆け出しの頃彼女は、午前中は厳密にス

16　WIDAコンソーシアム：2001年に施行されたNo Child Left Behind Act（落ちこぼれ防止法）によって英語を母語としない児童生徒の学習の強化が重要課題とされたことをきっかけとなり結成された全米42の州が参加するコンソーシアム（2024年1月現在）。Wisconsin-Madison大学の教育研究所に本部を持ち、バイリンガル・マルチリンガル教育に大きな影響力を持つ。カリキュラム、指導、評価の一体化を目指し、英語運用能力に関わるスタンダード（基準）とそれを測定するためのテスト（ACCESS for ELLs）を開発している。

ペイン語のみで授業をし、午後は厳密に英語のみで授業を行って、生徒が「間違った」時間に「間違った」言語を話すと訂正していました。スペイン語の時間にはスペイン語の教材を、英語の時間には英語の教材を使い、教室に多言語教材を持ち込むことはありませんでした。

　TL教育法の概念を初めて知ったとき、カーラ先生は、TLに対する疑問と抵抗を感じました。しかし、彼女はすぐに、ここでは英語、ここではスペイン語、という厳格なルールがあるにもかかわらず、生徒たちは密かにではありますが、常にスペイン語と英語の特徴を使って意味を生成している［make meaning］[17]ことに気づきました。例えば、英語の時間に生徒たちがスペイン語でささやきあい、カーラ先生が近づくと議論が止まってしまうということがよくありました。カーラ先生は、生徒たちの言語実践を前面に押し出し、それをもとに授業を進めることにしました。どこでどの言語を使うかを「取り締まる」のではなく、生徒が自分の**言語レパートリー**全体を使って学習し、学んだことを発揮することを奨励したのです。言語発達の適切な機会を提供するために、英語を使用するための公式な場とスペイン語のための公式な場を維持してはいましたが、生徒の言語使用にある程度の柔軟性を持たせるようにしたのです。

　カーラ先生の（バイ）リテラシーブロックにおけるリテラシーと言語の指導の中心にあるのは、人間の経験、特に住んでいるコミュニティや土地［el barrio y la tierra］に根ざした経験を共有することであり、こうした経験は相互に関連していると彼女は考えています。カーラ先生の学校があるニューメキシコ州のbarrio［住んでいるコミュニティ］の経験は、tierra［土地］と深く結びついています。生徒の両親の多くが農場労働者であるためです。カーラ先生は、DLBEの教室に、「Cuéntame algo［教えてください］」と名づけたTLの場を導入しました。これは、TLのリテラシー活動が中心となるバイリンガルのストーリーテリングの時間であると彼女は説明しています。彼女の授業単元 *Cuentos de la tierra y del barrio*［土地とコミュニティのお話］では、生徒、家族、

17　意味の生成（make meaning）：単に受動的に理解するのとは異なり、自らの体験や社会の理解に結びつけた形で、主体的に理解を深めること。

地域コミュニティがどのように土地と結びついているか、ひいては伝統と結びついているかというストーリーに焦点を当てています。生徒たちは、ラティーノ[18]のバイリンガル作家が土地や伝統について書いたcuentos（物語）や、カーラ先生が教室に招いたabuelitasやabuelitos（祖父母）など、家族や地域の人々が語った物語について話しあいます。また、ビデオクリップを見て、自分やその他のbarrio（コミュニティ）の住民の土地に関する経験についても話しあったりもします。

1.1.2 ステファニー先生の高校における社会科の授業

　ステファニー先生はニューヨーク市で11年生の社会科の教師をしています。この授業では英語が教育のための公用語として使われています。したがって、ステファニー先生の教室は、EMI[19]のクラスにおけるTLCの一例ということができるでしょう。彼女はポーランド系で、生徒から教わったスペイン語の単語はいくつか知っていますが、自分がバイリンガルだとは思っていません。ステファニー先生は歴史の教師としての訓練を受けてきましたが、いったん教室に入ると、教科内容に関わるリテラシーも教えなければならないことに気づきました。

　ステファニー先生のEMIのクラスは言語的多様性に富んだ教室です。全員ではありませんが、ステファニー先生の生徒のほとんどはスペイン語を話すラティーノで、スペイン語と英語の言語能力や読み書き能力に違いがあります。彼女の生徒の中には公式にELLと指定されているものもいます。これら萌芽的バイリンガル（こちらの用語を私たちは推奨しています）の中にはノエミのようにスペイン語での教育をしっかり受け、スペイン語におけるオーラシー（口頭能力）及びリテラシー（読み書き能力）が高い生徒もいますし、ル

18　ラティーノ（Latino）：中南米出身者の総称。女性形はLatinaで、近年はジェンダーフリーなLatinxという表記も使用される。「原著者による序文」の注にあるように、本書では男性を示すoに焦点を当てず、中南米出身者の総称として一般的な用語としてこの語が使用されている。ほぼ同義語として用いられる「ヒスパニック」はスペイン語圏の出身者であることに焦点があり、「チカーノ」はより限定的にメキシコ系アメリカ人を指す。原著者によるまえがき注6を参照。

19　EMI（English Medium Instruction）：英語を教室内で使用言語として採用している授業。以下、EMI。原著者によるまえがき注4を参照。

イスのように出身国での教育が断絶されていたり、あまりしっかりした教育を受けていなかったためにリテラシーや数学的能力の獲得に課題がある生徒もいます。マリアナのように、ほとんどの教育をアメリカで受けてきたにもかかわらず入学時にELLと判定され、そこから抜け出せていない萌芽的バイリンガルの生徒もいます。マリアナは今では**長期英語学習者**[Long-Term English language learner：LTELL] とされていますが、学校ではほぼ英語を使っていますし、教師の多くが彼女がいまだに公式にはELLとされていることに気づいていないのです。

　強調しておきたいのは、ステファニー先生の「英語を話す」生徒の中にも、かなりの言語的多様性が見られるということです。彼女の生徒のほとんどはバイリンガルのラティーノですが、ELLに指定されていないため、彼らのバイリンガルの力は見過ごされる傾向にあります。しかし、ステファニー先生は、こうした生徒たちがスペイン語や英語のオーラシー（口頭能力）及びリテラシー（読み書き能力）において幅広い経験を持っていることを知っています。エディやテレシータのように、アメリカで生まれた生徒の中には、スペイン語を使うことへの快適さの度合いが異なる者もいます。彼女のクラスにいるラティーノでないごく数人の生徒は、アフロアメリカンで、中には英語圏のカリブ諸国の出身者もいますが、彼らの英語は学習における場面では標準的でなく適切でないとされがちな特徴を持っている[20]のです。

　2010年、ニューヨーク州は、P-12 Common Core Learning Standards（CCLS）と呼ばれるランゲージアーツ[21]とリテラシー、歴史・社会科、科学・技術科、

20　アフロアメリカンが日常的に使用する英語（African American Vernacular English（AAVE）やEbonicsと呼ばれることもある）は、西アフリカの英語の影響を強く受け、二重否定など文法的・誤用的にいわゆる標準英語とかなり異なる特徴を持っている。こうした英語は学習の場面においては「正しくない」「不適切」「アカデミックでない」などの差別を受けることも少なくない。

21　ランゲージアーツ（language arts）は英語圏の小・中・高の教育機関で主要な科目とされ、リスニング、スピーキング、リーディング、ライティング、ビューイング、ビジュアル・プレゼンテーションの6つの領域における言語使用の技術の指導に関わる科目を指す。日本に紹介されるにあたっては「言語技術」と訳されることが一般的であるが、表面的な言語を操作する技術のみの指導ではなく、批判的な思考力や文学作品の鑑賞など、より深いレベルでの言語使用の指導を含む点に注意が必要である。概説書として優れたものにFarris, P. J. & Werderich, D. E. (2011). *Language arts: Process, product, and assessment for diverse classrooms*, 5th edition, Waveland

そして数学のスタンダード（基準）を採用しました。これは、CCSS（コモンコア）をベースにいくつかの追加事項を加えたものです。つまり、ステファニー先生の指導は、ニューヨークのCCLSに沿ったものでなければならず、クラスのすべての生徒はCCLSに沿った評価で習熟度を示さなければならないのです。さらに、ニューヨーク州では、理科と社会科のスタンダード（基準）が設けられています。卒業のための学力テスト（リージェント試験）は、中国語、ハイチ・クレオール語、韓国語、ロシア語、スペイン語の5つのよく使われる言語に翻訳されていますが、生徒たちは英語のリージェント試験にも合格しなければなりません。さらに、ニューヨーク州でELLに指定されているすべての生徒は、ニューヨーク州第二言語としての英語力達成テスト（NYSESLAT）で英語力を証明しなければなりません。

　ニューヨーク州では、2012年に「バイリンガル・コモン・コア・イニシアチブ（BCCI）」が立ち上げられました。これは、すべての教師が、学校に通うバイリンガルの生徒に対して、CCLSのランゲージアーツの指導と評価を差別化できるようにすることを目的としています。このイニシアチブの中心となるのが、「新しい言語のランゲージアーツ発達段階」［New Language Arts Progressions：NLAP］と「家庭言語のランゲージアーツ発達段階」［Home Language Arts Progressions：HLAP］です。他の州で使用されている英語能力開発のフレームワークとは異なり、BCCIでは、生徒の家庭言語が貴重なリソースであること、そして新しい言語と家庭言語が学習において密接に関係していることを明確に認めています。これらの発達段階［progressions］は柔軟性があり、生徒が新しい言語と家庭言語を使ってどのように学習するかを理解するための第一歩として教師が活用できるものです。実際、英語の発達において初期段階にいる萌芽的バイリンガルは、家庭言語で内容を理解していることを示すことが許されています。教師は形成的評価を用いながら、これらの段階に沿って生徒の新しい言語と家庭言語の発達レベルの概要を把握することができるのです（Velasco & Johnson, 2014）。

Press Inc.があり、高橋邦年監訳で玉川大学出版部より「ランゲージアーツ——学校・教科・生徒をつなぐ6つの言語技術」として一部邦訳が出版されている。本書では、English Language Artsを「ランゲージアーツ」と表記する。

教師になってすぐ、ステファニー先生は、生徒たちが批判的に考え、深く理解する能力を持っていることに気づきました。しかし、生徒の中には英語で授業を受けることが困難な者もいることもわかっていました。どうすれば生徒の強みや創造性を生かしつつ、同時に内容を理解させられるのか。TLについて学んだとき、彼女は、クラスにある様々な言語資源を積極的に活用する［leverage］ために、TL方略［translanguaging strategies］を生徒と共に使えることに気づきました。彼女はTLについて知る前から、知らず知らずのうちにTLを活用できるような方法で教室を作り出していたのです。彼女はもとから様々な強みを持つ生徒をグループに入れて、テーマ別のプロジェクト、その多くは学際的なテーマですが、そうした単元のプロジェクトベースの活動で、お互いに助けあうようにしていたのです。ステファニー先生は、こうしたグループ活動で、生徒たちが英語だけでなくスペイン語を使って互いに助けあっていることに気づきました。彼女は、すべての生徒が学習活動に参加できるように、このようなTLの相互作用を促すことができると考えました。

　TLについて学んで以来、ステファニー先生は、すべての生徒が成長できる強固な**マルチリンガル・エコロジー**［multilingual ecology］を構築するために努力してきました。例えば、彼女の教室は公式にはバイリンガルのクラスではありませんが、ステファニー先生はバイリンガルのスタッフや学生ボランティアと協力して多言語教材を翻訳・作成し、スペイン語のリソースを積極的に探しています。また、生徒が授業中にいつでも使用できるように、棚にはバイリンガルの辞書や絵辞典がたくさん用意されています。彼女はiPadを何とか手に入れ、ニューカマーの生徒が歴史教科書のスペイン語版にアクセスするために頻繁に使用しています。また、Google翻訳などのアプリも使用しています。

　ステファニー先生は、生徒たちが異なるコンテンツ領域間のつながりを理解できるようにすることに情熱を注いでいます。学校ではトピックを社会科や科学などのカテゴリーに分けていますが、ステファニー先生は、どちらか一方が欠けても理解できないと考えています。そのため、ステファニー先生の単元の多くは歴史に焦点を当てつつ、学際的なつながりを持つものです。

例えば、ステフェニー先生の学際的な単元の1つである「環境保護主義・過去と現在」は、アメリカの環境保護運動の歴史を学ぶものです。生徒たちは、教科書やウェブサイト、新聞、雑誌などの補助教材を読むことで、この社会運動の歴史について学びます。また、ポッドキャストやラジオのインタビューを聞いたり、ドキュメンタリー番組のクリップを見たり、ビジュアルアートを見たりします。ステフェニー先生は、11年生の科学の先生や、地元の非営利団体のリーダーなど地域の専門家も招いています。

　教科書では、環境保護活動にはあまり触れられていませんが、ステフェニー先生はこの運動を産業化時代におけるこの活動の幕開けから、1960年代、1970年代の社会活動キャンペーン、そして今日の気候変動に関する政治的会話に至る、より大きな歴史的文脈の中に位置づけています。ステフェニー先生は生徒たちが、自分たちの理解を「家に持ち帰る」ことができるときに非常に優れた成果を出すことを知っています。そのため、この単元は、学校や地域社会をより環境に配慮した持続可能なものにするための行動計画を生徒が立てることで締めくくっているのです。

1.1.3　ジャスティン先生の役割
——第二言語としての英語を教える中学校教師

　ジャスティン先生はカリフォルニア州ロサンゼルスにある英語を教室内での使用言語として採用する中学校で数学と科学の授業の入り込み式のESL指導をしています。ジャスティン先生は英語と中国語（上海で2年間中国語を学んだ）を話し、生徒たちは、スペイン語、広東語、北京語、韓国語、マンディンゴ語、タガログ語、ベトナム語、プル語（フラ語）など、様々な言語を話します。プル語やマンディンゴ語を話す生徒たちは、西アフリカの旧宗主国の言語であるフランス語も話します。この教室には、スペイン語、広東語、北京語、フランス語、タガログ語、ベトナム語を話す生徒がそれぞれ複数いるため、ジャスティン先生は、家庭言語によって生徒をグループ分けし、英語のレベルについては様々になるように配置しています。しかし、韓国人の生徒はこのクラスにはジヘしかいません。

　ジャスティン先生のクラスでは、ほとんどの生徒がテクストの読解のため、

他の生徒と協力することができますが、同じ言語背景を持つ生徒であっても、生徒の間には大きな多様性があります。例えば、イシェンは台湾から来たばかりです。中国本土から来た他の学生とは異なり、彼女はアルファベットの使い方を習っていないので、書く練習をたくさんしなければなりません。パブロは、このクラスにいる他のラティーノの生徒とは異なり、メキシコではなくアルゼンチン出身で、ロサンゼルスに来る前は放課後の個人英語教室に通っていました。ファトゥマタは、ギニアから来たばかりです。彼女はアフリカでは不定期にしか学校に行っていなかったので、ギニアでの教育言語であるフランス語の読み書きにも苦労しています。ジャスティン先生の教室では、西アフリカの子どもたちが植民地時代の言語であるフランス語で話していることが多いのですが、プル語を話す生徒は彼女だけではありません。

　カリフォルニア州はコモンコア（CCSS）を採用しており、この本の執筆時点ではスマーター・バランスト・コンソーシアム[22]に加盟しています。つまり、ジャスティン先生の指導はコモンコア（CCSS）に沿ったものでなければならず、彼の生徒はみな、スマーター・バランストのアセスメントで運用能力があることを示す必要があるのです。カリフォルニア州では、コモンコア（CCSS）を英語からスペイン語に翻訳し、スペイン語及びスペイン語のリテラシー特有の概念についても扱うCommon Core en Españolも開発しています。カリフォルニア州ではELLとして正式に認定された生徒はすべて、カリフォルニア州ELD基準に基づいて州が開発したカリフォルニア英語発達テスト（CELDT）で（英語の）運用能力を証明しなければなりません。

　教科学習の授業におけるジャスティン先生の役割は、カリフォルニア州のコモンコア（CCSS）とカリフォルニア州ELD基準の要求に応えられるように生徒をサポートすることでした。彼はしばしば生徒の言語で書かれた補助教材を手に入れ、それを授業に持ってきます。また、Google翻訳を使ってワークシートの指示を生徒の言語で書いています。さらに、iPadを使って単語を調べたり文章を翻訳したりすることを生徒に勧め、生徒の理解を深める

22　スマーター・バランスト・コンソーシアム（Smarter Balanced Consorcium）：コモンコアに準拠した統一基準のアセスメントを実施するコンソーシアムの1つ。

ために生徒の言語で説明するために頻繁にiPadを使います。クラスで韓国人の生徒はジヘだけなので、ジャスティン先生は時間をかけてGoogle翻訳を使いながら、彼女が教材を理解できるようにサポートします。また、ジヘが自分でTLできるように、彼女自身の内言[23]を活用してブレインストーミングするよう勧めたり、韓国語でプレライティングをしたり、注釈をつけたりするように勧めています。ジャスティン先生にはジヘが何を書いたのかはわかりませんが、ジヘが教室に持ち込んだ彼女の言語は、英語を学ぶうえで有用かつ不可欠なものであることを明確なメッセージとして伝えているのです。また、ジャスティン先生は、学校にいる他の韓国語話者の生徒にも頻繁に助けを求めています。この教室の生徒は家庭言語で書くことが多いため、ジヘは、広東語や北京語を話す人たちが使う漢字のいくつかを自分が知っていることに気づきました。韓国にいたとき、学校で習ったのです。

　この3人の先生の教室は、生徒の言語実践、クラスでの公用語ポリシー、州で定められた基準の違いなどの点で異なっていますが、いずれも教室でTLを使用しています。

　TLの教室は、バイリンガル（二重言語であっても、移行型であっても）、EMIのクラス（ESLプログラムであっても、通常学級であっても）など、どのようなタイプの教室でもよいことを覚えておくことが重要です。また、TLは、バイリンガルでもモノリンガルでも、小学校、中学校、高校のどの先生でも、言語の教師（英語または英語以外の言語）でも教科の教師でも、どんな教師でも使うことができます。

23　内言（Intrapersonal inner speech）：外言が他人へのことばであるのに対し、内言は自分へのことばである、と喝破した（ヴィゴツキー，2001, p. 379）ことがVygotskyの理論の根幹にある。子どもにおける高次の精神機能の過程についてVygotskyは「行動のあらゆる高次の形態は、その発達において二度現れる［……］。一度目は行動の集団的形態として、精神間機能として、次には精神内機能として、一定の行動様式として現れる」と述べている（ヴィゴツキー，2008, p. 17）。ただし、Vygotskyは思考とことばは同一視していたわけではない点に注意。思考とことばの発生的根源及び発達路線は、ある一定の時点までは別々であり、それがのちに交叉し、それ以後思考は言語的となり、ことばは知能的となる、とVygotskyは考えた。詳しくはヴィゴツキー著、柴田義松訳（2001）新訳版「思考と言語」新読書社及びヴィゴツキー著、柴田義松・宮坂琇子訳（2008）「ヴィゴツキー心理学論集」学文社を参照。

1.2　トランスランゲージングの目的

　私たちが本書で提唱するトランスランゲージング（TL）教育法は、目的を持った戦略的なものです。私たちは、TLの主な目的を4つ挙げています。

1. 児童生徒が複雑な教科学習内容やテクスト[24]を理解できるようにサポートする
2. 児童生徒が学びの場［academic context］での言語実践を身につける機会を提供する
3. 児童生徒のバイリンガリズムと知の方法［ways of knowing］[25]のための特別な場を作る
4. 児童生徒のバイリンガル・アイデンティティと社会的情動［socio-emotional］の発達を支援する

　これらの4つのTLの目的は、連動して社会的公正の推進に寄与します。つまり、教師が生徒のバイリンガリズムを学習に効果的に活用することで、学校でのバイリンガル生徒の活躍の場を広げることができるのです。

1.2.1　複雑な教科内容やテクストに対する生徒の取り組みをサポートする

　生徒が複雑な教科内容の荒海でうまくかじ取りをするために、彼らが培ってきたあらゆる言語資源を使える場を創ることで、無数の学習機会が生まれます。私たちの指導を薄っぺらなものにしてしまい、生徒がテクストや教科学習の内容にがっぷりと取り組む機会を奪ってしまうような教育方法とは異なり、TLによって、複雑な内容が教授可能になり、生徒がより深く学ぶこ

24　テクスト：本書ではテクストと表記する。これはテキスト、とすると教科書のようなものを連想するのを防ぐためである。本書で使用されるtextという語は、「文章」より広い概念であり、発話も含めて、意味のあるまとまりすべてを指す。

25　知の方法：本書では「ways of knowing」の訳として「知の方法」を使用する。日本語の［知］には静止したイメージがあるが、本来は［knowing］であって［ing］が使われており、学習者の主体的な学びへの関わりを含意することに注意が必要である。

とができるようになるのです。

Moll（2013）は、彼が**バイリンガルZPD（最近接領域）**と呼ぶところで、バイリンガルの生徒を指導することの重要性を指摘しています。そこでは、生徒の学習を媒介［mediate］[26]し、より優れたパフォーマンスができるようにするため、生徒に二言語でサポートを提供するのです。これから示すように、これを行うには様々な方法があります。家庭言語を同じくする生徒同士でグループを作れば、一緒に難しい問題を解いたり、複雑な文章を分析したりすることができます。また、より深く理解するために、自らの言語実践を用いて学習内容についてお互いに話しあうこともできます。そもそも学習者は知識を「人と人とのコミュニケーションの中で［interpersonally］」発達させるので、教室のテクストを深く理解するためには、言語レパートリーが自分と重なる他者と関係を築くことが重要なのです。また、学習者は内的対話やプライベート・スピーチ[27]において新しい概念や新たなランゲージングを試しな

26　媒介（mediate）：Vygotskyの理論において主要な位置を占める用語。Vygotskyは人間の発達を、心理的道具（特に言語）によって媒介（mediate）されながら社会的なものを内化させていく過程と理解した。この「媒介された行為」の概念は、没後に発表された弟子のLuriaと共著の論文「Tool and Symbol in Child Development」（Vygotsky, 1987）などにまとめられ、のちにLeont'evやEngeströmによって活動理論（Activity Theory）として進化した。この「媒介」は、自分よりも経験のある他者との対話であることもあれば、独り言（private speech：注27を参照）の形をとることもある。この概念は、近年CEFRの補遺版でも大きく取り上げられ、注目を集めている。CEFRの補遺版の訳語としては「仲介」が当てられることもある。1つの言語と別の言語の間の橋渡しについて用いられるばかりでなく、書き言葉と話し言葉や、身近な表現とアカデミックな表現の間の橋渡しなど、様々な場面で用いられる概念である。Vygotsky, L. S. (1978). *Mind in society: The development of higher psychological processes.* Harvard University Press.

27　プライベート・スピーチ（private speech）：子どもや学習者が課題に直面した際に自らの精神活動を統制する手助けとして行う自分に向けた発話。英語ではegocentric speech、日本語では「自己中心的ことば」と訳されることが通例だった（例：柴田訳, 2001）が、その後、Flavell (1966) が提唱したことをきっかけに、egocentric speechではなくprivate speechという用語が特に英語圏ではよく用いられるようになった（Lantolf & Thorne, 2006）。子どもの発達につれてこれが減退していく、と捉えたPiagetとは対照的に、Vygotskyは「精神間的機能から精神内的機能への、すなわち、子どもの社会的集団活動形式から個人的機能への移行現象の1つ（ヴィゴツキー, 2001, p. 383）」であると考えた。思考と言語に関わるVygotskyの考察においては、発現の仕方においては外言でありながら同時に内言の機能と構造を備えたものとしてのプライベート・スピーチの研究が極めて重要な位置を占める。詳しくはヴィゴツキー著　柴田義松訳 (2001)「新訳版　思考と言語」新読書社を参照。Lantolf, J, P., & Thorne, S. L. (2006). *Sociocul-*

がら、知識を「個人の心の中で［intrapersonally］」発達させていきます。バイリンガルの生徒は自分の家庭言語を含む内面の〈声〉[28] を持っているのですから、彼らの言語レパートリーの中にあるすべての学習資源を活用するように促す必要があるのです。

　残念ながら、アメリカにおけるバイリンガルの生徒のための教室では、難しい内容を学び、複雑なテクストに取り組むためのリソースとして、LOTEが使われることはあまりありません。反対に、生徒に英語だけを使うように指示することが一般的で、バイリンガルの生徒（特に萌芽的バイリンガルの生徒）は英語だけが重要だと思い込んでしまうことがよくあります。「英語を話しなさい」「スペイン語で話してはいけません」「英語で考えなさい」「スペイン語で考えてはいけません」と言われ続けるスペイン語話者の生徒には特にそうした傾向が見られます。その結果、ラティーノの生徒は、自らの文化的・言語的実践について、家庭やコミュニティに限定したものとして捉え、学びの場では受け入れられないもの、と考えるようになってしまいます。こうして、バイリンガルのラティーノの生徒たちは自分の言語レパートリーの一部しか使えなくなり、教科内容に関する知識を得るために本来重要な役割をする大人や、仲間、テクストのごく一部にしかアクセスできなくなり、沈黙を余儀なくされてしまうのです。TLを対人関係と個人の内面において活用することで、バイリンガルの生徒はこの沈黙を克服し、複雑な教科内容やテクストを理解することができるようになるのです。

　学校は、すべての生徒が難しい教科内容やテクストを理解できるようにする方法を見つけなくてはなりません。学校で使われている言語を用いる生徒

---

tural theory and the genesis of second language development. OUP.

28　〈声〉（Voice）：Vygotskyと同時代に活躍したBakhtin（バフチン）の使用した用語で、「声」と訳されるが、一般名詞の「声」とは異なる特殊な意味合いを持つため本書では〈声〉と表記する。バフチンの〈声〉の概念は、「人格としての声、意識としての声」（Holquist & Emerson, 1981）であり、その対話性、多声性に注目し、Vygotskyの理論と親和性が高かった。VygotskyとBakhtinの理論はWertschによって統合・進化させられた。詳しくはジェームス・V・ワーチ（1995）『心の声──媒介された行為への社会文化的アプローチ』福村出版を参照。Holquist, M., & Emerson, C. (1981). *Glossary for the dialogic imagination: Four essays by M. M. Bakhtin.* University of Texas Press.

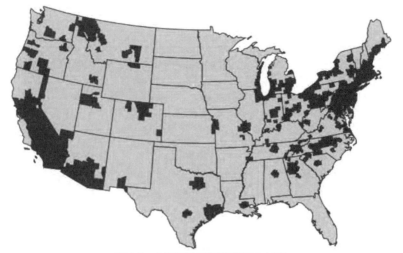

図 1.1　大気汚染の基準に満たない郡

米国環境保護期間のデータによる（http://www.nrdc.org/health/effecte/latino/english/latino=en.pdf）

だけでなく、あらゆる言語を使う生徒にそうした理解を保障しなくてはなりません。TLによって、教育者は、どのような言語実践をしているかに関係なく、すべての生徒が複雑な内容に取り組む機会をより公平に提供することができます。このように、学校でのTLは、社会的公正と密接に結びついているのです。

　例えば、ステファニー先生がEMIの 11 年生のクラスのために作った単元の教案「環境保護主義：過去と現在」の授業では、生徒たちは大気汚染と喘息に関する統計データを分析し、その前日の授業で学んだ 1970 年の大気浄化法と関連づけるよう求められました。この問題は、ラティーノ住民や都市部の住民に、より顕著な影響を与えている問題です。ステファニー先生は、ラティーノ住民の喘息率に関する統計や、大気汚染物質の基準を満たしていない郡を示した**図 1.1** の地図などを紹介しました。

　2 つの異なるタイプのデータを分析したあと、ステファニー先生は生徒を小グループに分け、これらの 2 つのデータを関連づけると、この問題についてどのようなことが読みとれるか尋ねました。授業の公式言語は英語ですが、ステファニー先生は生徒たちに、統計、地図、質問への回答について議論す

るにあたって英語でもスペイン語でもよいし、回答を書くのも英語でもスペイン語でもよいと伝えました。また、クラス全員に共有することも伝えました。その結果こんなことが起きたのです。

> 　エルサルバドルからアメリカに来たばかりのルイスは、地図を見てグループで話しあったあと、スペイン語でクラス全員に次のように伝えました。「色がついている地域は、ニューヨークやロサンゼルスのような都市の近くだ。こういう都市にはラティーノ住民がたくさん住んでいる」。ルイスのグループにいたマリアナは、これに大いに同調してこう（英語で）付け加えました。「そう、ラティーノの人たちは、この地図の色のついている部分に住んでいる。ニューヨークとかロサンゼルスとかに」。これにうなずいた生徒もいましたし、スペイン語や英語で自分のコメントの横にこの点をメモした生徒もいました。エディは英語でこう付け加えました。「都市は他の場所よりも汚染されているね」。ステファニー先生は、2つのコメントを英語で要約し、「多くのラティーノ系住民が都市部に住んでいて、都市は農村部や郊外よりも大気汚染が進んでいるから、それがラティーノの喘息増加の原因と考えられるということでしょうか」と言いなおしました。生徒たちはうなずき、同意の声を上げました。

　ここに見られるような言語的柔軟性――両方の言語を使って議論し、交渉し、まとめを書き、両方の言語で学びを共有する――によって、ステファニー先生のクラスのすべての生徒が英語のテクストを理解し、複雑な問題を統合し、自分たちが学んだことを発表することができたのです。ルイス、マリアナ、エディのコメントからもわかるように、グループで行ったTLのおかげでみんなが、例えばルイスはエディよりも英語の経験が少ないにもかかわらず、内容をしっかり捉える［access］ことができたのです。TLはステファニー先生の明確な指導上のデザインでありかつ小グループの生徒たちの間で自然発生的に起こる現象なわけですが、こうしたTLがなければ、このような知的で豊かな会話は生まれなかったでしょう。

カーラ先生もバイリンガルの生徒が複雑な教科内容やテクストに取り組むにあたってTLを活用しています。しかし、カーラ先生の指導上の重要な目標はバイリテラシーであるため、ここでのTLはステファニー先生のクラスで見たものとは全く異なっています。Cuéntame algo［教えてください］では、生徒はラティーノのバイリンガル作家たちの研究に取り組みます。これらの作家は、経験や登場人物に命を吹き込むためにTLを用いているのです。生徒たちは、英語やスペイン語などのあらゆる言語実践を活用してこれらの物語について議論し、評価することが奨励されます。英語がメインのテクストが選ばれることもあれば、スペイン語がメインのテクストが選ばれることもあります。読んだり話しあったりするだけでなく、生徒たちはコミュニティのダイナミックなバイリンガル言語使用を反映したテクストを産出すること（口頭でも書いたものとしてでも）が奨励されています。

　例えば、*Cuentos de la tierra y del barrio*［土地とコミュニティのお話］という単元の授業で、カーラ先生と生徒たちはCuéntame algo［教えてください］のスペースを使って、Sandra Cisnerosの *Three Wise Guys: Un cuento de Navidad*［3人の賢者：クリスマスキャロル］を音読したり、協働読み［shared reading］[29]をしたりしました。

> 　カーラ先生はen voz alta（音読）しました。
> 　大きな箱には「クリスマスまで開けないで」と書かれていたが、ママは「三賢者の日まで」と言っていた。1月6日の "Diá de los Reyes" までだよ、わかる？　ママはまさにそう言ったのですが、ただ彼女はそれを全部スペイン語で言ったのです。彼女が育ったメキシコでは、男の子も女の子も、クリスマスではなく1月6日にプ

29　協働読み（Shared Reading）：全員に文字や挿絵がはっきり見える大型の絵本などを使いながら教師に合わせて児童が声を合わせて読む指導の手法。予測しやすい繰り返し表現などのところで一斉に声を合わせて読むことなど、教師と生徒の対話を通して読むことの楽しさを体験させる。小グループを対象に登場人物の心情変化や先の展開の予測などのストラテジーの指導をするguided readingと共に、英語圏の小学校などでリーディングの指導にあたってよく用いられる指導法である。

レゼントを受けとることになっているからです。今では、あの川[30]のテキサス側に住んでいるけれどね。1月6日になるまで開けてはいけません。

　カーラ先生は生徒たちにDiá de los Reyes［三賢者の日］について話してもらいました。英語で話す生徒もいれば、スペイン語で話すものもいました。両方の言語で話すものもいました。

　生徒たちがこの文章をより深く、より細かなニュアンスまで理解できるように、カーラ先生は次のような活動を準備しました。

　カーラ先生は大きな紙に、la corriente del Río Grande［リオグランデ川］を描きました。片側には作家が英語で書いた文章を書き、それから、生徒たちに、もしこの作家がリオグランデ川のメキシコ側にいたとしたら何と言ったか考えてスペイン語に訳すよう指示しました。この活動をやっているうちに、あるグループの声が大きくなってきました。カーラ先生が、どうしたのかと尋ねると、生徒の一人がこう言いました。「Maestra［先生］, es que habla あっち側の mi famila［親戚］も英語を［話しますよ］。そしてこっち側 también hablamos español.［もスペイン語を話します］」この発言を受けてクラス全体で、国境地帯でのバイリンガルの言語実践と、それをいつ、どのように使うかについて議論が行われました。

　このクラスの協働読みは、単にストーリーを理解するだけでは終わらず、生徒がCisnerosの本を深く読み込むきっかけとなったのです。カーラ先生は、この本の言語に焦点を当て、文脈や登場人物によってどのように言語実践が異なるのか見ていくことで、生徒たちがより深いレベルで物語に触れられるようにしました。また、カーラ先生は本の中の文章をある言語から別の言語に翻訳するように求めることで生徒のバイリンガリズムを活性化させました。

30　アメリカとメキシコの国境を流れるリオグランデ川（la corriente del Rio Grande）。

これはテクストの精読に役立つだけでなく、新しい語彙を学び、それぞれの言語と言語の間のつながりを強化するのにも役立ちます。カーラ先生は生徒たちに、直訳をするのではなく、他の言語で表現しながらテクストを変化させていくことを勧めているのです。

　生徒たちは、自分の家族が国境の両側で両方の言語を話していることに気づいたとき、テキサスのような国境地帯での言語実践について、より大きな視点、批判的な視点にたったクリティカルな議論を始めました。このようなつながりや知的な議論は、Cuéntame algo［教えてください］の場で生徒たちが経験したようなTLなしには実現しなかったことでしょう。ステファニー先生の授業と同様に、カーラ先生がTLを明確な意図を持って用いたことで、生徒たちはより深くテクストに関わることができたのです。

1.2.2　学びの場にふさわしい言語運用能力を身につける機会を提供する

　「学習言語［academic language］」という言葉を、私たちはしばしば目にします。Valdés（2017）に従って私たちはこの言葉を捉えなおしたいと考えています。つまり、「学習言語」と呼ばれるものは、生徒たちが学校で成功するために身につけなければならない数多くのランゲージングの1つに過ぎないと考えるのです。TLは、学びの場に適しているとされるタイプの言語的実践を教えるのに役立ちます。例えば、TLによってバイリンガルの生徒たちは、コモンコア（CCSS）（またはその他21世紀に作られた同様の基準なら何でも）が求めるような、テクストに基づく証拠を用いて情報やアイディアを収集し、理解し、評価し、まとめ、報告するために言語を使用する能力を伸ばします。また、TLは、現実や想像上の経験について、説得したり、説明したり、人に伝えるために言語を使用する能力を伸ばすのにも役立ちます。さらにTLは、コモンコア（CCSS）で要求されているもう1つの言語上の要件である、共同作業を通して社会的に言語を使用する能力を強化することにも役立ちます。それはTLがそもそも協働を必要とするためです。

　語彙（単語）、統語（文法）、談話（1つのユニットとしてまとまったテクストのかたまり）など、自分の言語レパートリーのすべての機能を使うように生徒に促すことで、新しい言語機能を「しっかり摑む」ための材料——Garcíaが

TLの「釣り針［hooks］」と名づけたもの——を生徒に与えることができます。新しい言語を学ぶとき、TLは、生徒がつながりを見いだしたり、比較をしたり、深い内容の質問をしたり、練習したり、言葉を使って遊んだりするのに役立ちます。さらに、TLによって、学習言語と呼ばれるものがどんなものなのか明らかにし、学びのための価値の高い言語実践とは、実は生徒のレパートリーに新たな言語の特徴［language features］や実践を追加するだけのことであると、生徒に示すことができるのです。

　学校でTLが認められていない場合、バイリンガルの生徒は不利な立場に置かれてしまいます。これは、自分の言語レパートリーの一部だけで評価され、自分の言語資源を十分に活用できない方法で教えられたりするからです。さらに、バイリンガルの生徒が学校で学んだ新しい言語的特徴は、必ずしも彼ら自身の言語レパートリーの一部になるとは限らず、他者に属する「第二の」言語であり続けるのです。このように、TLのこうした目的は、社会的公正につながると言えます。それは、権力の言語である標準英語の言語的特徴のみを受け入れることに伴う言語的偏見を排除し、バイリンガルの生徒に公平な教育と評価を行う場を作るからです。

　以下に示すステファニー先生の授業は、大気汚染をテーマにしたものですが、学びのための言語実践を強化するために、どのようにTLが活用されているか見てとることができます。この授業は、ラティーノ、特にプエルトリコ人における喘息の発症率を扱ったものです。

　　ステファニー先生は、以下の統計データをSMARTボードに映し出し、一人の生徒に音読してもらいました。
- プエルトリコ系アメリカ人の喘息発症率は、ヒスパニック系人口全体と比較して2倍である。
- ヒスパニック系住民は、非ヒスパニック系白人と比較して、喘息で病院を受診する可能性が30％高い。
- プエルトリコ人の子どもは、非ヒスパニック系白人と比較した場合、喘息にかかる確率が3.2倍になる。
- ヒスパニック系の子どもは、非ヒスパニック系の白人に比べて、喘

息で死亡する確率が40%高い。

　生徒が統計を読んだあと、ステファニー先生はここで使われている英語がどのくらい理解できているか、クラス全体として確認しました。ルイスは（"more likely"というフレーズを指さし）"Maestra no entiendo［先生、わかりません］"と言いました。ステファニー先生は生徒たちにルイスのためにこれを訳してくれるように頼みましたが、これが激しい議論になりました。ある生徒は"más me gusta"［私はもっと好きです］と訳し、他の生徒は"más como"［より似ている］と訳しました。最終的に、ステファニー先生はルイスに教室にあるiPadの翻訳アプリを使わせ、"más probable［より可能性が高い］"とわかりました。ステファニー先生はSMARTボード上のテクストにこのスペイン語のフレーズで注釈を入れました。これでクラスの生徒全員が、英語での意味だけでなく、スペイン語での言い方も知ったことになります。

　この事例は、とても簡単な例ですが、ここには2つの重要なポイントがあります。1つ目のポイントは、バイリンガルの生徒は、他の文脈でそれぞれの単語を知っている場合、アカデミックな文章の中の単語やフレーズの意味（例えば、more likely）をわかったつもりになっているかもしれませんが、必ずしもそうとは限らないということです。もう1つのポイントは、ここでは生徒がすでに確立している言語実践が評価され、それが学びの場で重視される新しい実践を身につけるために活用されていることです。ステファニー先生は自分ではスペイン語を話せないので、このテクストや他の英語のテクストをよりよく理解するために、生徒同士で助けあい、翻訳アプリなどのリソースを利用するように勧めています。たとえ彼女自身がバイリンガルではなく、このクラスが「バイリンガル」クラスではないとしても、英語のテクストにスペイン語のフレーズで注釈をつけることで、ステファニー先生は生徒たちがバイリンガル、バイリテラルな人間として成長するのを助けているのです。

　さらに、ステファニー先生は、アフロアメリカンの生徒たちに、友達同士の間で言語がどのように異なる使われ方をしているか考えるように勧めています。彼女はしばしばヒップホップの言語について議論し、生徒が読まなけ

ればならない社会科のテクストなどと比較したりします。先生は、アフロア
メリカンの生徒がスペイン語の単語をいくつか覚えていること、また、ラ
ティーノの生徒がアフロアメリカンの英語の特徴や、例えば、クラスにいる
英語圏のカリブ人の生徒が話すジャマイカン・クレオールの特徴を学んでい
ることを観察しています。先生が教科学習の授業を教える際、言語に時間を
かけて焦点を当てているのは、学びの場での言語の使い方を生徒に教えるこ
とは、社会科の教科内容を学ぶのと同じくらい重要であるという彼女のビ
リーフの表れと言えるでしょう。

1.2.3 生徒のバイリンガリズムと知の方法［ways of knowing］を育むための場の創出

　TLは、教育や学習の改善に役立つだけではなく、バイリンガルを中心と
して、バイリンガルであることとバイリンガル的な言語理解を規範とする、
新しいタイプの教室の創造にも貢献しています。このように視点を変えるこ
とで、生徒が言語について学び、選択する余地が生まれ、私たちの社会にお
けるコミュニケーションの不均等な水域を乗り越えることができるようにな
るのです。TLは、言語を権力的なヒエラルキーに基づいて見るのではなく、
様々な社会的文脈の中で、様々な目的のために用いられる実践として理解す
るのに役立ちます。

　このようなバイリンガル的視点［bilingual lens］は、**批判的メタ言語的認識
[critical metalinguistic awareness]** ——言語には社会的、政治的、イデオロ
ギー的な側面があるという理解——を育みます（Fairclough, 1995）。生徒たち
は、言語の使用は中立的なものではなく、様々な社会集団がそれぞれの目的
のために統制［regulate］されていることを学ぶのです。こうした学びの場
——教師が生徒に自分の言語レパートリーのすべてを使わせる意図的な時間
——は、すべての生徒が自分の表現力の可能性や、私たちがどのように、そ
してなぜ言語を選択するのかを意識するのに役立ちます。生徒たちがこのよ
うな意識を持つことで、言語的なヒエラルキーやルールに立ち向かい、創造
的で批判的なバイリンガルやマルチリンガルの視点で世界を見ることができ
るようになるのです。

このように、TLは、バイリンガルの生徒が持つ知の方法やランゲージングを教育に取り入れることを可能にするのです。人としてのあり方や学びの方法の多様性を示すことで、TLは、より社会的に公正な世界を築く可能性を秘めていると言えます。例えば、ある別の日の Cuéntame algo［教えてください］において、カーラ先生と児童たちは Sara Poot Herrera によって書かれた *Lluvia de plata*［銀の雨］を読みました。この物語は、メキシコのチワワ州にあるタラフマラ地方を訪れた若い女性マリアナが、文化と言語の変化を経験するというものです。物語をより深く理解する活動として、カーラ先生は、la sierra Tarahumara［タラフマラ山脈］を見下ろす la Barranca del Cobre［銅の渓谷］の図を用意し、その上に生徒たちが書いたイラストを配置するようにしました。

　　　モーセは、イラストカードを背景に置き、次のように話した。
　　　Esta parte que leí me gusta porque los trabajadores que construyeron el ferrocarril le llamaban al tren que venía de Kansas a Chihuahua "si te cansas". Yo creo que no sabían cómo decir Kansas, entonces para recordar cómo decirlo solamente mencionaban "si te cansas."［私が読んだこの部分が気に入ったのは、鉄道を建設した労働者たちが、カンザスからチワワに来る列車を "si te cansas"［疲れたら］と呼んでいたからです。きっと、Kansas とはどう言えばよいかわからなかったので、覚えておくために "si te cansas" と言っていたのだと思います。］
　　　（みんな笑い始める。）モーセは、鉄道員が Kansas（/kamzas/）という言葉を、発音の似ているスペイン語の cansas（/kansas/）に変えたと説明した。笑った生徒もいたが、すぐに賛成してコメントを付け加えた生徒もいた。"En mi casa nosotros usamos este tipo de palabra"［私の家でもこうした言葉を使うよ。］"Sí es cierto; he oído algo así tambien en mi casa."［そうだよ、うちでもこういうの聞いたことがある］と言う生徒もいた。先生がもっと説明を求めると、その生徒は、次のように答えた。例えば、スペイン語でヘアジェルを意味する gel（発音は hel）は、英語の help（ヘルプ）の発音を覚えるのに使われ、スペイン語の flor（花）は英語の

　スペイン語と英語でほぼ同じ音の単語から生まれる言葉遊び、chiste は、単に面白いだけではありません。chiste を生み出す単語を見つけるには、言語や文化を超えた言語的・文化的知識が必要です。生徒たちは、TLの瞬間を面白いと感じていましたが、この場面はユーモアに満ちていたというだけではなく、文脈や言語を超えた言語使用について、生徒たちの深い理解を示したものでした。そして、カーラ先生は生徒たちのこうした深い理解こそが彼らの強みや財産である、と示し、学びに活用したのです。文化的にも言語的にも自分たちに関連が深く、生徒のTLの実践に基づいたテクストを使用することで、カーラ先生の生徒たちはテクストの中で自分自身や自分のコミュニティを見聞きすることができ、安心してTLを試し、探求することができたのです。

　バイリンガリズムとバイリンガルの言語実践を重視することが、いかに生徒の批判的メタ言語的認識を育むかという点については、先ほどカーラ先生のクラスでの *Three Wise Guys: Un cuento de Navidad*［3人の賢者：クリスマスキャロル］を用いた協働読みの実践の説明の中で示した通りです。次の事例では、カーラ先生が作者Sandra Cisneros のTLに焦点を当てたことで、生徒が自分のバイリンガリズムと知の方法を利用して、複雑なテクストに取り組むことができたことを紹介します。

　生徒たちは、カーラ先生が読んでくれた部分の続きを、読書グループ指導［guided reading］[32] で読み続けました。カーラ先生は、Cisneros があえてスペイン語で表現した言葉、chicharras［昆虫］、urracas［黒い／白い鳥］、comadre［親戚の女性］に注意を払うように言いました。グループ内では、なぜこれらの単語がスペイン語で表記され、他の単語はそう

31　原注3）Johnson and Meyer（2014）にこうした chiste の具体例が展開されている。
32　読書グループ指導（guided reading）：英語圏の小学校で広く実践される教師の指導のもとに行われる多読指導。個人、ペア、または小グループを対象に教師が事実関係の確認や行間の意味などについての質問をしたり、話しあったりしながら、深く読む力を養う。

されなかったのか、著者はなぜこのような選択をしたのかを考え、議論しました。カーラ先生は、もし自分が作者だったら他のどんな言葉をスペイン語で表現したいと思うか考えて、選ぶよう生徒たちに指示しました。

　バイリンガルであるカーラ先生と彼女の生徒たちは、CisnerosのTLされたテクストについて、より細やかなニュアンスの部分まで、そして複雑な方法で議論することができます。著者の言語選択に注目させることで、カーラ先生は生徒たちが言語に対してよりクリティカルな感覚を身につけるよう手助けし、ひいては彼ら自身がバイリンガルの思想家、作家として成長するよう促すのです。生徒たちは、comadreがスペイン語で表現されているのは、自分たちの文化やコミュニティで使われている言葉だからだろうとコメントしました。Cisnerosがなぜurracaとchicharrasを使ったのかという議論においては、ある生徒が即座にこう言いました。「rが2つ続いて綺麗な巻いた音になるからよ」。生徒たちは続いて、rが重なる他のスペイン語の単語について探しました。テクストの中で英語で表現されているものの中に、スペイン語で書いたならrが重なる音になるものはないか探したのです。このように、TLされたテクストを批判的メタ言語学的認識に照らして分析することで、バイリンガルのランゲージングは豊かで意図的なものであり、雑で不純なものではないことを生徒たちに示すことができます。CisnerosのTLについて話しあったとき、カーラ先生のクラスは、自分たちのTLを再評価し、複雑なテクストを理解するために自分たちのバイリンガル能力を活用したのです。

1.2.4　生徒のバイリンガル・アイデンティティと社会的情動の発達を支える

　TLは、バイリンガルの生徒のアイデンティティと社会的情動の発達を促し、社会的公正を促進します。第一に、TLによって、すべてのバイリンガルの生徒が日常の教室生活に積極的に参加できるようになります。いわゆる「ネイティブスピーカー」の言語実践とは異なる言語実践をする多くの生徒が、教室での学習に困難を覚え、疎外感を感じることは少なくありません。

生徒が自分の言葉で話し、学問的な会話や作業に十分に参加できる場を作ることで、私たちはより公正な世界を作るために必要な積極的参加のモデルを作ることができるのです。第二に、TLは、生徒が自分自身や自分の言語・文化的慣習を欠陥のあるものとしてではなく、価値あるものとして捉えることを助けます。自分の言語を、偶発的で常に変化するパフォーマンスの全体の一部であると見なすことを生徒たちに教えることで、私たちはモノリンガルな社会に異議を表明し、言語の間に立ちはだかり、権力のヒエラルキーを生み出す、社会的に構造化された境界線を打ち破ることになるのです。

　ステファニー先生の「環境保護主義：過去と現在」の単元に戻って、このTLの目的が実際にどのように達成されているのか見てみましょう。ステファニー先生はその日の授業を、喘息に関する公共広告を生徒に見せることから始めました。これは、大気汚染というトピックの背景を生徒に理解してもらうためでした。30秒ほどのこの公共広告には、喘息の発作に苦しむラティーノの若い男性が登場しました。ステファニー先生は、英語とスペイン語で1回ずつ映像を流し、この映像に関わる疑問点やコメントを発表するように求めました。

　エディは英語で、弟が本当にひどい喘息持ちで、何度も病院に行ったことがあると話した。ルイスも同意して「ぼくも！　ぼくの兄ちゃんは……エルサルバドルの……」と言いかけた。ルイスが英語で続けるのに苦労しているのを察して、ステファニー先生はスペイン語で話を続けるよう促した。ルイスはスペイン語で、エルサルバドルに住んでいる兄が建設現場で働いていて、その現場の粉塵で喘息の発作を起こしたことを説明した。ステファニー先生はその話を聞き、ルイスの話が終わると、ルイスのグループのもう一人の学生、マリアナにルイスの話を通訳してくれるよう頼んだ。マリアナはスペイン語を理解できるが、話すのは英語のほうが得意だと以前ステファニー先生に伝えていた。しかし、マリアナは非常に有能な翻訳者で家族からもよく褒められていることをステファニー先生は知っていた。

この場面描写から、ステファニー先生のような言語的柔軟性とTLの実践は、社会的公正の行為であり、生徒の社会的情動の成長をサポートする方法であることが見てとれるでしょう。この意味を理解するためには、私たちがあまりにも多くのEMIの教室で見てきた別のイメージを提示するだけで十分でしょう。まだ英語がおぼつかないルイスは、言いたいことが言えず苛立って机に突っ伏し、黙ってしまいます。英語で話すことに慣れていない他の生徒たちは、窓の外を見つめたり、落書きをしたり、お互いにささやきあったり、机の下の携帯電話をこっそり見たりしています。このようなイメージとは対照的に、ステファニー先生の教室は、参加型で学びを共有する教室です。すべての生徒は、自分の考えを伝えるためにあらゆる言語を使うことが奨励されていますし、そうすることでステファニー先生は、生徒たちが何を知っていて、何ができるかを理解できるのです。さらに、生徒たちの学校外での生活——例えばマリアナの翻訳者としての経験など——のストーリーやスキルが尊重され、新しい内容を学ぶために活用されています。つまり、TLは、多くの生徒が〈声〉を奪われてしまうような学習経験に対抗する方法なのです。すべての言語を使えるようにすることで、彼らは自分らしく、お互いに助けあい、学業に励むことができるのです。

　ステファニー先生のクラスにはアフロアメリカンの生徒たちも数人いましたが、彼らもまたこの公共広告に共感してくれました。多くの生徒が議論に参加し、家族が喘息で苦しんでいることを話してくれました。ステファニー先生のクラスのアフロアメリカンとラティーノの生徒たちは、一緒になって、自分たちが住んでいる地域の有害物質について意識するようになりました。そして、その理由を考え始めたのです。これは、英語とスペイン語で取り組んだ環境有害物質に関する研究プロジェクトの始まりとなったのにとどまらず、英語とスペイン語二言語で〈声〉を上げ、選挙で選ばれた議員に手紙を書くキャンペーンにつながったのです。

　一方、カーラ先生のバイリンガルクラスでは *Three Wise Guys: Un cuento de Navidad*［3人の賢者：クリスマスキャロル］のストーリーを読んだあと、生徒に物語の一部を英語からスペイン語に翻訳する作業をさせました。「物語の中のお母さんは英語を話しませんよね。このお母さんが理解できるように物

語を書いてください」。生徒のグループが一緒に翻訳作業をしたあと、カーラ先生は次のように伝えました。

> スペイン語を話す母親、バイリンガルの子ども、Rubén と Rosalinda、英語を話すが読めない父親など、物語の登場人物の言語実践について考えてみましょう。議論する際には、英語とスペイン語の両方の特徴を自由に使って、物語の中の家族のバイリンガルの〈声〉を再現し、物語のナレーターが行ったように、あなた自身の言語実践を統合してください。

　カーラ先生は、翻訳アクティビティとそれに続くディスカッションを通して、バイリンガルの生徒が意味を作り出す［make meaning］ために TL を使用し、文章の中でバイリンガルの〈声〉を発達させ、すべての言語実践がどのように連携するかについて理解を深めることを奨励しています。この目的のために、カーラ先生は生徒たちに、主に英語で書かれた文学作品の中で英語とスペイン語がどのように使われているかを分析させ、翻訳の練習をさせているのです。このような活動を通じて、生徒たちは、TL や翻訳がいかに変革的な行為であり、テクストを変えるだけでなく、テクストが他者を巻き込み、彼らに〈声〉を持たせるかを学びます。生徒たちがテクストの一部をスペイン語に翻訳したことは、単なる学習のための練習ではなく、オリジナルの物語では何も言えないでいる母親のスペイン語の〈声〉を想像して、聞くことを可能にしたのです。このように、TL によって、これまで排除されていた〈声〉を聞くことができるのです。また、言語の使用がどのように権力と結びついているか、言語の使用がどれほど社会的不平等を生み出し再生産するために使われるか、そしてバイリンガルの生徒がどのように多様な貢献や視点を含むテクストに書き換えることができるかについて、生徒に理解させることができます。

1.3　まとめ

TLC は、目的を持った戦略的なものであり、無秩序で混沌としたものでは

ありません。もちろん、教師がどのようにTL教育法をデザインするかは、彼ら自身のバイリンガル経験や、彼らが働く学校やコミュニティの状況に応じて異なります。TLCは、バイリンガルの生徒にとって強力で公平な学習環境であり、学習者が（1）複雑な学習内容やテクストに取り組むこと、（2）学びの場での言語実践を強化すること、（3）バイリンガリズムとバイリンガルとしての知の方法を活用すること、（4）社会的情動を伸ばし、強いバイリンガル・アイデンティティを育むことを可能にします。教師が生徒のバイリンガリズムを効果的に学習に活用する［leverage］ことで、マイノリティを排除する社会の仕組みを打ち壊し、社会的的公正を推進することができるのです。

章末問題とアクティビティ

1. バイリンガリズムやバイリンガルの生徒の教育方法について考えるうえでTLの概念によって浮上する難しさとはどのようなものでしょうか。
2. カーラ先生とステファニー先生のTLの使い方を比較対照してみましょう。なぜそのような違いが生じたのだと思いますか？　二人の個人的な背景、教えている学年、教室の状況などを考えてみてください。

やってみよう

1. トランスランゲージング・クラスルームのプロフィールをためしに作成してみましょう。自分のクラスでも、アクションリサーチのために注目しているクラスでもかまいません。カーラ先生のクラス、ステファニー先生のクラス、ジャスティン先生のクラスのプロフィールをモデルとして使いましょう。
   • そのクラスのバイリンガルの生徒とはどんな生徒ですか？　あなたのクラスの言語的多様性を反映した数人のバイリンガルの生徒を選んでください。それぞれの社会言語的な生い立ち・実践について説明してください。

- そのクラスの先生はどんな人ですか？　その先生の社会言語学的な生い立ちと実践を説明してください。
- そのクラスではどの言語が教育目的で使用されていますか？
- このようなバイリンガルの生徒に対応する指導プログラムの内容、言語、リテラシーに関わる到達目標は何ですか？

2. あなたの学校現場で実施されている萌芽的バイリンガルのためのプログラムはどのようなものか調査してみましょう（様々なタイプのプログラムの定義は、用語集に記載されています）。

- 公用語の方針はどうなっていますか。
- 教科内容及び言語発達の基準としてはどんなものが採用されていますか。
- こうしたプログラムは誰のためのものですか。
- これらのプログラムの到達目標は何ですか。
- それらの目標を達成するために、このプログラムはどのように構成されていますか。
- その目標に対して、生徒たちはどの程度到達できていますか。

2 言語実践とトランスランゲージング・クラスルームの枠組み

この章の学習目標

・バイリンガルの生徒が自分の言語レパートリーをすべて活用するとはどういうことか説明する
・ダイナミック・バイリンガリズムと加算的バイリンガリズムの概念を比較・対照する
・トランスランゲージング・コリエンテ［流れ］を定義する
・トランスランゲージング・クラスルーム（TLC）の枠組みを使い、TLコリエンテ［流れ］がどのように生徒の学びと教師の指導を動かしていくかを説明する
・あなたの教室で、TLコリエンテ［流れ］の証拠を探し始める

　この章では、<u>カーラ先生</u>、<u>ステファニー先生</u>、<u>ジャスティン先生</u>の教室のような**トランスランゲージング・クラスルーム（TLC）**を理解するためにTLCの枠組みについて紹介します。まず私たちは、言語が学習環境の中で異なる話者によってどのように使われるかを考えなければなりません。バイリンガルの実際の言語運用をよく見てみると、そこにはバリエーションやダイナミズム、複雑さが見てとれます。生徒のバイリンガル実践の流れ、これを私たちは**トランスランゲージング・コリエンテ（以下TLコリエンテ［流れ］）**と呼ぶのですが、それは教室の中の生活のあらゆる場面で働いています。バイリンガルの生徒がテクストに取り組むとき、たとえそのテクストが英語だけ、または、スペイン語やその他の言語だけで表現されていたとしても、自分の持つあらゆる言語資源を活用しながらテクストを読むのです。バイリンガルの生徒が何かを書いたり、新しいものを作ったりするときも、自分の言

1　原著ではここはlinguistic repertoireとなっている。本著の中ではlanguage repertoireという語も使われているが、特に使い分けはされていない（2023/05/05 Garciaに確認）ため、この訳書ではどちらも「言語レパートリー」と訳す。

語レパートリーの特定の特徴をフィルターにかけて生み出された「プロダクト」かもしれませんが、その「プロセス」では常に二言語が使用されています。

　このように生徒のバイリンガルの力を、彼らが意味を生成するために活用する流動的で常に存在する流れとして捉えると、バイリンガルの生徒を違った角度から見ることができます。このような視点の変化は、バイリンガルの生徒を指導し評価するための新しい可能性を開くものです。私たちが提案するTLCの枠組みは、生徒の**ダイナミック・バイリンガリズム**[2]を学習に**積極的に活用する** [leverage] TL教育論を教師がイメージするのに役立つものです。

2.1　言葉の意味や使い方を振り返る

　私たち学校関係者は、言語というものを、教科書に載っているような標準的なもの、あるいはアセスメントで使われるようなものだと考えてしまいがちです。私たちは、「英語」「スペイン語」「中国語」「韓国語」「ロシア語」で教えていると考えています。しかし、言語の実態は、言語の名称が示すよりもはるかに複雑です。

　例えば、私たちが話すとき、読むとき、家族と話すとき、子どもを叱るとき、授業をするとき、生徒一人ひとりと接するとき、どのように言葉を使うか考えてみてください。私たちの言葉の使い方は様々であり「英語」「スペイン語」「中国語」の特徴（単語、音、語順など）は、使用される文脈によってそれぞれ異なるのです。

　また、6歳の児童や高校生（みんなそれぞれ経験は異なります）の言語活動を考えてみてください。同じ年齢層の生徒でも、彼らが使う「英語」「スペイン語」「ロシア語」はそれぞれ異なるでしょう。生徒たちは、自分が誰であるか、何をしているか、何を感じているか、誰と交流しているかによって、

2　ダイナミック・バイリンガリズム（dynamic bilingualism）：Garciaのトランスランゲージング教育論の核をなす概念で、バイリンガリズムを動的な、可変性のあるものとして捉えるものである。

異なる言語を使うのです。では、英語を話す様々なグループの人たち（例：アフロアメリカン、イギリス人、テキサス人）やスペイン語を話す様々なグループの人たち（例：メキシコ人、キューバ人、プエルトリコ人）が「同じ」言葉をどのように使っているか考えてみてください。彼らの使う「英語」や「スペイン語」と呼ばれる言語は、それぞれのコミュニティで使われている言語習慣を反映して、非常に異なったものとなっていることがわかるでしょう。英語のモノリンガルとスペイン語のモノリンガル、あるいはどんな言語でもモノリンガルと見なされている人たちは、「同じ」言語の中でも 2 種類以上使い分けることができるため、実は複数方言話者であることを忘れてはいけません。

　モノリンガルの人の英語やスペイン語やアラビア語が単一のものとは言えないとすれば、バイリンガルの人たちの言語を考えることがどれほど複雑であるか想像できるでしょう。そこで、まず、次の問いから始めましょう。それは「バイリンガルはどのように言語を使っているのか」という問いです。

　バイリンガル話者は、複数方言話者やモノリンガル話者とは、言語の使い方が異なります。すべての話者は言語の使い方が異なるのですが、バイリンガルの**言語レパートリー**にはより多くの言語の特徴が含まれるため、それだけ多くの選択が可能になります。**言語の特徴**とは、例えば、音素（音）、単語、形態素（語形）、名詞、動詞、形容詞、時制、代名詞、格、性（ジェンダー）の区別、統語規則、ディスコース・マーカー（例：談話標識[3]、情報構造）などです。社会的な観点からはバイリンガルは 2 つの言語を話すと言われますが、バイリンガル自身の観点から言えばバイリンガルは「1 つの言語レパートリー、つまり自分自身の言語レパートリー」を持っています。この言語レパートリーには、英語、スペイン語、中国語、ロシア語、その他と名づけられたそれぞれの言語と社会的・政治的に関連づけられる言語の特徴が含まれているのです。

3　談話標識（marking transitions）：in addition、finally などの文章の構成を明示するための語、またはフレーズ。

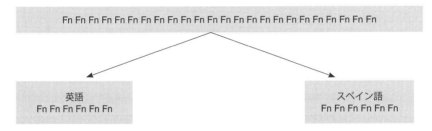

図 2.1　バイリンガルの言語レパートリー。Fnは（言語の）特徴

2.1.1　1つのバイリンガルレパートリー vs. 一人の中の二人のモノリンガル

　カーラ先生の二重言語バイリンガル［Dual-Language Bilingual Education：DLBE］
の小学校のクラスとステファニー先生の高校のEMI（英語を教室内で使用言語
として採用している授業）のクラスで出会った生徒を思い出してみましょう。
カーラ先生のクラスの生徒ジェニファーとステファニー先生のクラスの生徒
エディはアメリカ生まれで、エルサルバドルから来たばかりのルイス（ステ
ファニー先生のクラス）やメキシコから来たばかりのリカルドとモーセ（カー
ラ先生のクラス）とは異なる様々なスペイン語を話します。ジェニファーと
エディが話すスペイン語は「英語」の特徴を持ち、リカルドが話すスペイン
語はメキシコとリカルドの家で話されている先住民の言語「ミクステコ語」
の特徴を持っているのです。

　カーラ先生のクラスで、ジェニファーとモーセは、学校の遊び場のどこが
好きかと質問されました。ジェニファーはこう答えます。"Me encanta por los
swings.（Swings（英語で「ブランコ」）があるから好き）"。それに対して、モーセ
はこう答えています。"Me encanta por los columpios.（columpios（スペイン語で
［ブランコ］）があるから好き）"。ジェニファーにとって、「swings［ブランコ］」
という言葉は、英語でもなければ（辞書や国としてはそうかもしれませんが）ス
ペイン語でもありません。それは単に彼女の言語レパートリーの一部であり、
遊び場で一緒に遊んでいる他のバイリンガルのラティーノの子どもたちとコ
ミュニケーションをとるために使う言葉なのです。ジェニファーは、**図 2.1**
（上の枠）に示すように、1つの言語レパートリーを持っており、彼女が意味
を生成するために用いる言語の特徴（Fn）は絡みあっていますが、国、学校、

辞書、文法書は異なる言語（図2.1の下の枠のスペイン語と英語）として分類しているのです。学校（やその他のモノリンガル環境）では、あたかも二人のモノリンガルが1つになったかのように、彼女にスペイン語だけ、あるいは英語だけを使わせるのです。しかし、Grosjean（1982）が強調するように、一人の中に二人のモノリンガルがいるという概念は不可能です。

　ジェニファーは、異なるコミュニケーション環境（すなわち、英語を使うときとスペイン語を使うとき）で、自分のレパートリーのどの言語的特徴を使うかを区別することを学びましたが、彼女は、自分のレパートリーのすべての特徴を使ったランゲージング［languaging］をすることもできるのです。これは、彼女が家族とバイリンガル環境で話すときによく起こります。このことから、ジェニファーは1つの言語レパートリーを持っていると言えるでしょう。しかし、そのレパートリーは、外部の社会的視点から見ると、2つの名前のついた個別言語［named languages］に分かれています。例えば、学校では、標準的な言語の定義に従って行動することが求められ、「英語の時間」には英語、「スペイン語の時間」にはスペイン語に関連するレパートリーだけを選択し、残りは抑制しなければなりません。しかし、バイリンガルの友達と遊んだり話したりするときには、彼女は自分の言語的レパートリーをすべて自由に使うことができるのです。このようにバイリンガルを捉えることは、従来のバイリンガルの概念とは大きく異なります[4]。

2.1.2　ダイナミック・バイリンガリズム vs. 加算的バイリンガリズム

　従来、バイリンガリズムは、モノリンガルの外的な視点から、単に言語の追加として説明されてきました。**図2.2** は、このような従来の**加算的バイリンガリズム**の概念化を示したもので、第二言語（L2）が第一言語（L1）に追加され、それぞれが自律的で境界のある言語特徴を持つというものです。

　しかし、ジェニファーのバイリンガリズムは単なる足し算ではなく、**動的なもの**［dynamic］であり、2つの言語とされるものの言語的特徴は、相互関係の中で機能し、目の前のコミュニケーション状況に適応します（García,

---

4　原注1）詳細な議論についてはGarcia and Li Wei（2014）を参照。

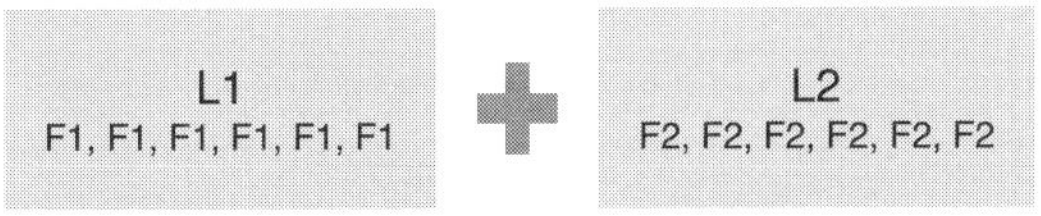

図 2.2　２つのモノリンガリズムの総和としての伝統的なバイリンガリズム。
F1：第一言語の特徴、F2：第二言語の特徴、L1：第一言語、L2：第二言語

2009 を参照）。ジェニファーは、自分の言語レパートリーのあらゆる特徴を駆使して、コミュニケーションを図り、意味づけを行います。そのため、言語はどうあるべきか、言語はどのように使われるべきかという、社会や国の伝統的な定義を乗り越えていく［transgress］のです。

　さらに、ジェニファーのバイリンガリズムは、単純に第一言語（L1）か第二言語（L2）かという観点では理解できません。ジェニファーはスペイン語を話す祖母に育てられたため、まずスペイン語を話すことを学びましたが、大きくなっていくにつれ母親は彼女に英語で話しかけるようになりました。そのため、ジェニファーにとって最初に学んだ言語はスペイン語ですが、それが彼女の第一言語というわけではありません。彼女は英語のほうが自信を持って使えますし、より多く使っていますし、アイデンティティを最も強く感じるからです。ジェニファーのバイリンガリズムは、L1 ＋ L2 という単純な足し算ではなく、様々な状況で適切なコミュニケーションをとるために使用する言語機能のダイナミックな相互作用によって成り立っているのです。

　García（2009）は、生徒のダイナミック・バイリンガリズム［dynamic bilingualism］をガジュマルの木のイメージで概念化しています。ガジュマルの木は、常に相互依存している特徴を持ち（Cummins, 1979）、それらが一緒になって１つの複雑なコミュニケーション・レパートリーを形成します。バイリンガル話者たちはこのレパートリーを、モノリンガルのコンテクストに適応できるようになるのです。García（2009）は、水陸両用車両のイメージも用いて、バイリンガル話者が言語レパートリーの特徴を利用して、異なるコミュニケーション状況に適応する方法を説明しています。これは、自転車の２つの車輪が常にバランスを保ち、同じ方向に動くと見られる従来のバイリンガリズムの見方とは対照的です。

　TLCは、英語と生徒の他の言語の間の、厳格な境界で固定された存在とし

て言語を考えるのではなく、バイリンガルの生徒の複数の言語実践を戦略的に使用する方法について考えさせるのです。このような考え方が、複雑な教科学習内容やテクストに取り組み、学びの場に適した言語実践を含む新たな言語実践を身につける生徒を支援するのです。

2.1.3　トランスランゲージング vs. コードスイッチング

トランスランゲージング（TL）とは、多言語話者や多言語コミュニティの複雑な言語実践と、そうした言語実践を活用してフォーマルな学校環境で望ましいとされる言語実践を構築する教育的アプローチの両方を指します。社会言語学的な観点から見ると、TLは、バイリンガル生徒との関係でよく耳にする2つの概念、コードスイッチングとバイリンガルラティーノの「スパングリッシュ」とは異なります。

コードスイッチングとは、別々の自律的なものとして扱われる言語コードの間を行ったり来たりすることです。これは、バイリンガルの言語行動を、あたかも二人のモノリンガルが1つになったかのように外的な視点からのみ言語を考察するものです。コードスイッチングは、しばしばモノリンガルの言語使用に対する違反や逸脱と見なされ、軽蔑の対象となることも少なくありません。

しかしながら、TLとは、国語や標準語の観点からではなく、バイリンガル自身の観点から自分の言語レパートリーをどのように使用するかを示しています。バイリンガル話者の言語レパートリーは、辞書や文法書そして学校によって、2つのカテゴリーに分類されています。ラティーノの生徒の場合はこれが英語とスペイン語ということになります。もちろんバイリンガル話者は、コミュニケーションの場面に応じて適切な機能を使い分けることを学びます。しかし、重要なのは、話し手（つまり、内面）の視点から見ると、その人が持っているのはたった1つの言語レパートリーだということを認識することです。

コードスイッチングという用語が個別言語の切り替えに焦点を当てているのに対して、TLは、時として自分のレパートリーの特徴を抑制しなければならない人々のランゲージングを指します。コードスイッチングが単なる言

語コードの切り替えと見なされているのに対して、TLは個別言語を超えて・・いくのです（Li Wei, 2011）。TLという行為は、それ自体が変革的［transformative］であり、発話に創造的なバイリンガルの意味を吹き込む可能性を秘めているのです。第1章では、カーラ先生のクラスにおける、このような変革的創造性［transformative creativity］と見られる例をいくつか紹介しました。作家のサンドラ・シスネロス（Cisneros）は「comadre［親戚の女性］」という単語を使い、英語のテクストにラティーノの生命を吹き込みました。またカーラ先生のクラスの生徒は、両親が英語の「help（ヘルプ）」を思い出させるために同音のスペイン語「gel（ヘル）」を使っていることを話していました。本書では、このような変革的創造性を示す例を他にも数多く紹介していきます。

　「スパングリッシュ」という用語は、アメリカ在住のラティーノのスペイン語を「訛った」スペイン語として貶め、差別するためによく使われます（Otheguy & Stern, 2011）。それとは異なり、TLとは、バイリンガル話者による相互に関連する言語の特徴の創造的かつ批判的な構築とその使用を指します。それは、生徒の現地語やその他の言語のパフォーマンスの質とは関係なく、学習者が学びに使用でき、また教師が指導に活用できるものです。さらに、TLは標準的な言語実践の一部と考えられている機能の習得や使用の学習にも活用でき、それはすべての学習者にとって現実的かつ物質的な結果をもた・・・・・・・・・・・・・らすのです。

2.2　トランスランゲージング・コリエンテ
［translanguaging corriente］

　私たちは、教室や学校に流れる生徒のダイナミック・バイリンガリズムの流れ、あるいはそのフローを指して、TLコリエンテ［流れ］というメタファーを使っています。バイリンガルの生徒は、学校で教科学習や言語を学び、自分たちの複雑な世界やアイデンティティを理解するために、堂々と、あるいは密かにTLコリエンテ［流れ］を利用しているのです。バイリンガルの生徒が一緒に学問的なタスクに取り組むとき、彼らは自分たちの言語的資

図 2.3 TLコリエンテ［流れ］のメタファー
https://www.flickr.com/photos/79666107@N00/4129780342/

源をすべてプールすることによって意味を交渉［negotiate］し、生成するのです。

　水中の流れは静止しているわけではなく、地形の特徴によって変化しながら流れています。同様に、TLコリエンテ［流れ］は、モノリンガルの視点から説明され定義される教室の静的［static］な言語景観を変えて、動的［dynamic］で連続的な動きを指します。**図 2.3** は、伝統的に「英語」または「家庭言語」の領域とされてきた地形を、TLコリエンテ［流れ］が流れ、変化させ、それらをつないでいる様子を表しています。表面から見ると、2つの別々の河岸があり、それぞれの側にはっきりとした形が見えます。しかし、流れによって河岸は移動し、その様相も変化します。そして、川底では地形が1つであり、川と両岸はそもそも一体なのです。

　TLコリエンテ［流れ］は統合された全体を形成するため、バイリンガルの生徒は通常別々に実践される言語コードと社会空間を結合させることができます。例えば、ラティーノの生徒は家ではスペイン語、学校では英語を使うとよく言われます。しかし、実際には言語の使用はもっと流動的です。ラティーノの家庭では、スペイン語を話す家庭もあれば、英語を話す家庭もあり、ほとんどの家庭が両方を話しています。ラジオを聴くときはスペイン語、本を読むときやテレビを見るときは英語というように。

2.2.1　教室での流動的な言語実践

　バイリンガルの生徒がいるあらゆる教室でTLコリエンテ［流れ］を見つけることができます。もちろん、その質は様々ですが。特定の教室におけるTLコリエンテ［流れ］の特徴は、バイリンガルの生徒とその教師の言語レ

パートリーを反映しています。したがって、カーラ先生、ステファニー先生、ジャスティン先生のような教師は、彼らの言語レパートリーと生徒の言語レパートリーが多様なため、TLコリエンテ［流れ］を異なった形で経験することになります。さらに、バイリンガルのクラスとEMIの教室では、暗示的・明示的な言語政策[5]が異なります。LOTE（英語以外の言語）も指導言語とされ、それを使用できることが生徒の明示的な目標であり、期待される成果であるバイリンガルのクラスでは、TLコリエンテ［流れ］はより強く（そしてより顕著に）現れます。

　教師もまた、TLコリエンテ［流れ］についての異なる経験をし、それに対して異なる反応を示します。例えば、カーラ先生はバイリンガルで、生徒と同じように、学びの場で自分の言語レパートリーの一部を抑制することがどういうことかを経験したことがあります。彼女は伝統的なDLBE（二重言語バイリンガル教育）モデルの訓練を受け、指導目的で使用する2つの言語を厳格に分離していました。カーラ先生はTLコリエンテ［流れ］について学んだとき、最初は疑問視し、抵抗しました。しかしその後、自分の「言語の取り締まり［language policing］」にもかかわらず、生徒が柔軟に言語を使っていることに気づいたとき、彼女はTLコリエンテ［流れ］を受け入れ、それを積極的に活用し、それが大きな成功につながったのです。一方、ステファニー先生は比較的標準的な英語を話し、彼女の言語レパートリーの特徴は、いくつかの例外を除いて、社会的にも学問的にもほとんど問題視されることはありませんでした。ステファニー先生は自分がバイリンガルだとは思っていませんが、生徒のバイリンガリズムやTLには最初から肯定的に反応しました。彼女は、生徒たちがすでにあらゆる言語資源を駆使して複雑な社会科の内容を理解していることを知り、この種のTLを明確に指導に取り入れ始めたのです。言語に関する経験やコンテクストが異なるにもかかわらず、カーラ先生とステファニー先生はどちらも、指導とアセスメントにTLコリエンテ［流れ］を活用しています。

5　言語政策（language policy）：国の言語政策、という意味だけではなく、学校や家庭などにおける言語使用の方針などに対しても使用される概念。

学校では英語で授業が行われるかもしれませんが、ラティーノの生徒たちは互いにスペイン語で話すことが多く、書く、読む、話す、考えるに際し彼らの内言[6]としては、スペイン語と見なされる言語の特徴が溢れているかもしれません。TLコリエンテ［流れ］は常に動いているため、ある言語または他の言語が使用される際に制限を設ける静的な言語景観を変え、従来の「言語」の概念を変革しているのです。

2.2.2　TLコリエンテ［流れ］の潜在的な創造性

　TLコリエンテ［流れ］は、新しい言語実践を生み出します。例えば、ラテンアメリカ諸国では、スペイン語は政府の法令や国の歴史を反映した公的な言説によって制約され、スペイン語は単一言語かつ単一文化的に使用されています（もちろん、国によってスペイン語に関連する言語の特徴には違いがあるのですが）。しかし、アメリカでは、バイリンガルのラティーノは、英語とその歴史との相互作用の中でスペイン語を体験しています。このように、アメリカの様々なコミュニティで使用されるスペイン語にはこうしたコミュニティのラティーノが使うスペイン語のバリエーション（キューバ、メキシコ、アルゼンチン、プエルトリコなど）の特徴が、標準英語や仲間内のくだけた英語の特徴と織り交ぜて使われています。同様に、アメリカの英語も、バイリンガルのラティーノの発話や意識や心の中に、様々な歴史とイデオロギーを持つ話者の意図を取り込んでいるのです。

　このように、アメリカのラティーノは、他のバイリンガルと同様、「言語」と個別の「言語」によって構築された歴史を、言語的・文化的実践の統合されたシステムとして体験しています。TLコリエンテ［流れ］は、公式に認められた言語の使用方法による制限に対応するのではなく、創造的なエネルギーを生み出し、他者や他のテクストと対話する話し手の方法を生み出すのです。それは、Li Wei（2011）が言うように、異なる言語構造、システム、モダリティの間を行き来し、かつそれらを超えていくことを含んでいるのです。Li Weiにとって、TLは「多言語使用者の個人的な歴史や経験や環境、

6　第1章注23を参照。

態度や信念やイデオロギー、そして認知能力や身体能力の異なる次元を1つの調整された意味のあるパフォーマンスにまとめることによって、社会的空間を作り出す」(p. 1223) ものです。つまり、TL コリエンテ［流れ］は生徒のバイリンガリズムによって生成され、TLCにおける学びと指導を動かしていくものなのです。

2.3 モノリンガル／バイリンガル教室という 従来の概念を超える

　ダイナミック・バイリンガリズムやTL コリエンテ［流れ］についてより馴染んだところで、これらの概念を用いてバイリンガルの生徒の教育方法を想像・考察しなおす［reimagine］とはどのような意味を持つのか考えてみましょう。アメリカの教室はモノリンガルかバイリンガルのどちらかと言われ、その中間はないように思われます。しかし、今日の教室は決してモノリンガルなだけでもバイリンガルなだけでもありません。よくよく観察してみると、教室では、表面的に見聞きするよりもずっと多様で、ずっとダイナミックな言語使用が行われているのです。

2.3.1　従来のモデルの限界

　どのような「モノリンガル」な教室でも、英語も話すが英語以外の言語（LOTE）も話す子どもはいます。「正統な学校英語」として認められている言語以外の言語実践を無視することで、学校は子どもの言語レパートリー全体を土台として構築する可能性を無視し、他の話し方を見えなくしているのです。

　さらに、多くのバイリンガルの教室が存在するにもかかわらず、**バイリンガル教育は、しばしば単一言語主義的なイデオロギー**[7]**[monoglossic ideology]**

7　単一言語主義的なイデオロギー（monoglossic ideology）：社会言語学者Joshua Fishmanによって用いられた用語。2つの言語のバリエーションが社会の異なるドメインで、異なる機能を持ち、異なる目的のために用いられている状態を示すダイグロシア［diglossia］と対比的に使用され、1つの言語のみがその社会の中で使用されている状態を示す。そこから転じてバイリンガル教育

に苦しめられています。つまり、バイリンガリズムは単に「二重のモノリンガリズム」(Grosjean, 1982; Heller, 1999) として理解されることが多いのです。移行型バイリンガル [transitional bilingual] のクラスと二重言語バイリンガル教育 (DLBE) のクラスという 2 つの主要なタイプのバイリンガル教育ではどちらにおいても、2 つの言語を別々のものとして概念化しています。移行型バイリンガルのクラスは、英語を習得しつつある子どもたち（私たちの言い方では**萌芽的バイリンガル** [emergent bilinguals]、他の言い方では ELL（英語学習者）、または限定的英語使用者 [Limited English Proficient]）を英語だけの授業に移行させるものです。**早期移行型 [early-exit]** プログラムでは、できるだけ早く移行させます。**長期移行型 [late-exit]** プログラムでは、生徒はプログラムを終了するまで移行しません。指導に使われる英語の割合は英語以外の言語の使用率の低下に伴って増加します。そのため、英語力の向上は、生徒の言語レパートリーの中にすでに存在する言語の特徴との相互関係から恩恵を受けることは決してないのです。また、スペイン語の発達は、長期的にサポートされることはありません。

　ほとんどの**二重言語バイリンガル教育**（DLBE）のクラスもまた、同じ単一言語主義的なイデオロギー (García, 2009; Martínez, Hikida, & Durán, 2015)、つまり、2 つの言語はモノリンガルの方法でしか使われるべきでないという思想に悩まされています。この考え方に呼応して、Fitts (2006) は、DLBE プログラムにおける言語分離が、「標準的な英語とスペイン語の使用を別々の場で認可し、方言の使用を違法とする」(p. 339) 仕組みであることを示しています。二重言語モデルの原型（これを二重言語バイリンガル教育と呼ぶことにします）では、英語ともう 1 つの言語を常に分離しておくよう求められます（言語分離アプローチに対する批判は、Gort, 2015; Gort & Sembiante, 2015; Palmer & Henderson, 2016; Palmer, Martínez, Mateus, & Henderson, 2014 を参照）。さらに、**双方向二重言語バイリンガルプログラム [two-way dual language bilingual programs]**（または双方向イマージョンと呼ばれることもある）は、英語を話す子どもともう一方の言

の文脈においては、二言語を使用しつつも最終的に社会のマジョリティ言語への同化を目的とするような教育をモノグロシックなバイリンガル教育、と表現するようになってきている。

語を話す子どもの数をバランスよく配置することにこだわっています。

　英語－スペイン語DLBE教室の場合、生徒は一般的に「英語優勢型」か「スペイン語優勢型」のどちらかに認識されますが、その両方であることはまれです。このようなプログラムの教師は、英語かスペイン語のどちらかで授業を行いますが、両方で授業を行うことはありません。このような教室での言語使用は、英語かスペイン語が話されているコミュニティ、ほとんどの生徒がその両方を話すコミュニティの言語使用を反映することはほとんどありません。多くのDLBE教室では、バイリンガルの言語使用は一般的に見える形では認識されず、教師は生徒をELLまたはESL（第二言語としての英語）話者、またはスペイン語学習者または第二言語としてのスペイン語話者として扱っています（Lee, Hill-Bonnet, & Gillispie, 2008; Palmer & Martínez, 2013）。このような二項対立的な概念化は、バイリンガルのアイデンティティの確立を妨げています。例えば、アングロフォン（英語を第一言語とする話者）の子どもは英語を話すものとして、ヒスパノフォン（スペイン語を第一言語とする話者）の子どもはスペイン語を話すものとして教室で社会化され、バイリンガルであるアメリカ人としてのアイデンティティを強めるバイリンガリズムや知の方法［ways of knowing］は活用されていないのです。

2.3.2　トランスランゲージング・クラスルームを想像する

　トランスランゲージング・クラスルーム（TLC）は、従来のモノリンガル教育やバイリンガル教育の定義を超え、多言語話者によって使用される言語的な複雑さを基盤としています。TLCは、公式にはモノリンガル（ステファニー先生やジャスティン先生の教室のような）か、バイリンガル（カーラ先生の教室のような）かのどちらかということになります。TLCの視点を持つことで私たちは、モノリンガルやバイリンガルの教室に根強くはびこる"así no se dice"［これはこう言わない］、"no se dice aquí"［ここではこう言わない］という欠点としての見方［deficit view］から、"también así se dice"［これはこうも言える］、"también aquí se dice"［ここではこうも言える］、"¿qué más se dice?"［他に何と言えばいい？］等のより包括的な視点にシフトできるのです。

　バイリンガルの生徒が常に両言語で意味を作っているのであれば、一体ど

うやって片方の言語だけで評価できるというのでしょうか？　もし、生徒の内なる［intrapersonal］〈声〉がバイリンガルであるなら、「英語（だけ）で考えなさい」と強要できるはずがありません。生徒のアイデンティティや知の方法が、複雑で多様な言語的・文化的レパートリーを駆使して形成されているのに、どうやってそういう生徒たちに静的で単一言語的な世界を示すテクストや学問的経験を提供できるというのでしょうか。これらの問いに対する答えは、「できない」です。もしバイリンガルの生徒、特にラティーノの生徒に立派なアメリカの市民になってほしいと願うならば、私たちは彼らに教育の場——TLC——を提供し、学習をサポートし、強化するようなやり方で、彼らの言語レパートリーのすべての特徴が評価され、活用されるように努めなくてはなりません。

2.4　トランスランゲージング・クラスルーム（TLC）の 2つの次元

　学校におけるあらゆる教育活動の直接的な参加者は、生徒と教育者です。トランスランゲージング・クラスルーム（TLC）のフレームワークはこの2つの次元に焦点を当て、生徒が誰で、言語を使って何ができるのか、また教師がどのようにTLコリエンテ［流れ］を駆使してそれらの生徒を教え、アセスメントを行うかに注意を払います。

　TLCは決して無秩序なものではなく、生徒も教師もただ好き勝手にやっているわけではありません。それどころか、生徒や家族、コミュニティとの交流の中で、生徒の言語レパートリー全体が使用されるように教師が計画的かつ体系的に教室活動を構築するのです。そのクラスが公的にはEMIのクラスなのかバイリンガルのクラスなのかにかかわらずTLC教師は、バイリンガルの生徒の言語レパートリーをすべて動員し、教科内容の学習と言語発達を加速させ、バイリンガリズムと知の方法を奨励し、社会情動的な発達とバイリンガルのアイデンティティを強化し、社会的公正を推進するために、指導単元とアセスメントのシステムを意図的かつ戦略的にデザインしています。

　図2.4に示すように、TLCは、生徒の言語パフォーマンスと教師の指導法

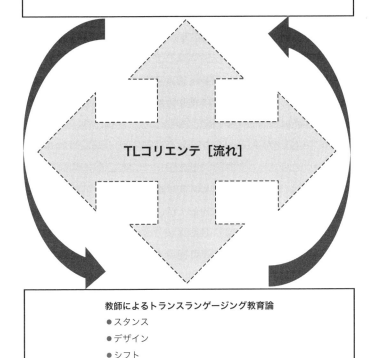

図 2.4　トランスランゲージング・クラスルームの枠組み

という 2 つの次元を織り交ぜて構築されます。この 2 つの次元の間にダイナ
ミックな流れ［movimiento］を生み出すのが TL コリエンテ［流れ］です。生
徒の言語パフォーマンスによって指導やアセスメントが変わり、教師の指導
やアセスメントによって生徒の言語パフォーマンスが変わります。

2.4.1　生徒側のトランスランゲージング・パフォーマンス

　TLC の最初の次元は、生徒の TL パフォーマンスを中心に展開されます。

TLコリエンテ［流れ］は、すべてのバイリンガル学習者にとって多かれ少なかれ同じような、比較的直線的な道筋で発達すると考えられている言語運用能力［proficiency］の概念から、状況的実践[8]における、つまりその場その場のタスクに応じた言語パフォーマンスの概念へと私たちを向かわせます。

　アメリカにおけるバイリンガル研究のパイオニアであるHaugen（1953）とWeinreich（1979）は、最低限の運用能力が2つの言語にありさえすれば、バイリンガルの証であるとしました。しかし、今日の学生のバイリンガル・パフォーマンスはより広範囲にわたり、より複雑なものとなっています。移動とテクノロジーによって、自分とは異なるレパートリーを持つテクストや話し手に接する機会が増えたため、現代のバイリンガルたちは多くの多様な言語的特徴を習得し、使うようになりました。バイリンガルのコミュニティや家庭では、話し手は自分の言語的特徴をすべて使ってコミュニケーションをすることをためらいません。しかし、多くの学校では、バイリンガルの生徒は、自分の言語レパートリーの半分を抑制して、英語かスペイン語しか使わないように要求されることがよくあります。

　TLCにおいては、教師は生徒の言語能力を包括的に捉えます。教師は自分のクラスにあるTLコリエンテ［流れ］について自分が知っていることを考慮に入れながら、生徒のパフォーマンスを見るのです。生徒の言語パフォーマンスは、生徒が使用する言語が学校の公式言語に適合している場合だけでなく、生徒が学びのために自分の言語レパートリーをフルに活用している場合にも評価されます。

　標準化されたテストで示される言語運用能力の概念とは対照的に、TLCでは、状況的実践におけるタスクベースのパフォーマンスに焦点が当てられています。あるタスクのパフォーマンスレベルはまだ萌芽的な段階［emergent］だが、他のタスクではより経験値が高い［more experienced］ということもあり得ます。例えば、学校であまり熱心にバイリンガル教育がされていない移

8　状況的実践（situated practice）：あくまでもそのコンテクストの特殊性の中における実践であるところが強調されている。同じ学習者と同じ教師であってもタスクによってパフォーマンスが異なることはあり得る。それを前提として、それぞれのタスクにおけるパフォーマンスを丁寧に見ていく必要性が強調されている。

民の環境では、ある生徒の家庭言語でのオーラシー（口頭能力）[9]のほうがより経験豊富である可能性があります。しかし、その同じ生徒でも、家庭言語での読み書きの経験がない場合は、リテラシー（読み書き能力）の次元は萌芽的であるかもしれません。ろう者のバイリンガルの子どもの場合は、サイナシー（手話の力）、リテラシー、そしてオーラシーのそれぞれで異なる能力を示すことがあり得ます。バイリンガルというのは、状況や対話者によってすべて何らかの形で萌芽的バイリンガルであると言えます。生徒の言語パフォーマンスは、異なる文脈や要因によって非常にダイナミックかつ創造的に変化するため、1回限りの習熟度スコアでは単純に把握することはできません。

　生徒の言語パフォーマンスを見るために、教師は次の2つの要素に注目する必要があります。これまで述べてきた生徒のバイリンガリズムのダイナ・・・ミックな性質と、「言語総合パフォーマンス（GLP）」と「言語固有パフォーマンス（LSP）」の違いです。

言語総合パフォーマンス［General Linguistic Performance：GLP］とは、バイリンガル話者の言語レパートリー全体を駆使して、その話者が知っていること、学習内容や言語を使ってできること（例：説明、説得、議論、比較対照、評価など）を示す、話す［oral］、書く［written］または手話によるパフォーマンスを指します。バイリンガル話者が言語レパートリーをフルに活用する場合、特定の言語的特徴（LOTEやある地方特有の方言など）を抑制する必要はないのです。

言語固有パフォーマンス［Language-Specific Performance：LSP］とは、特定の言語に関連づけられた特徴、ここでは学校の文脈に関連する規範的な言語の特徴に焦点を当てていますが、そうした特徴のみを拠り所とする、話す［oral］、書く［written］または手話によるパフォーマンスを指します。バイリンガル話者は、自分が知っていること、できることを示すために、自分の言語レパートリーの中で、内容特有のタスクで使われる言語と対応している特

9　オーラシー（oracy）：リスニング・スピーキングのスキルとしての口頭言語能力、という意味だけではなくその背景にある文化や伝統を含んだ概念。以降のリテラシー、サイナシーも同様。

徴だけを使い、学校が規範的であると見なすものだけを産出するのです。どの言語を使うかにかかわらず、バイリンガル話者は、ある特定の言語の特徴だけを使う場合でも、常に自分の言語レパートリー全体を駆使して意味を生成します。

　教師は私たちが**ダイナミック・トランスランゲージング・プログレッション** [Dynamic Translanguaging Progressions：DTP] と呼ぶものによって生徒のTLパフォーマンスを見ることができます。この点については、第3章でさらに詳しく説明します。DTPは、様々なタスクにおけるバイリンガルの生徒のGLPとLSPを、異なる時期に異なる視点から包括的に見るために、教師が使用できる柔軟なモデルまたは枠組みです。こうした発達はバイリンガル生徒のバイリンガリズムが経験や機会によってどのように変化するかを示す証拠となるという意味において動的であると言えます。このDTPモデルは、言語発達を比較的直線的で一方向的かつ段階的なプロセスとして捉える従来の言語モデルとは対照的なものです。

　第3章でわかるように、生徒のTLパフォーマンスのダイナミズムは、バイリンガリズムが静的なものではなく、到達可能なものでもなく、純粋に「持っている」ものでもないことを明確にするものです。それどころか、人はバイリンガリズムを「実行」["do" bilingualism] する必要があるのです。オーラシー、リテラシー、サイナシー（ろう者の場合）、あるいはそれらの組み合わせなど、様々な方法でバイリンガリズムを使いこなし、実践するのです。また、バイリンガルの生徒は、彼らの言語レパートリーのすべての特徴を使うことが許されるとき、つまり、学校が彼らのTLパフォーマンスを正統化するとき、彼らの言語パフォーマンスにはどれほどの可能性が開けるのか、理解する必要があります。

2.4.2　教師側のトランスランゲージング教育論

　TLCの枠組みの2つ目の次元は、生徒のTLパフォーマンスに適応し、それを活用する教師の指導とアセスメントに注目することです。私たちが提案するTL教育はパートⅡで展開されますが、生徒のダイナミック・バイリンガリズムに対する教師の一般的なスタンス、生徒の言語レパートリーを最大

限に活用するための意図的な指導とアセスメントのデザイン、そして言語を介した教室活動への生徒の参加に対する観察に基づいて教師が行う瞬間瞬間のシフト（調整）が含まれます。

TLの力を理解し、生徒にこのような柔軟性を与え、授業の中で瞬間的にTLを行うことができる教師もいますが、それには熟慮された効果的な計画が必要です。つまり、TLコリエンテ［流れ］に乗るだけでは十分ではないのです。教師は**TLスタンス**を持ち、**TLデザイン**を構築し、**TLシフト**を行う必要があるのです。そして、この3つの綱［strands］が（縒り合わされて）**一本のTL教育論**になります。

指導とアセスメントの両面において、これらの綱をどのように発展させるかについては、あとの章で説明します。ここでは、スタンス・デザイン・シフトについて簡単に紹介します。

スタンス

スタンスとは、教師が教育的な枠組みを構築するための哲学的、思想的、あるいは信念的なシステムのことです。バイリンガルの生徒の言語レパートリーをすべて引き出すことで学校が伝統的に価値を認めてきた言語の実践を超越できるという確固たる信念がなければ、教師はTLコリエンテ［流れ］を活用することはできません。TLスタンスを持つ教師は、明らかに生徒の言語実践はリソースであり権利である（Ruiz, 1984）[10]という強い信念を持っています。しかし、こうした言語に対する方向性があるということにとどまらず、TLスタンスを持つ教師は、バイリンガルの生徒の様々な言語実践は、異なる領域に属しているかのように別々に働くのではなく、一緒に［juntos/together］働くと信じています。したがって、教師は教室の場を創造的に使って、言語の協働作業を促進しなければならないと考えています。TLスタンスは、常にバイリンガル児童の複雑な言語レパートリーをリソースとして捉え、決して欠陥［deficit］として捉えることはありません。

私たちは、このTLスタンスが教育者の行動に影響を及ぼしていることを

10　原著者によるまえがき注7を参照。

実感しています。TLCにおいて教師として計画的に練り上げた行動が、私たちがTLデザインと呼ぶものです。

デザイン

　TLCの教師は、Flores and Schissel（2014）が言う「（コミュニティの）言語実践と規範的な学校環境で望まれる言語実践（p. 462）」の間をつなぐ単元、授業、指導・アセスメントを設計しなければなりません。TLの指導とアセスメントのデザインは、単にTLコリエンテ［流れ］を学校へ向けたり、家庭から遠ざけたり、川の両岸（家庭と学校）に橋を架けたりするものではありません。そうではなくて、教師は家庭と学校の言語・文化的実践を統合するような指導とアセスメントの機会を意図的にデザインします。学習は、教師と生徒が協働して家庭と学校の実践の間の距離を縮めるために舵をとるTLコリエンテ［流れ］によって生み出されるのです。

　このTLデザインは、学習者が異なる流れに押し流されるのを防ぐものです。ここで異なる流れというのは、学習者の手の届かない学校の言語実践や、学業上の成功［academic success］につなげるために学校の言語実践に合わせざるを得ないようなタイプの家庭の言語実践が作り出す流れのことです。しかし、TLデザインは、学校側が価値あるものと見なすランゲージングや理解するための単なる足場がけ[11]ではありません。そうではなく、生徒のバイリンガルの言語実践と知の方法は、教室での指導から学び、同時に教室の指導における学びを深めていると見なされるのです。

　デザインはTLCの教育的な核となるものです。しかし、この柔軟なデザ

11　足場がけ（scaffolding）：Wood, Bruner, and Ross（1976）の親子の会話の分析の中で使用された比喩で、建物の建設の際に使用される足場（scaffold）を設置するように、子どものタスク遂行に際して教師や周りの大人が行う支援を指す。単なる手助けではなく、子どもが今できることよりもさらに高度なスキルを身に着けられるよう導いていくことをBrunerらはこう呼んでいる。Vygotskyの理論と親和性が高い概念で、ZPD（発達の最近接領域）における教師の支援をこう呼ぶことも多い（e.g. Swain, Kinner, & Steinman, 2011）。ZPDについては第5章注1を参照。Swain, M., Kinner, P., & Steinman, L. (2011). *Sociocultural theory in second language education: An introduction through narratives.* MM Textbooks. Wood, D., Bruner, J., & Ross, G. (1976). The role of tutoring in problem solving. *Journal of Child Psychology and Psychiatry, 17*(2), 89-100.

図 2.5 トランスランゲージング教育論の綱 [strands]

インを共に構築するためには、私たちは自分自身と生徒を開放し、TLシフトのための空間を作る必要があります。

シフト

TLコリエンテ［流れ］は常に教室に存在するため、TLパフォーマンスを認識するスタンスとそれを演出するデザインを持つだけでは不十分です。時には、その場その場の流れの動き［el movimiento de la corriente］に従うことも重要です。TLシフトとは、教師が教室で行う多くの瞬間瞬間の決定を指しています。これは、生徒の〈声〉を解放し、サポートするために、授業の流れや、指導やアセスメントで予定された言語使用を変更する教師の柔軟性と意欲を反映しています。TLシフトはTLスタンスと関連しています。これはTLシフトには意味づけと学習をすべての指導とアセスメントの中心に据え、TLコリエンテ［流れ］に乗ろうする教師が必要だからです。

教師はTL教育を実践することで、クラスに流れるTLコリエンテ［流れ］を活用することができます。このTL教育論は、指導とアセスメントの両方を網羅し、生徒のバイリンガリズムを可動化し、教科学習内容と言語の学習を加速させるために使用することができるのです。図2.5 に示すように、TL教育論のそれぞれの綱［strand］は相互に関連しており、言語と教科学習内容の両方の学習と教育を強化する丈夫でかつ柔軟なロープを形成しています。

これらの相互に関連する3つの綱により、TLコリエンテ［流れ］は、授業計画、内容に関する会話の促進、生徒のGLPとLSPの強化、そしてDTPに沿った生徒の成長のアセスメントといった教室での日常生活の中で流れることができるのです。また、これらの3つの綱が縒り合わさって、下の4つのTLの目的が達成されるのです。

1. 児童生徒が複雑な教科学習内容やテクストを理解できるようにサポートする
2. 児童生徒が学びの場［academic context］での言語実践を身につける機会を提供する
3. 児童生徒のバイリンガリズムと知の方法［ways of knowing］のための特別な場を作る
4. 児童生徒のバイリンガル・アイデンティティと社会的情動［socioemotional］の発達を支援する

　この教育論の3つの綱は、これらの教育目的を達成するだけでなく、教育プロジェクトをより高い目標、特にマイノリティの生徒にとってより公正な世界を構築することにつなげているのです。

2.5　まとめ

　この章では、TLコリエンテ［流れ］の動き［movimiento］を通して言語使用について、特にバイリンガルの生徒の言語使用について考察を促しました。その中で、加算的バイリンガリズムの概念に疑問を呈し、ダイナミック・バイリンガリズムの概念を取り上げ、さらに、TLの概念とTLコリエンテ［流れ］の概念を探求しました。TLCの枠組みにおける2つの次元——生徒のTLパフォーマンスと教師のTL教育——を紹介しました。また、TL教育論を構成する3つの綱——スタンス、デザイン、シフト——についても説明しました。

章末問題とアクティビティ

1. TLコリエンテ［流れ］を体験・実感したことがありますか？　どこで、なぜ？　どのような印象を受けましたか？
2. バイリンガル学生のTLパフォーマンスという概念は、従来の言語運用能力という概念とどのように違うのでしょうか？

3. あなたにとってTLの難しいところはどんなところですか？　スタン
   ス、デザイン、シフトの3つの綱がもたらす課題やチャレンジを特定
   し、他の教育関係者と話しあってください。

やってみよう

1. バイリンガルコミュニティを1つ選んで訪問してみましょう。街中、
   お店、レストランでどのように言葉が使われているのか聞いてみま
   しょう。どんなことが聞こえてきますか？　店主や他の人が書いた看
   板を探してみてください。このコミュニティでのバイリンガルの使わ
   れ方について、あなたは何を結論づけることができますか？　このコ
   ミュニティは、ここで論じたダイナミック・バイリンガリズムの概念
   にどのように適合しているでしょうか（あるいは適合していないでしょ
   うか）？
2. あなたの教室では、どのようなTLコリエンテ［流れ］の証拠を見た
   り聞いたりすることができますか？　学校での様々なコミュニケー
   ション活動において、バイリンガルの生徒が自分の言語レパートリー
   のあらゆる特徴を口頭や筆記でどのように活用しているか、メモを
   とってみましょう。

3 | 生徒のダイナミック・バイリンガリズムを記録する

この章の学習目標

・学校で強固なマルチリンガル・エコロジー［multilingual ecology］を構築し、バイリンガル家庭が自らのバイリンガリズムをシェアしてくれるよう促すために教師側ができることを明らかにする
・クラスの中のバイリンガルの生徒を特定し、その生徒別に個票を作成し、そのあとで学級全体のバイリンガルプロファイルを作成する
・ダイナミック・トランスランゲージング・プログレッション［Dynamic Translanguaging Progressions：DTP］とはどのようなものかを描き、様々な場面における様々なタスクでの生徒のパフォーマンスを様々な視点から評価するために活用するかを説明する
・DTPが、各州においてバイリンガルの生徒に対するアセスメントで使用されている言語発達基準や発達段階モデルをどのように補完し、拡張しているかを説明する

　本章では、教師が生徒のバイリンガリズムを全体的かつダイナミックに把握するための方法を紹介します。まず、教師や管理職が学校内でどのように強固な**マルチリンガル・エコロジー**［multilingual ecology］を構築したらよいか説明します。これは、親や生徒に家庭でそのバイリンガリズムの共有を奨励し、家庭、学校、コミュニティの間の境界をなくして、**トランスランゲージング・コリエンテ**［流れ］が流れるようにするためです。また、クラスの中でバイリンガル生徒（ELL（英語学習者）だけでなく）を特定してプロファイリングするための様々なデータ収集の方法、そしてトランスランゲージング（TL）指導計画を立てるために使えるバイリンガル生徒のプロファイリング作成方法も紹介します。さらに、本章の後半では、**ダイナミック・トランスランゲージング・プログレッション**［Dynamic Translanguaging Progressions：DTP］の構成について、州が定めた言語発達の基準やアセスメントとどのよ

うに整合し、またそれを超えていくかに着目しながら紹介します。本章で紹介する方法を使えば、生徒の学習を効果的にサポートするために、バイリンガル生徒の多様な言語パフォーマンスを**積極的に活用する**［leverage］ことができるようになるでしょう。

3.1　学校における強固なマルチリンガル・エコロジーの構築

　子どもの就学登録時に家庭での使用言語の記入欄があるものの、多くの保護者は子どもがバイリンガルであることを明記しません。それは、英語ができないという烙印を押されることへの恐れからです。すべての学校において、全生徒の保護者に家庭言語調査の実施が義務づけられていますが、この調査から得られる情報は、主に「限定的英語使用者［Limited English Proficient］」または「ELL」を特定するために使用されています。学校では、英語ができると生徒を判断した場合、家庭言語調査から得た情報をあまり活用しません。そのため、バイリンガルの生徒が正しく認識されず、生徒たちのバイリンガリズムはたいてい、または普通無視されてしまうのです。

　バイリンガルの生徒を適切に識別するための第一歩は、特に英語が堪能と判断された場合、家族そして生徒自身がバイリンガルであるという自覚を促すことです。このために、学校はマルチリンガリズムというエコロジーを構築することで、そうした自己認識の育成を応援できます。それによって、すべての家族や生徒は自分たちの言語が評価され、かつ大切にされていると感じ、自分たちの言語が学校での学習に重要な貢献をしていることを理解できるようになります。そこで、学校の管理者や教師がすべての生徒のバイリンガル言語実践を確認し、それをもとに学習を進めることができるように「マルチリンガル・エコロジー推進チェックリスト（付録A.3.1）」を開発しました。このチェックリストには、バイリンガルの家庭や生徒が自分たちのバイリンガル言語実践を共有し、TLコリエンテ［流れ］が流れるようにするために、学校の指導者のできることが書かれています。このチェックリストを活用すれば、例えば、学校では多言語で歓迎を表示することや生徒の登録用書類を保護者向けに多言語で用意することができます。家庭言語調査の情報を

入手したり、自分自身で子どもの保護者に問い合わせたりすることもできます。また、特に個人的な物語、言語伝記や証言[1]、ディスカッションなどを通して、生徒自身がそのバイリンガリズムを共有できるように促すことができます。このチェックシートを活用することによって、教育者は保護者と生徒を巻き込んで、多言語主義を学校の財産として認識できるでしょう。

3.2 バイリンガル個票（プロファイル）の開発

　もし、家庭や生徒が自身のバイリンガリズムの共有を奨励されれば、ほとんどどの教室にもバイリンガル生徒がいることが見えてくるでしょう。また、子どもたちのバイリンガルのレパートリーとその能力の幅が大きく異なることにも気がつくでしょう。アメリカでは、ほとんどのバイリンガルの生徒がスペイン語を話し、そのほとんどが英語を話す生徒として分類されます。しかし、教える地域、レベル、授業の種類によって、教室にいるバイリンガル生徒の特徴は大きく異なります。例えば、ニューメキシコ州アルバカーキのカーラ先生の二重言語バイリンガル教育（DLBE）を行う小学校のクラス、ニューヨーク市にあるステファニー先生のEMI（英語を教室内で使用言語として採用している授業）の高校社会科のクラス、カリフォルニア州ロサンゼルスにあるESL（第二言語としての英語）教師で入り込みのサポートをするジャスティン先生の中学校の数学と科学のクラスなど、実に多様なクラスがあり、さらにその内部においても多様なのです。

　教師と管理者が協力して強固なマルチリンガル・エコロジーを構築すれば、クラスでのTLコリエンテ［流れ］を強化することができます。これがTL教育論を進めていくための第一歩です。

3.2.1　生徒たちのバイリンガル個票
　アメリカの学校では、生徒たちをELL、元ELL、英語熟達者［fully English

1　言語伝記や証言（Language bibliographies and testimonies）：バイリンガル教育の中で広く実践されている活動で、生徒が自分のこれまでの言語使用の変遷について語ったり、書いてみたりする活動。

proficient］に分類しています。教師は、一般的に生徒をこうした分類に当てはめてしまえばそれ以上バイリンガル生徒について考えることを奨励されておらず、担当クラスのバイリンガルの生徒に関する言語やリテラシーの状況に関する貴重なデータも収集しないのが普通です。それは、ELLとして分類されている生徒や、2つの言語を通して［教科を］学ぶバイリンガルプログラムの生徒であっても同様です。生徒の文化に対応した教育［culturally responsive pedagogy］[2]の重要性を説く教師もいることでしょう。実際、もし教師が、生徒がどんな人間であるか、生徒たちが話す言語、文化的慣習、経験、そして生徒たちが知っている世界について体系的に情報を収集しないなら、一体どうやって生徒の文化に対応した教育を実現できるというのでしょうか。そこで、このギャップに対処するために教師が使用できる「バイリンガル生徒確認用個票（付録A.3.2）」を開発しました。

　このフォームのパート1は、「バイリンガル生徒を識別するためのチェックリスト」です。教師が生徒と彼・彼女らのバイリンガリズムについて会話を始めるための5つの質問も示されています。このチェックリストには、家庭でのバイリンガル使用、バイリンガルの友人、バイリンガルとの接触、教育、家庭で使用しているLOTE（英語以外の言語）のリテラシーなど、様々な項目が含まれています。教師は、バイリンガルであることを確認するための領域ごとにポイントを集計します。年少児の場合は、教師が保護者と共に記入してもよいでしょう。生徒がバイリンガルになる可能性があると判断された場合（パート1で2以上のスコアを得た場合）、教師はパート2の「バイリンガル生徒個票」に進みます。

　バイリンガル生徒個票（Part 2）では、**萌芽的バイリンガル**［emergent bilinguals］（学校がELLと分類する生徒）と**経験豊かなバイリンガル**［experienced bilinguals］（英語を話し、学校では一般的にそのバイリンガリズムが無視される生徒）を区別しないことに注目してください。そして、生徒がどのように、いつ、

2　文化に対応した教育（culturally responsive pedagogy）：多様なバックグラウンドを持つ児童・生徒の教育には彼・彼女らの文化的特徴や経験、視点を取り入れることが不可欠である、という理念に立つ教育。詳しくはGay, G.（2000）. *Culturally responsive teaching: Theory, research, and practice.* Teachers College Pressを参照。

どこで、なぜバイリンガルになったのか、包括的評価をするように教師にお勧めします。それは、生徒の英語パフォーマンスだけでなく、各生徒のバイリンガル経験を明らかにすることに重点を置いているからです。

　バイリンガル生徒個票は、生徒が家庭の中で話している、または触れている言語は何かという問いと、これまで暮らした国や学校に通ったことのある国に関する質問から始まります。この個票では、生徒がどこで生まれ、何年間アメリカに住んでいるか、また、どこで英語を学習し、どこでLOTEを使用したり学習したりしたかも記録します。そして、その他の生徒の言語パフォーマンスに関する記入欄もあります。

　このように生徒のバイリンガルの力を理解することが、なぜ重要なのでしょうか？　それは、社会言語的、社会教育的、社会経済的な要因が、バイリンガルの生徒の言語運用に影響を与えるためです。すべての教師はバイリンガル生徒個票の情報を利用することで、より効果的に生徒と関わることができます。例えば、生徒が話す言語を知ることで、生徒が英語で識別できる可能性のある同根語[3]を持っているかどうか、生徒の家庭言語が書く文字を持っている言語かどうか、どんな文字が使われているかなどの情報を得ることができます。新入生がローマ字を使わない言語で教育を受けてきたことがわかれば、このような生徒に対して英語の文章を作成する際に、特別な配慮が必要であることが予想できます。バイリンガルの生徒が母国で英語の学習経験があることを知っていれば、初めて英語に触れる生徒よりも早く、教科学習のために英語を使えるようになるだろうと予測できます。また、生徒が放課後や補習校に通い、他言語でリテラシーを身につけていることを教師が知れば、EMIの教室で教える場合でも、それらのリテラシー実践と理解を積極的に活用することができます。「バイリンガル生徒確認用個票（付録A.3.2)」を使用することで、教師は学校でのバイリンガリズム育成のために、生徒が置かれている言語環境、特に家庭の事情を、どのように活用できるか考え始めることができるのです。この個票は、生徒や家族と相談しながら教

3　同根語（cognates）：語の形や意味が類似している、共通の起源を持つ語。例えば本書でも第6章で使われるexplore（英語）とexplorar（スペイン語）や、第10章で使われるtext（英語）とtexto（スペイン語）などがその例。

師が記入することもできます。

3.2.2　学級バイリンガル個票

　教師は、それぞれ個別のバイリンガル個票に気を配る必要があるのと同様に、クラスのバイリンガル・プロファイルを可視化する方法を見つけなければなりません。そのために、「学級バイリンガル個票」を開発しました（付録A.3.3にその具体的な形が掲載されています）。教師は、生徒の言語実践、特に生徒が2つの言語それぞれで何を知っていて、何ができるのか、観察し、記録することが期待されています。

　では、カーラ先生のクラスを例にして、ニューメキシコ州の**二重言語バイリンガル教育**（DLBE）の教室でどのように学級バイリンガル個票を教師が活用したか、説明しましょう。前節で説明したバイリンガル生徒確認用個票で収集した情報に基づき、**表3.1**が示すように家庭で使用する言語（2列目）を記入します。モーセとリカルドが他の生徒よりも家庭でスペイン語を多く使っていることを知り、DLBEの授業に生かすことができるようになりました。また、すべてのアメリカの学校で測定が義務づけられている生徒のELL認定についての情報を3列目に記入します。公式にELLと指定されていない生徒には「なし」とし、指定されている生徒には「あり」と明記しています。これらの萌芽的バイリンガルについて、先生は（1）6年以内にアメリカに到着したニューカマー、（2）**長期英語学習者**（LTELL）：6年以上ELLとして分類されている者[4]、（3）**正規教育が未完／中断した生徒**（SIFE）[5]の3タイプに分類しています。

　その後の記入欄には、英語とLOTEの言語パフォーマンスについて、口頭と筆記で可能な限り詳細にデータをとり、教師が各生徒の能力［what they can do］について記述できるスペースもあります。教師、プログラム、学校、地域、州によって、収集されたり公表されたりするデータの種類はかなり異なるため、教師は、それぞれの状況に応じて、このフォームを調整する必要が

4　原注1）地区や州によって、生徒を何年目までニューカマーと見なすか、いつからLTELLと区分するか、SIFEと識別するかは異なる。

5　Students with Incomplete/Interrupted Formal Education

表3.1　学級バイリンガル個票

生徒	家庭での言語状況	ELL認定	英語運用能力 (ACCESS for ELLs)	スペイン語運用能力 (LAS links)	スペイン語読む力 (EDL2)	英語読む力 (DRA2)
エリカ	主に英語、一部スペイン語	なし	該当なし	3	30	40
			エリカは意見が求められる質問に詳しく答えることができる。			
ジェニファー	主に英語、スペイン語も可	なし	該当なし	4	40	50
			ジェニファーは複数の文章から得た情報を要約することができる			
モーセ	両親とはスペイン語、兄弟とは英語	ありニューカマー	3	4	40	30
			モーセは、様々な分野の問題解決に向けた方略を説明できる。			
リカルド	両親とはスペイン語とミクステコ語、兄弟ではスペイン語と英語	ありニューカマー	3	4	30	20
			リカルドは、口頭で聞いた情報を理解して新しい文脈に応用ができる。			

ACCESS：Assessing Comprehension and Communication in English State-to-State
DRA2：Developmental Reading Assessment
EDL2：Evaluación del desarrollo de la lectura
ELL：English language learner
LAS：Language Assessment Scale
カーラ先生の学級に応用したもの。

あるでしょう。

　カーラ先生は年度はじめに、州や地区で義務づけられている統一テストの結果を集めています。カーラ先生が教鞭をとるニューメキシコ州アルバカーキは、ELLの基準とアセスメントを開発したWIDAコンソーシアムの一員であることを思い出してください。そのため、先生は**表3.1**の4列目に、WIDAが実施するACCESS for ELLsの生徒の総合レベル（1～5）の結果を記録しています。WIDAでは、「聞く」「話す」「読む」「書く」の各領域のデータも報告されるので、各領域別に評価が記入できるようにしたのです。

　カーラ先生はDLBEプログラムで教えていることから、スペイン語についてもLAS[6]を使用して、すべての生徒の母語データを収集しています。この

6　LAS（Language Assessment Scale）：CTB MacMillan McGraw-Hill社によって出版されている英語話者とスペイン語話者を対象とした英語の運用能力を測るためのテスト。リテラシーを測るLAS R/Wと、オーラシーを測るLAS Oralがある。受験者の年齢に応じてテストが分けられ、（R/Wは小学2、3年相当、小学4年から6年相当、及び中学生以上の3タイプ、Oralは小学生

評価軸は生徒のパフォーマンスを5段階で評価するもので、表の5列目の欄に記入されています。カーラ先生の学区では、DLBEプログラムに参加するすべての生徒に、スペイン語と英語でそれぞれEDL2とDRA2[7]という形成的リテラシーアセスメント［formative literacy assessment］を行うことも義務づけています。EDL2とDRA2は、それぞれレベル30（小学3年生相当）、レベル40（小学4年生相当）、レベル50（小学5年生相当）、レベル60（小学6年生相当）の読解力指数で構成されています。そのため、カーラ先生はスペイン語（6列目）と英語（7列目）で、生徒の読解レベルの得点を記録しています。

この「学級バイリンガル個票」を用い、学校のDLBEプログラムで把握されている情報を活用することで、カーラ先生は生徒がスペイン語と英語で何ができるかを一目で確認できるのです。アメリカではバイリンガル生徒のバイリンガリズムをほとんど見えなくしてしまうようなバイリンガル生徒の分類が長らく主流でしたが、この包括的なアプローチはそれを超越するものです。この新しいアプローチによって、カーラ先生は生徒が学校に持ち込む言語資源が目で見えるし、耳で聞けるようになったのです。

3.2.3　州が定めた英語の運用能力及び発達システムを振り返る

生徒と学級のバイリンガル個票は、教師が生徒のバイリンガリズムを理解するための重要な基盤となりますが、教師は、州や地区が要求するデータを批判的視点から見る必要があります。現在の政策では、すべての州が英語発達（ELD）、つまり英語の運用能力のスタンダード（基準）とアセスメントシステムを採用し、すべての学校がELLの英語学習の進捗を報告しなければな

用と中学生用の2タイプ）があり、受験者の英語運用能力を三段階で判定する。Level 3になると、英語を母語とする生徒を対象とする全国規模のテストで上位40%程度のレベルがあるとされる。スペイン語版もある。

7　DRA2（Developmental Reading Assessment）：Pearsonから出版されている読みの力を測定するためのアセスメントツールで、幼稚園児からGrade 8（中学2年生相当）までに対応する。レベル別に5〜6冊の物語文・情報文の読み物と、評価のためのルブリックや観察シートがセットになっている。2019年にはオンラインでも使用できる形になったDRA3が発表されており、レベルも80まで拡充されている。スペイン語版としてEDLがある（6年生まで対応）。

りません。そのため、州はWIDA[8]やELPA21[9]などの団体に加盟するか、または
はニューヨーク州、カリフォルニア州、テキサス州のように、独自の言語力
発達スタンダード（基準）やアセスメントシステムを開発する必要があります
す。萌芽的バイリンガルの生徒たちの発達が「熟達期［commanding］」もし
くは「橋渡し期［bridging］」レベルに向かっているのかを注視するというこ
と自体が、カーラ先生にとってもステファニー先生にとってもジャスティン
先生にとっても、重要となります。それは、生徒の言語発達の状況を理解し
て記録する必要があるからです。

　ここでは、各制度の長所と限界を明らかにするために、システム内及びシ
ステム間の類似点と相違点について簡単に考えてみましょう。まず、それぞ
れの制度では、言語の発達を「読む」「書く」「聞く」「話す」の段階や発達
のレベルに分けています。例えば、ニューヨーク州、WIDA、ELPA21 は、
萌芽的バイリンガルの発達段階を「準備期［entering］」「萌芽期［emerging］」
「形成期［developing］」もしくは「移行期［transitioning］」「伸長期［expanding］」
「橋渡し期［bridging］」もしくは「熟達期［commanding］」の 5 段階で構成して
います。一方カリフォルニア州では、「萌芽期［emerging］」「伸長期［expand-
ing］」「橋渡し期［bridging］」の 3 段階です。そして、段階別にパフォーマン
ス指標［performance indicators］や Can-Do 記述文が示されています。これに
よって教師は「読む」「書く」「聞く」「話す」のそれぞれの発達段階におい
て、萌芽的バイリンガルがどんなことができるのかを理解できるようになっ
ています。そして、こうしたパフォーマンス指標や Can-Do 記述文は、萌芽
的バイリンガルの生徒の指導やアセスメントにおいて言語発達のコンティ

8　第 1 章注 16 を参照。

9　ELPA21：English Language Proficiency Assessment for 21st century の略。UCLA（カリフォ
　ルニア大学ロサンゼルス校）の The Center for Research on Evaluation, Standards, and Student
　Testing（CRESST）が ETS と協力して作成している英語運用能力を測定するためのテスト。英
　語の運用能力の 4 領域（話す・聞く・読む・書く）を網羅し、5 つの年齢枠（小 1 まで、小 2 ～
　小 3、小 4 ～小 5、小 6 ～中 2、中 3 ～高 3）に分かれたアセスメントがある。2024 年 1 月現在、
　英語に加えてスペイン語、北京語、ベトナム語、スワヒリ語、及びアラビア語で保護者向けの説
　明書が準備されている。

ニュアム[10]に応じた差をつけるための指針としても活用可能です。

　以上のようにシステムが異なるのは、それぞれがよって立つ言語理論が異なるからでもあります。

- WIDAのELDシステムは、現在ほとんどの州で使用されているものです。WIDAコンソーシアムでは、幼稚園児から12年生までの萌芽的バイリンガルを対象に、「読む」「書く」「聞く」「話す」の発達段階に合わせて5つのELD基準に関連づけて、Can-Do記述文やモデルとなるパフォーマンス指標を示しています。5つの基準とは、(1) 社会及び授業で用いられる言語、(2) ランゲージアーツの言語、(3) 数学の言語、(4) 科学の言語、(5) 社会科の言語です。WIDAは、スペイン語での言語力の基準とCan-Do記述文も開発しています。
- ニューヨーク州は、各学年のニューヨーク学習基準に対応する新しい言語と家庭言語のランゲージアーツ[11]を備えたバイリンガル・コモンコア・イニシアチブを開発しました（Velasco & Johnson, 2014を参照）。各段階は、生徒のパフォーマンスに応じて5つの段階のそれぞれで、生徒が新しい言語と家庭言語でどんなことができるのか、どんなことが期待されるかを記述しています。
- ELPA21では10項目の英語の運用能力基準［proficiency standards］が示されており、特に大学進学や就職準備基準で求められる英語、リテラシー、数学、科学などの内容領域の言語運用と関連した内容で構成されています。例えば、基準1は、生徒が学年相応の聞く力、読む力、鑑賞する力を通して、口頭発表や文学的・情報的文章から意味を組み立てることができることとしています。基準5は、生徒が調べ学習を行い、その結果を評価したうえで、問いに答えたり、問題解決のため

10　言語発達のコンティニュアム（Continuum of language development）：言語の発達は「できる」か「できない」かという二項判定ではなく、連続体（コンティニュアム）のどの段階にあるのか、という見方が本書の前提となっている。

11　新しい言語と家庭言語のランゲージアーツ（New and Home Language Arts Progressions）：詳細は第8章注10を参照。

に結果を伝えたりすることができるとしています。

　これらのシステムはそれぞれの州が定めたものですが、(1) 基準の数、(2) 言語発達基準と内容領域の基準との関係、(3) 基準として取り扱うべき内容領域、(4) 家庭言語と新しい言語との役割とその関係性、などの点についての考え方の違いが反映されています。そのため、異なる州（例えばカリフォルニアやテキサスなど）やコンソーシアム（例えばELPA21 など）の教師には、それぞれの州で使われている言語発達システムを理解したうえで、それぞれのシステムの豊富な資料を活用すると同時に、そのうえで、どのようなデータが収集され（あるいはされず）、それらのデータがどのように使われているかという観点から批判的に捉えることが求められるのです。

　これらすべてのシステムの大きな弱点は、言語発達を直線的に、段階的に、そして一方向による道筋であるものとして想定していることです。例えば、学習者は言語の発達を「準備期［entering］」「入門期［beginning］」「萌芽期［emerging］」という各段階を順番に経て、熟達した段階（proficiency）に達するとされています。しかしながら、次節で述べるように、バイリンガルの生徒の言語実践は、州が定めた英語運用能力発達システムで把握できるよりもはるかに複雑なのです。

3.3　ダイナミック・トランスランゲージング・プログレッション

　ダイナミック・トランスランゲージング・プログレッション［Dynamic Translanguaging Progressions：DTP］は、教師が各生徒のバイリンガルな言語実践の複雑さを理解し、それらを記録するのに役立つものです。教師がクラスのバイリンガルの生徒一人ひとりのそれぞれ異なる**ダイナミック・バイリンガリズム**を包括的に見ることができる柔軟なモデルあるいは構成枠組みなのです。このモデルは、生徒のバイリンガリズムの動的［dynamic］な性質を考慮して、「言語総合パフォーマンス（General Linguistic Performance：GLP）」と「言語特有パフォーマンス（Language-Specific Performance：LSP）」という 2 種類

の言語パフォーマンスの違いを念頭に置いています。この2つの要素につい
てこれから見ていきますが、まず、生徒のバイリンガリズムが経験や機会に
よってどのように変化するか示しながら、このモデルの動的［dynamic］な性
質から見ていきましょう。バイリンガリズムとは、静的［static］なものでも
なく、「持つもの」［had］でもなく、「行う」［done/performed］ものなのです。

3.3.1 様々なタスクにおけるバイリンガルパフォーマンスを様々な視点で評価する

DTPにおけるダイナミズムという概念は、バイリンガルのパフォーマン
スはタスクによって、また話し手のコンテクストに応じて、そして評価者の
視点に応じて評価されるべきであるという考え方に基づいています。

例えば、家庭内でスペイン語を話す両親のために、英語で書かれた健康保
険の書類を読んだり、翻訳したり、記入を手伝ったりする子どもがいるとし
ましょう。英語で話しかけながら、弟妹が英語でエッセイを書くのを手伝っ
ている姿もあります。二言語で行われる礼拝では教会でスペイン語の聖書を
読んでいます。そして、英語とスペイン語両方で日記を書いたり、友人に
メールを送ったりもしています。こうした一連の子どもの状況から、両親は
その子どものバイリテラシーパフォーマンスが比較的優れていると評価する
可能性が高いでしょう。課題やコミュニケーション・モード（例：子どもが
読んでいるか、話しているか、テクストを打っているか）によって異なりますが、
「熟達期［commanding］」のパフォーマンスを、比較的簡単に言語使用ができ
るレベル、という意味で私たちは用いています。しかし、学校では、教師は
必ずしもこのような経験豊かなリテラシー活動を目にする機会はないでしょ
う。その結果、教師はその生徒のバイリンガリズムについて家庭とは違った
見方をすることになるのです。

ステファニー先生のクラスで学ぶ11年生のノエミは、3年前にエクアドル
からアメリカに来た生徒ですが、まさにこのケースに当てはまります。ノエ
ミは公式にはELLと分類されていますが、現在そんなに苦労することなく英
語で聞く・話すことができます。

図3.1は、両親が評価した、ノエミのスペイン語と英語のバイリンガルパ

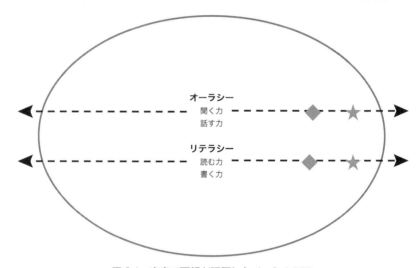

準備期 ←————————————————————————————→ 熟達期

オーラシー
聞く力
話す力

リテラシー
読む力
書く力

図3.1　家庭で両親が評価したノエミのDTP

◆　英語でのLSP（言語固有パフォーマンス）
★　スペイン語でのLSP（言語固有パフォーマンス）

フォーマンスを示していますが、ここから見てとれるように、両親はノエミの力を熟達期に近いほうに記しています[12]。つまり、ノエミのバイリテラシーは、申請書の記入や医者や学校での通訳を常にノエミに頼っている両親のそれよりも強いということです。両親は、スペイン語（★）のほうが英語（◆）よりも強いと気づいていますが、バイリンガルパフォーマンスはかなり高いと評価しました。

　一方、担任のステファニー先生は、ノエミのバイリンガルの力について全く異なる捉え方をしています。先生は、ノエミのパフォーマンスを評価するために、バイリンガル生徒確認用個票、ニューヨーク州第二言語としての英

12　原注2）図3.1と図3.2のDTPの各軸の両端に準備期と熟達期という用語を使用しているが、これは州の言語力開発基準やアセスメントで使われている用語であることを踏まえてそうしている。教師は、それぞれの文脈で最も適切な用語（例えば、州の言語発達基準やアセスメントに使われているレベルと一致する用語や、地区内の教師が自分たちの目的に合った新しい用語）に置き換えるとよいであろう。

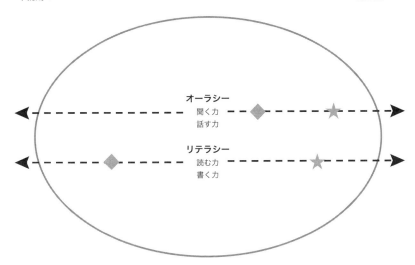

準備期 ←————————————————————→ 熟達期

オーラシー
聞く力
話す力

リテラシー
読む力
書く力

図 3.2　学校で教師が評価したノエミの DTP

◆　英語での LSP（言語固有パフォーマンス）
★　スペイン語での LSP（言語固有パフォーマンス）

語力達成テスト（NYSESLAT）[13] と呼ばれる ELL に課されるテストのスコア、ランゲージアーツのテストスコアなど、様々な情報収集から始めました。そのうえで、ステファニー先生はノエミがどのようにクラスの中で英語とスペイン語を使い分けて学校での課題に取り組んでいるか、熱心に観察しています。そして、バイリンガル個票にその内容を記録しています。しかし、このクラスはバイリンガルクラスではないので、ノエミのスペイン語の標準テストの点数がわかりません。ステファニー先生はスペイン語を話せないので、ノエミのスペイン語におけるオーラシー（口頭能力）とリテラシー（読み書き能力）について、バイリンガルの同僚に相談しました。ステファニー先生がノエミのバイリンガルの力を DTP で評価したものが、**図 3.2** になります。

　ステファニー先生はノエミの英語のオーラシーを英語のリテラシーよりも高いと評価しています。また、同僚との相談に基づき、ノエミのスペイン語

13　NYSELAT：New York State English as a Second Language Assessment Test

のオーラシーをリテラシーよりも高いと評価しました。図3.1と図3.2を比較すると、ステファニー先生はノエミのバイリンガルの力について、特にリテラシーに関して高く評価する両親とは異なる見方をしていることがわかります。

　また、教師は、自分自身が生徒の言語を話すかどうかにかかわらず、生徒のバイリンガリズムについて生徒自身の評価を取り入れることもできます。例えば、ジャスティン先生は、中学の数学と科学のクラスで、様々な言語的背景を持つ萌芽的バイリンガルの生徒を担当しています。ステファニー先生と同じように、ジャスティン先生もほとんどの生徒の家庭言語を話すことができません。しかし、自分自身のESL教師としての役割は、教科担当教師がバイリンガル生徒を全体的に捉えられるように手助けすることだと理解しています。そうすることが、ジャスティン先生の生徒の英語力の指導に役立つだけでなく、すべての教師がバイリンガル生徒に適した指導計画を考えるうえで役立つのです。

　ステファニー先生と同様に、ジャスティン先生もバイリンガル生徒の「バイリンガル生徒確認用個票」と標準化されたテストの点数を確認し、授業中の様子を観察しました。そして、萌芽的バイリンガルの生徒一人ひとりと面談して、英語と家庭言語のそれぞれのパフォーマンスについて生徒自身がどのように捉えているのか確認していきます。例えば、台湾から来たばかりのイシェンは、英語と北京語の両方を使いながら、台湾ではクラスでトップの生徒であったことや作文では賞までとったことがあることをジャスティン先生に伝えました。しかし、イシェンはアルファベットの知識がほとんどありません。そのため、イシェンのリテラシーについて、北京語では非常に高いものの英語でのパフォーマンスは萌芽的であると、ジャスティン先生もイシェンも評価することにしました。オーラシーについては、クラスで話すのは緊張するけれども、ロサンゼルスの日常生活では両親の用事を手伝うのによく英語を使っていると、イシェンはジャスティン先生に英語で伝えました。このことを念頭に置きながら、他のデータと合わせて、ジャスティン先生とイシェンは英語でのオーラシーを「形成期［developing］」としました。これらの結果、ジャスティン先生はイシェンのバイリンガリズム

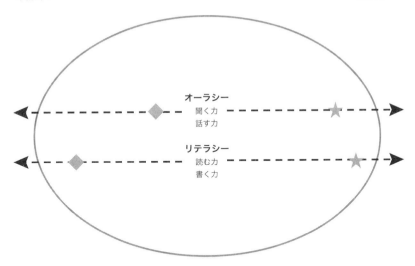

準備期 ←――――――――――――――――――――→ 熟達期

図3.3　本人と教師が評価したイ シェンのDTP

◆　英語でのLSP（言語固有パフォーマンス）
★　北京語でのLSP（言語固有パフォーマンス）

を図3.3のように記録しました。

　教師は、生徒のバイリンガリズムに関わる情報を常に創造的な方法で収集することができます。EMIの現場で英語を使い始めたばかりの生徒であっても、英語以外の言語でのオーラシー・リテラシーに関わる言語活動でどのような経験をしてきたのか教師と共有できます。教師は付録A.3.4のDTPフォームを活用することで、生徒の言語レパートリーすべてについて、様々な場面における様々なタスクで、様々な観点から、生徒のその場その場のバイリンガルパフォーマンスを記録できます。DTPによって、生徒のバイリンガリズムを経年で縦断的に教師が把握できるように、生徒の指導に関わる様々な関係者が生徒のバイリンガリズムを観察しながら記録することもできます（付録A.3.4には、次節で説明するGLPについての言及もあります）。

　国が定めた英語の運用能力及び発達システム［English language proficiency and development systems］では明確に提示されたパフォーマンス指標があります。これらの指標は、生徒が言語を使って何ができるのか、定義、分類、採点す

るためのものです（例：やりとり、産出、解釈；読む、書く、聞く、話すなど）。これとは対照的に、バイリンガル生徒のTLパフォーマンスは、ダイナミックで流動的な実践であって、課題（例：自宅ではスペイン語と英語で日記を書く、学校では文章から導かれた結論を文章の中の具体的な証拠を挙げながら作文を英語で書くなど）や評価者の視点（例：日常的な課題について、家で両親が評価する、学校で教師が新しいタイプの課題を評価するなど）によって様々に変わるのです。

　ここで重要なのは、DTPに沿ったバイリンガル生徒の発達とは、常に真っ直ぐに伸びていくというわけではない、ということです。つまり、生徒たちのバイリンガルパフォーマンスは、常に経験値の高いほうに向かうわけではないのです。多くの場合、バイリンガル生徒は人生の中で、様々な時期に様々な目的のために言語を使用する機会を与えられることで、そのシフトが起こることがわかります。例を挙げてみましょう。バイリンガル生徒のスペイン語のリテラシー評価では、バイリンガルの小学校からEMIの中学校に進学し、学業のための英語使用が増えてスペイン語使用が減ることで、DTPにおけるスペイン語のリテラシーパフォーマンスは逆方向に離れていくことが多いでしょう。しかし、同じそのバイリンガルの生徒が高校に進学し、スペイン語を母語とする生徒のためのスペイン語の読み書きパフォーマンスに焦点を向けた授業を受けたなら、その生徒のスペイン語の読み書きパフォーマンスはDTPにおいて経験値を増していくと評価されることでしょう。このことからも、DTPによって、様々な文脈において生徒のバイリンガリズムが時とともに潮の満ち引きのように変化する実態を捉えることができます。このようにして、バイリンガル生徒の言語実践の複雑な性質を理解し、記録することができるでしょう。

3.3.2　言語総合パフォーマンス［GLP］と言語固有パフォーマンス［LSP］を区別する

　コモンコア（CCSS）[14]では、こうした基準に到達する際に、英語、しかも標準英語とされるものを用いてできることが前提とされています。州が定め

14　第1章注15を参照。

た言語発達の基準や発達の解釈も同様ですが、例外的に（例えばニューヨーク州）、初級レベルでは足場がけとして生徒の家庭言語を使用する方法を定めるところもあります。しかし、この発達段階にTLの視点を加えることで、言語的な達成の可能性が拡張し、標準的な特徴だけを見るモノリンガルな言語パフォーマンス評価から脱却することができるのです。

　DTPを使ってバイリンガル生徒の言語活動を評価すると、言語は単に直線のように一方向で、しかも決まったレベルやステージで伸びたりするものではないことがわかります。むしろ、言語パフォーマンスには、別々に見るべき異なる次元が含まれていることに気づきます。言語パフォーマンスにおける2つの次元とは、以下の通りです。

1. **言語総合パフォーマンス**［GLP：General Linguistic Performance］
　　バイリンガルの話者は、自身ができることを示すために、知っている**言語レパートリー**すべてを駆使して、言語や内容に応じた課題に取り組みます。
2. **言語固有パフォーマンス**［LSP：Language-Specific Performance］
　　バイリンガルの話者は、自身が知っていること、できることを示すために、言語レパートリーのうち特定の言語に関連した特徴のみを活用して、標準的な**言語の特徴**［language features］で表現します。ただし、その過程では、自らの言語レパートリーすべてを積極的に活用します。

　TLCにおいて、バイリンガルの生徒は、自らの持つすべての言語レパートリーをフルに使って課題に取り組むことができる機会を先に与えられた場合に、目標言語の能力が向上するのです。

　GLP（言語総合パフォーマンス）の次元では、バイリンガル話者は完全な機能を備えた1つの言語を使っていると考えられるため、「国の言語」とか「標準語」という概念は当てはまりません。GLPは、複雑な考えを効果的に表現したり、物事を説明したり、説得したり、議論したり、比較対照したり、指示を出したり、出来事を語ったり、冗談を言ったりなどの能力とは関連す

るものの、こうした言語的タスク達成においてどのような言語が用いられたかということは問いません。つまり、GLPは、スタンダード（基準）[15]の最も重要な部分に関わる力なのです。読む力について言えば、重要な考えを文章に即して示すことができること、複雑な文章において推論しながら主要な考えや関係を特定できること、文章の技法や構造（時系列、比較、原因／結果）を認識できること、多数の情報や文章から知識や考えの関連づけができることが求められます。また、書く力について言えば、GLPは様々な目的のために文章を産出すること（意見文、情報文、説明文、物語文など）が求められます。さらに、聞くことや話すことでは、知識や考えを理解して、それらを協働で発表することも、GLPの一部として見なされています。TLCでは、教師はこのような学習課題でバイリンガルの生徒がGLPを伸ばせるよう、そしてDTPの枠組みの中でこうしたGLPを評価するように努め、生徒が自身の持つすべての言語レパートリーを活用できるように指導するのです。

　LSP（言語固有パフォーマンス）の次元があることによって、学校で生徒が標準的な言語の特徴を使って行動するよう期待されていることがわかります。例えば、教育者は、生徒が標準テストでよい成績を収めたり、1つの言語だけで、統一試験の作文課題に取り組んだり学習発表したりできる能力を伸ばすためには、特定の言語上の特徴に焦点を当てる必要があるでしょう。つまり、これらの特徴は無視することはできませんし、きちんと指導しなければなりません。当然ながら、EMIの教室の生徒もバイリンガルのクラスの生徒も、「標準」とされる言語を流暢に使いこなせる能力を身につけることは必要です。しかし、この標準的な言語の特徴とされる文法、用法、語彙、習慣化された受け答えの能力は、GLPとは別に評価されなくてはなりません。LSPに関して言えば、バイリンガル生徒だけでなく、2つの方言を持つ生徒（例えば、アフロアメリカンの英語、アパラチア英語、チカーノ英語、ハワイアンクレオールなどの生徒）も、頭の中での情報処理では自らのすべての言語レパートリーを使用しているものの、時にはそれを抑制することを学ぶのです。

15　第1章注12を参照。

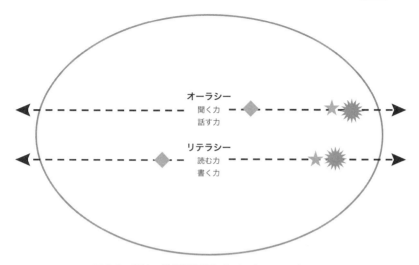

準備期 ←――――――――――――――――――――――→ 熟達期

オーラシー
聞く力
話す力

リテラシー
読む力
書く力

図 3.4　学校で教師が評価したノエミの GLP と LSP

◆　英語での LSP（言語固有パフォーマンス）
★　スペイン語での LSP（言語固有パフォーマンス）
✸　自身の言語レパートリーをフルに使った GLP（言語総合パフォーマンス）

3.3.3　LSP と GLP の積極的な活用による学びの促進

　LSP の部分であっても TL のプロセスを力強く推し進めるという点で、DTP は従来、生徒の評価に用いられてきたスタンダードとは異なります。それは、標準的な英語や標準的なスペイン語だけで生徒がその能力を評価される場合であっても、その指導や実践はそこから始まるわけではないということです。指導は、まず生徒が自身の持つ言語レパートリーをフルに活用して言語的な活動ができるように促すことから始まります。そのあとに言語レパートリーの一部だけを使って言語的なタスクを遂行できるように指導するのです。この点について、ノエミのオーラシーとリテラシーのパフォーマンスに対するステファニー先生の評価を再度提示しながら、説明していきます。**図 3.4** から、ステファニー先生はノエミの GLP を（得意な）スペイン語能力よりもやや上と評価していることがわかります。このようにノエミの GLP と LSP を理解することは、指導上とても重要なのです。

ステファニー先生の「環境主義：今と昔」の単元における成果プロジェクトでは、生徒が英語で説得力のある公共広告作りに取り組みます。英語で説得力のある公共広告作りをするという課題におけるノエミのLSPは、英語だけのリテラシーでこの課題に取り組まなければならないとしたら、「準備期［entering］」の終わりのほうにあたるでしょう（図3.2参照）。しかし、ステファニー先生はTLを使ってノエミのGLPとスペイン語のLSPを活用させ、ノエミが英語の作文課題により力を発揮できるように促したのです。

　ステファニー先生はどのようなTL教育方略を用いたのでしょうか？　この単元の導入として、先生は大気汚染（ぜんそく）が人々に、特にラティーノの人々に与える影響をスペイン語で紹介した短いビデオをクラスで見せました。そして、生徒たちに自らの言語レパートリーをフルに使ってそのビデオについて議論する場を作りました。生徒たちがスペイン語と英語を使ってその公共広告について話しあったあと、ステファニー先生は生徒たちに、スペイン語で見聞きした公共広告のビデオの中で説得力を持たせるために用いられていた特徴について英語で説明させました。英語でこの課題に取り組んだノエミのパフォーマンスは、DTPの中でより熟達度の高い右側にありました。なぜなら、この課題は比較的具体的なもので、ノエミはスペイン語で映像を理解し、言語レパートリーすべてを生かした仲間との議論を通して英語を話す力が強化できたからです。

　しかし、英語で説得力のある文章を書くことは、スペイン語で見たビデオの中の説得力のある様々な工夫についてスペイン語で話すよりもはるかに複雑なタスクです。ステファニー先生は、英語で説得力のある公共広告を書く課題を生徒に課したとき、特にノエミにはスペイン語（得意な言語の力）のオーラシーとリテラシーの力を意図的に活用して、より高度な英語（ノエミにとっては学習経験の少ない言語）の読み書きの課題に取り組めるように進めていったのです。このように、TLのおかげで、ノエミはスペイン語を抑えて英語だけを使った場合よりも、より優れたパフォーマンスが英語でできたのです。

　TLCの教師も、学校で使う特定の言語におけるバイリンガルの生徒たちのパフォーマンスの向上を重視していないわけではないということを強調して

おきたいと思います。それは、学業上の成功のために非常に重要であるからです。しかし、TLCの教師は、ダイナミック・バイリンガリズムや、バイリンガルの言語レパートリーを形成する言語の特徴とその相互作用について理解しているからこそ、バイリンガルの生徒のLSPとGLPを区別しているのです。それは、自らの言語レパートリーすべてを使って複雑な考えを表現できるバイリンガル生徒は、そうした複雑な考えを英語や他の言語のみで、学校で認められている言語だけを使って表現できるようになることを教師たちが理解しているからです。

　さらに、バイリンガルの子どもたちに学校で言語レパートリーをフルに活用できる機会を与えることは、言語的な自信を高めることにつながります。なぜならば、子どもたちは、学校で不自然な言葉の境界を引かれることでしばしば感じてしまう表現することへの恐怖心がなくなるからです。そして、それをなくすことは、学力の強化にもつながるのです。例えば、本書の著者の一人であるJohnsonは、ニューメキシコ州の高校でバイリンガルの生徒のバイリテラシー認証（Seal of Biliteracy）[16]の評価に携わっています。高校卒業証書にこの印を押すためには、生徒は学業、個人的な業績（興味、趣味、ボランティア活動を含む）に加えて、自己省察や言語省察を示すポートフォリオを提出しなくてはなりません。そして、この高校の教師たちは、生徒たちが必要に応じてスペイン語と英語を使って発表する場を設けていたのです。ある生徒は、最初に英語で数学の授業内容を説明したのち、数学で学んだことをスペイン語でまとめました。両方の言語を流動的に運用して発表ができました。このポートフォリオ発表会では、英語とスペイン語の使用時間や機能にはこだわらず、「数学」の内容に関わる知識の評価が重点化されていました。

　TLには、バイリンガル話者が持つ言語レパートリーを総体として展開さ

16　バイリテラシー認証（Seal of Biliteracy）：高校卒業時点までに2つ以上の言語の高い運用能力を獲得した生徒に与えられる認証制度。州レベルで、または学区レベルで付与されることが多いが、学校単位での付与も可能。決まったテストのスコアなどによる認証ではなく、カリキュラムの中で行われる課題や校内のテストなどを複合的に用いて評価する。カリフォルニア州で2011年に始められたのを皮切りに2022年現在アメリカの49の州とワシントンDCで採択されている。詳しくはhttps://sealofbiliteracy.org/ を参照。

せることを必要とします。この総体としての言語レパートリーというものは、GLPとLSPという視点を持つことでよりよく理解できるのです。TLという視点によって、バイリンガル話者は常に置かれた状況によって自身の言語レパートリーの一部（例えば、主要言語以外の言語や非主流の変種など）をフィルターにかけたり抑制したりしなければならないという呪縛から解き放たれるのです。GLPに注目することで、バイリンガル生徒は、学校で使われる標準的な言語を使用している家庭で育ち、そのため自らの言語レパートリーの一部を抑制する必要がない生徒と同じ立場に立ちます。このように、名人芸のような言語発達の成果を促すだけでなく、GLPに注目することで、バイリンガル生徒の言語実践の場を平準化し、公正な社会の実現に資するTLの可能性につながることにもなるでしょう。

　このようにTLを捉え、Otheguy, García and Reid（2015）はTLの禁止によってバイリンガルの言語能力の測定が不正確になることを次のように指摘しています。

　　測定の正確さは、教育テストという文脈では基盤となる価値です。しかし、バイリンガルの人たちにTLを禁じたり、それを否定的に評価したりすると、この人たちの言語能力を正確に測定したことにはなりません。アセスメントを正確で有益なものにするには、それぞれの生徒が話す個人言語［ideolect］[17]の状況を明らかにする内部的な視点を取り入れなければなりません。そうした個人言語の一部または全部を特定の個別言語［named languages］に属するものとして適格としたり不適格としたりする社会的規範とは無関係の視点から測定されなくてはなりません。

　　　　　　　　　　　　　　　　　　　（p. 299、強調のため傍点を追加）

17　個人言語（ideolect）：言語学者のBlochが一個人の有する言語の総体を示すために使用した用語。近年のバイリンガル教育研究においては、従来の理解では英語とスペイン語を「混用」している、「コード・スイッチしている」のように捉えられてきた言語実践を、英語とスペイン語を使用する現実を生きてきたバイリンガルであるその個人に特有の言語実践と捉え、すべての人の言語実践は等しく個別的であると考える文脈で使用される。

このように、生徒の言語発達にTLを取り入れるということは、言語のパフォーマンスとは決して平坦ではないということを認めることです。つまり、中立領域や単一言語領域で起こるものではないのです。むしろ、言語のパフォーマンスとは、特定の発話の機会やそこでやりとりする人々の言語イデオロギーによって形作られる凸凹した領域の中で育まれるものです。したがって教育者は、DTPを活用することで、多くのアセスメントの方法に見られるモノリンガルバイアスをなくすことができ、生徒が学校で学習内容、言語、リテラシーに関してできることは何かということについて全体像を捉えることができるのです。

　TLこそが、生徒の言語資源を活用して、複雑な内容や文章をより深く理解できるように育てていく原動力なのです。それによって、学習場面でより高い言語能力を発揮でき、学びを深め、創造力と批評性を高められるのです。TLとは、洗練されたGLPの推進力であり、新しい課題（例：説明、比較、対照、統合のための言語使用）においてさらに高いレベルへと引き上げてくれるものです。また、TLによって、生徒は学校生活で求められる標準的な言語使用ができる力を高めることもできます。この点を説明するために、カーラ先生の4年生のDLBE教室の例を見ていきましょう。

3.4　DTPのレンズを通して標準化されたシステムを見る

　まず、カーラ先生が指導した *Cuentos de la tierra y del barrio*［土地とコミュニティのお話］という単元を思い出してください。この単元は、生徒、家族、地域社会がいかにその土地と結びついているか、そしてその土地の伝統と結びついているか、ということに焦点を当てたものです。カーラ先生の指導計画で扱ったランゲージアーツのコモンコア（CCSS）の1つに、「文学作品を読む：4年生のレベル1」があります。ここには、次のように示されています。「文章に書かれていることを明示的に説明するときや、文章から推論するときに、文章中の詳細や例を参照することができる」。カーラ先生は、生徒がすべての言語レパートリーを活用できるように、以下のようなバイリテラシーの活動を計画してコモンコアやその他の基準を満たそうとしたのです。

- スペイン語、英語、そして二言語で書かれたテクストを渡して、ニューメキシコ州における地域農業の実践について、先に文章で理解させる。
- スペイン語と英語でYouTube、TED Talks、その他のメディアサイトにアクセスして、ニューメキシコ州の地域農業の実践について、根拠となる文章を探させる。
- ニューメキシコ州の地域農業の実践に関する根拠となる文章を確認させるため、地域のリソース（例：バイリンガルのゲストスピーカーや地域の農業現場など）を利用できるようにする。

　カーラ先生は、まずスペイン語で書かれたSara Poot Herrera著の*Lluvia de plata*［銀の雨］を音読しました。その際、生徒全員がそのテクストを理解できるように必要な足場がけと支援を行いました。次に、生徒たちはグループに分かれて、そのテクストから具体的な証拠、例、詳細な情報を読みとり、推論しながらテクストで述べられていることを説明しました。カーラ先生は、グループワークを円滑に進めるための足場がけとして、生徒たちにノートのとり方を指導しました。そして、各生徒が、テクストを理解していること、推論力を働かせていること、テクストに基づく証拠を用いて自分の主張できることを示すための問いに短いスペイン語の回答をするよう求めました。この活動の最終課題はスペイン語でナラティブ・エッセイ[18]を書くことでした。

　カーラ先生は、生徒の個々のバイリンガル個票をもとに様々な能力の生徒が混在するグループを作りました。それは、スペイン語のリテラシーの力が強い生徒をグループに加えることで、スペイン語でのナラティブ・エッセイを書く活動で他の生徒を補助できると考えていたからです。そして、文章から根拠となる具体的な情報を探すグループワークでは、生徒たちがスペイン語で書かれた文章についてアカデミックな会話が活発にできるように、生徒たちがあらゆる言語レパートリーを自由に使える環境を作ったのです。

18　ナラティブ・エッセイ（Narrative essay）：書き手の体験や思いを綴った文章のジャンル。ライティングの指導では意見文や説明文などと合わせて重要なジャンルとされる。

カーラ先生は、課題に取り組む生徒たちの様子を注意深く観察しました。生徒たちが自らの推論の根拠を提示する様子から、生徒たちがどの程度言語を使えるのか確認できました。この単元のこの時点において、カーラ先生は生徒がスペイン語を使っているか英語を使っているかは気にかけていませんでした。むしろ、生徒が言語レパートリーをフルに使いながら推論して文章から論拠を提示できるかどうかに着眼していました。また、カーラ先生は、生徒たちが「文学作品を読む：レベル1」という学習目標またはそれを超えるレベルの具体的な課題をこなすために、どのように互いに協力してGLPを駆使するかという点に着目していました。このようにGLPを評価することで、個別言語を使ってできるかどうかは別として、論拠を見つけたり、推論をしたりすることにおいて支援を必要とする生徒に的確な指導を届けることができたのです。

　カーラ先生は、短い回答と小論文をスペイン語で書かなければならないことも、生徒たちに伝えました。そうすることで、標準的な言語でのパフォーマンスを重視していること、この場合はスペイン語の書き言葉を使いこなせるかどうかという点を重視していることを示したのです。どの言語で「成果物［product］」を求めるかにかかわらず、生徒が書くという「過程［process］」で自分の持つすべてのバイリンガルの資源を確実に活用するようにしたのです。つまり、すべての生徒がその言語レパートリーをフルに活用することで、言語とリテラシーに関する学年相当の到達目標が達成できるようにしたのです。

　ここでは、カーラ先生のクラスの生徒であるエリカに焦点を当ててこの点を説明しましょう。エリカの両親はプエルトリコ人ですが、彼女はニューメキシコ州で生まれ、家ではスペイン語も話されているものの、彼女はほとんど英語を話して育ちました。ELLとは指定されていなかったため、単に英語話者と見なされて、学校では彼女のスペイン語能力は把握されていませんでした。EMIの幼稚園に通ったあと、両親が読み書き能力を含めた二言語の能力を伸ばしたいと考えたことで、DLBEプログラムに参加するようになりました。エリカは現在4年生のカーラ先生のクラスで、英語では学年レベル、スペイン語ではほぼ学年レベルのリテラシーを持っています。話すことに関

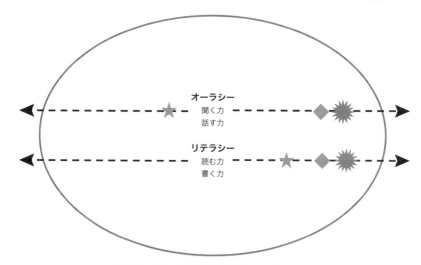

準備期 ◄──────────────────────────────────► 熟達期

オーラシー
聞く力
話す力

リテラシー
読む力
書く力

図 3.5　学校で教師が評価したエリカの DTP

◆　英語の LSP（言語固有パフォーマンス）
★　スペイン語の LSP（言語固有パフォーマンス）
✳　自身の言語レパートリーをフルに使った GLP（言語総合パフォーマンス）

学生：エリカ
図書：サラ・プート・エレーラ著『*Lluvia de plata*（銀の雨）』。
基準：文学作品を読む、4 年生。書かれていることの説明や推論において文の詳細や例を参照することができる。

パフォーマンス・タスク
・スペイン語のリーディング
・ガイドを使いながら仲間と読書について話しあい、文章の要約や推論の根拠（具体的情報、例）をまとめることができる。
・読んだ文章を要約したり、本文の例や内容を用いて推論したりすることなどによる、個別のスペイン語のライティング・タスク

しては、友達とは授業中でも休み時間でも、英語でのおしゃべりをより好む傾向があります。そして、授業中はスペイン語で話したがらないことにカーラ先生は気がついています。Cuéntame algo［教えてください］の時間に両方の言語を使うようにさせたことによって、スペイン語の会話に慣れてきたことにも気がつきました。そんなエリカが、*Lluvia de plata*［銀の雨］を読む活動時のタスクで見せたパフォーマンスでの TL の発達段階について、カーラ先生は**図 3.5** に示す形で評価しました。

カーラ先生は、こうした活動におけるエリカの英語のオーラシーはスペイン語のオーラシーよりかなり高いと評価しています。しかし、スペイン語のリテラシーは、英語のリテラシーと、ほぼ同じくらい経験豊かなものです。そのためカーラ先生は、エリカの英語における高度なオーラシーとリテラシー、そしてスペイン語の比較的高いリテラシーを生かすことで、エリカのスペイン語のオーラシーが「熟達期［commanding］」のレベルに引き上げられると考えています。カーラ先生は、エリカが彼女自身よりもより高いスペイン語のオーラシーとリテラシーの力を持つグループと交流することで、スペイン語でのオーラシーが向上させられると期待しているのです。

　もしエリカに *Lluvia de plata*［銀の雨］をスペイン語で読み、スペイン語で議論し、推論の論拠を示した作文をスペイン語で書くような課題を課したら、エリカのスペイン語のオーラシーとリテラシーのパフォーマンスは、おそらくもっと低いレベルにとどまったことでしょう。しかしながら、1つの言語だけに限定しない場合、こうした一連の教育活動（例：情報を得るための読解、文章に関する論拠に基づく会話への参加、文章の要約と推論、文章の例と具体的内容の活用）におけるタスクでのエリカのGLPは、英語だけ、またはスペイン語だけの場合よりも優れたものです。そのことは、文章から得た論拠についての議論では、スペイン語だけで話すように課したときよりも、両言語で話していたときのほうがより内容の豊かな議論をエリカがしていたと、カーラ先生が記録している例からもわかるでしょう。

　カーラ先生は生徒の観察から、TLによってすべての生徒のパフォーマンスが向上し、大きな学びを得て、高度な言語能力［performance］を身につけることにつながっていることに気づきました。例えば、ジェニファーは本文から論拠を簡単に探すことができましたが、スペイン語だけで話すことになっていたら彼女はグループ活動に深く関われなかったことでしょう。一方、リカルドはスペイン語を流暢に話せますが、本文から論拠を探すという練習をあまりしたことがありませんでした。そこで、ジェニファーはリカルドの論拠探しを手伝い、逆にリカルドはスペイン語の協働作業の中でジェニファーのスペイン語の発話をサポートしました。こうした自由で豊かなやりとりを通じて、生徒たちが比較的容易に自分の考えをスペイン語の文章にす

ることができることも、カーラ先生は観察していました。

DTPという構成概念によって、生徒の言語能力を静的な点数としてではなく、コンテクストによって変化しうるダイナミックなものであり、かつ、教師の教育手法との相互作用に結びついたものとして捉えていくことができるのです。そのために、DTPを活用して、生徒が言語レパートリーをフルに使ってどんなことができるのか、そしてクラスの他の生徒とのインタラクションにおいてを通してどんなことができるのか、教師は理解するべきです。そうすることで教師は、生徒の言語資源を活用しながら学習内容、言語能力、創造性、批判性をより高める学習の場を生徒に提供できるのです。

つまり、TLCの教師は、ある言語（英語、スペイン語など1つの言語）での指導のために生徒の個票を作成するのではなく、これまでとは異なる視点から生徒理解を始めるのです。まず、GLPやLSPを含め、子どもたちの「包括的な言語能力」を伸ばし、評価することから始めるのです。そうすることで、ある言語のみで言語実践をさせて子どもたちを沈黙させたり気後れさせたりするのでなく、言語を使う機会をより多く提供できるようになるのです。

これまで見てきたように、カーラ先生は従来の発達段階分類を応用することで、バイリンガル生徒がDTPの中で現在の立ち位置が他のスタンダードではどこにあたるかわかるようにしました。前述の通り、「文学を読む」のスタンダードには、「文章に書かれていることを明示的に説明するときや、文章から推論するときに、文章中の詳細や例を参照することができる」と示されています。カーラ先生は、エリカのグループワークをする様子や個人で学ぶ様子を観察しています。そして、エリカがスペイン語で会話を始めることはないが、他の人がスペイン語で話すと反応することから、エリカのスペイン語のオーラシーを「形成期［developing］」と記録しています。しかし、エリカのスペイン語のリテラシーは、英語のリテラシーと同様にとても高く、学校の教科書の文章を十分に読み、書くことができると記しています。このように、エリカが自身の内に秘めた力をすべて使うことができたとき、オーラシーもリテラシーも共にカーラ先生が言うところの"stellar"［すばらしい］のレベルに達しているのです。それは、エリカが、本文から豊富な例と細かな内容を提示して自分の主張を展開した優れた推論ができ、説得力のある文

表 3.2　DTPに沿ったパフォーマンス

生徒　エリカ

読み：文学作品、小学4年生 **共通基礎最終学年基準［Common Core Anchor Standard：CCAS］** ・精読して、テクストに明示的に何が書かれているかを判断し、そこから論理的な推論を行うことができる ・テクストから導き出された結論を裏付けるために、文章を書いたり話したりする際に、テクストの具体的な証拠を引用することができる **共通基礎学年準拠基準［Common Core Grade Standard：CCGS］** ・文章に書かれていることを明示的に説明するときや、文章から推論するときに、文章中の詳細や例を参照することができる	**最終的な学習目標** テクストから得た論拠を使って推論を行う **学年別の学習目標** テクストの詳細を参照して説明し、推論を導く

	オーラシー（口頭能力）	リテラシー（読み書き能力）
熟達期 Commanding	テクストの内容を説明するために、文章中の十分な具体的説明や例を参照し、そこから根拠のある確たる推論を行うことができる **言語総合［general linguistic］**	テクストの内容を説明するために、文章中の十分な具体的説明や例を参照し、そこから根拠のある確たる推論を行うことができる **言語総合［general linguistic］**
伸長期 Expanding	テクストの内容を説明するために、文章中の多くの具体的説明や例を参照し、そこから適切な推論を行うことができる **英語のオーラシー**	テクストの内容を説明するために、文章中の多くの具体的説明や例を参照し、そこから適切な推論を行うことができる **スペイン語のリテラシー** **英語のリテラシー**
形成期 Developing	テクストの内容を説明するために、文章中の複数の具体的説明や例を参照し、関連のある推論を行うことができる **スペイン語のオーラシー**	テクストの内容を説明するために、文章中の複数の具体的説明や例を参照し、関連のある推論を行うことができる
萌芽期 Emerging	テクストの内容を説明するために、文章中のいくつかの具体的説明や例を参照し、あいまいな推論を行うことができる	テクストの内容を説明するために、文章中のいくつかの具体的説明や例を参照し、あいまいな推論を行うことができる
準備期 Entering	テクストの内容を説明するために、文章中の非常に最小限の具体的説明や例を参照できる 引用されている詳細や例は適切ではない場合がある	テクストの内容を説明するために、文章中の非常に最小限の具体的説明や例を参照できる 引用されている詳細や例は適切ではない場合がある

TL：あらゆるレベルのバイリンガル生徒はテクストを多言語で予習したり、授業中に読んだり、復習したりし、また、口頭または手話で議論したり、読み書きを通して要求したり、口頭で応答することを、「すべての言語レパートリー」を自由に選択し、または言語固有の特徴を用いて行うことによって、テクストの具体的説明や例を参照し、そこから推論することができたり、またできるようになる

それぞれの進行段階（progressions）におけるエリカの言語技能に対するカーラ先生のアセスメントはゴシック体で示されている

章を書くことができるからです。

　表3.2 は、カーラ先生がエリカをDTPに当てはめて評価したものです（表中では太字で表示）。それぞれの項目について、標準化された発達段階（WIDA ELDスタンダード）を活用して、DTPにおけるエリカの立ち位置を示しました。

　この表から、このタスクの評価において、カーラ先生が、DTPのより経験の豊かな側のレベルを示す語として、「bridging［橋渡し期］」（WIDAで使用）という用語ではなく「commanding［熟達期］」（ニューヨーク州で使用）という用語を使用していることがわかります。しかし、「transitioning［移行期］」（ニューヨーク州の用語）ではなく「developing［形成期］」（WIDAの用語）を使用しているのは、カーラ先生が子どもの発達についてバイリンガルなスタンスをとっているということを示すものでしょう。生徒が自分のレパートリーを自由に選択できるのと同様、DTPを扱う教師もまた、ELLのためにのみ開発された州のシステムを、すべてのバイリンガルの生徒にとって有用なものに改変する自由を与えられているということは重要なポイントです。

　バイリンガルの生徒がその言語レパートリーを様々に活用しながら与えられた課題に取り組む際、これらの生徒の立ち位置を知るために教師は観察やデータを記録することが必要です。そこで、付録A.3.5 にチェックリストを収録しました。これは、それぞれの生徒がその言語的特徴すべてまたは一部を使ってどんなことができるのか、教師が一目で確認するためにコピーして使える便利なフォームです。指導の基盤になるものです。

3.5　まとめ

　本章では、教室や学校で教師がどのようにしてバイリンガル生徒の言語パフォーマンスを認め、検証、記録し、それをもとにどう学習を進めることができるか探ってきました。もしバイリンガル生徒のための適切な指導を考えるのなら、生徒のバイリンガリズムを理解する必要があります。生徒のバイリンガリズムに関するデータは一般に学校では収集されていないため、教育者はこうした情報を収集するために特別な努力をしなければなりません。そのため、この章では、教育者がバイリンガル生徒やその家族とつながり、言

語や教育に関する生徒の経験を探り、生徒のバイリンガリズムを記録するために使用できるツールを紹介してきました。

　この章で提案するDTPは、州が定めた英語能力統一スタンダード（基準）や評価システムとは異なる言語発達へのアプローチを提供するものです。例えば、ELLとして正式に指定された英語発達中の生徒〔English Language Development：ELD〕にのみ焦点を当てるのではなく、学校では単に英語を話す生徒と見なされている生徒も含め、すべてのバイリンガル生徒に対してDTPを使用することができるのです。言語発達をどちらかというと直線的で段階的、かつ一方向的に進むものとして捉えるのとは対照的に、DTPを用いることで、教師は様々な課題に、様々な視点で取り組んでいる、瞬間瞬間の生徒のバイリンガルパフォーマンスの複雑さを包括的に捉えることができるようになります。バイリンガル生徒の家庭言語を、ELDの初期段階における学習の重要な足場とのみ見なすのではなく、TLが卓越した言語パフォーマンスの力を発揮するうえで最も適したものと見るのです。

　教科内容の課題達成のために生徒たちが言語を使って何ができるかということに関心を持ち、TLをすべてのバイリンガルの言語実践の特徴であると理解するには、TLは、言語的な匠の技と教科学習内容を理解していることを示す有効な方法であると考える必要があります。DTPを用いることで教師は、バイリンガルの生徒たちが学校における様々な教科学習タスクでどのようなパフォーマンスをしているのか長期的に評価することができるのです。さらに長い目で見れば、DTPを使うことで様々な多言語環境においてTLがどのように機能するか実証的データを収集し、TLがどれほどバイリンガル生徒の学習の理解を高め、速めているかを記録することができるのです。

章末問題とアクティビティ

1. 生徒とその家族にバイリンガリズムを共有してもらえるように働きかけるには、どんなことができるでしょうか？

2. 州やコンソーシアムのELDのシステムと、DTPの構成概念の違いは何でしょう？　あなたの州や地域で行われていることを踏まえて、ど

のようにDTPを活用できるでしょうか？

3. 任意の基準を選択し、あなたの教室にいるバイリンガル生徒を3人選びましょう。そして、その生徒のGLPとLSPを総合的に評価してみましょう（より具体的なアセスメント方法は「アセスメント」の章で説明します）。付録A.3.5の用紙に記入してください。これらの違いから、どんなことがわかるでしょうか。

やってみよう

1. 学校の管理者や教師に「マルチリンガル・エコロジー推進チェックリスト」（付録A.3.1参照）の試用を進めてみましょう。そしてその後、これらの教育者にインタビューを行い、生徒たちについてどんなことがわかったか聞いてみましょう。

2. 「バイリンガル生徒確認用個票」（付録A.3.2参照）を、あなたの生徒10人に使ってみてください。そうすることで、生徒たちについてどんなことがわかりましたか？　情報をどのように収集しましたか？

Part 2
トランスランゲージング教育論

4 | トランスランゲージング・スタンス

この章の学習目標

・トランスランゲージング教育論の第一の綱［strand］である「トランスラン
　ゲージング・スタンス」の重要性を描く
・「トランスランゲージング・スタンス」の 3 つの核になるビリーフ［core
　beliefs］を明らかにする
・EMIプログラムやバイリンガルプログラムにおける教室や社会的なレベルの
　どこにスタンスが反映されるのかを説明する
・教師のスタンスがどのように実践に移されていくかを描く
・あなたの生徒のダイナミック・バイリンガリズムに向けてあなた自身のスタ
　ンスを明確にする

　トランスランゲージング・クラスルーム（TLC）を作るのは簡単ではあり
ません。それは、これまで教師養成で教えられてきたことや、一般的に常識
と見なされることに反しているためです。一般の教師は通常、自分たちの役
割は英語で教科内容を教えることだけであり、生徒はみな、学習するために
どのように英語を使うのか知っていなければならないと教えられています。
また、**ESL（第二言語としての英語）**の教師は、**入り込み**、**取り出し**、または
構造化された英語イマージョンプログラムで教えている**萌芽的バイリンガル**
は、「リミテッド」な学習者である、または単なる「英語学習者」である、
と教えられてきました。**移行型バイリンガル教育**［transitional bilingual educa-
tion］の教師は、生徒をできるだけ早く英語に移行させるよう求められるこ
とが多いですが、多くの場合、複雑な学習目的のためにスペイン語や英語を
使う機会を生徒に与えないままそうしています。二重言語バイリンガル教育
（DLBE）の教師は通常、指導のために 2 つの言語を別々にし、英語の侵食か
らスペイン語（または他の言語）を守るように指導されています。そしてすべ
ての教師は、最も重要なものとされている州レベルの試験に生徒を備えるた

め、英語の指導を強化するように指導されています。

　この章では、バイリンガル生徒の教育に関するこれらの信念に対抗し、**ト
ランスランゲージング・コリエンテ［流れ］**、つまり教室内での生徒の**ダイ
ナミック・バイリンガリズム**の絶え間ない流れによって教室にもたらされる
他の視点に自らを開くことを目指します。ここではトランスランゲージング
教育論の最初の綱［strand］である**トランスランゲージング・スタンス**に焦
点を当てます。トランスランゲージング・スタンス（以下、TLスタンス）と
は、バイリンガルの生徒が学校で使う包括的な言語レパートリーを持ってい
るとする教師のビリーフ［belief、信念］を指し、それは以下に示すTLの4つ
の目的に沿ったものです。

1. 児童生徒が複雑な教科学習内容やテクストを理解できるようにサ
   ポートする
2. 児童生徒が学びの場［academic context］での言語実践を身につける機
   会を提供する
3. 児童生徒のバイリンガリズムと知の方法［ways of knowing］のための
   特別な場を作る
4. 児童生徒のバイリンガル・アイデンティティと社会的情動［socioemo-
   tional］の発達を支援する

　TLスタンスをとる教師は、公正な社会を強く志向しており、バイリンガ
ルの生徒に対する効果的な指導や評価においては、生徒のバイリンガリズム
を学習に活用することが必要だと考えているのです。

4.1　juntos／一緒に

　私たちはみな、自分の学習や人生の軌跡に強い影響を与えた先生を覚えて
いるものです。時間をかけて私たちをベストな自分に導いてくれた教育者に
よって、救われたり、インスパイアされたり、変われたり、新たな希望を
持ったりした経験がある人が多いことでしょう。このような心に残る教師は、

単に優れた教授法や教科学習内容に対する深い理解を持っているだけではありません（それもまた重要な要素なのですが）。そのような教師は、生徒たちがどのような人間で、どんなことを知っていて、どこからやって来たのかということには重要な意味があるというビリーフ、そして生徒たちが人生で偉大なことを成し遂げる可能性に満ちた存在であるというビリーフに基づいて行動しているのです。すべての生徒はこのような指導を受けるに値する存在ですが、歴史的に周縁化され、学校で放置されてきた若者にとっては、このような教師は特に重要です。多くの生徒とその家族が直面している困難な経済的、政治的、社会的現実を教師だけで解決することはできませんが、生徒の言語、文化、関心、そして知の方法を教室の中心に据えることで、ローカルには[1]強力な影響を与えることができます。

TLスタンスとは、教師が**トランスランゲージング・クラスルーム**（TLC）を構築するために用いる哲学的な方向性を指します。これはバイリンガルの生徒を教育するために必要な考え方や枠組みで、生徒自身を、また彼らのダイナミックなバイリンガル・パフォーマンスや文化的実践をどのように見るのか、ということからどのように指導するか、どのように評価するかまで、あらゆることに影響を与えています。私たちはこのスタンスを説明するにあたり、スペイン語で「一緒に」という意味の**juntos**という言葉を使うことにしました。juntosのスタンスは、以下に示す、協働作業に関する3つのビリーフに基づくものです。

1. 生徒の言語実践と文化的理解には、家庭や地域社会からもたらされるものと、学校で身につけるものとがある。これらの実践と理解は、共に［juntos］協力しあい、高めあうものである。
2. 生徒の家族や地域社会は貴重な知識の源であり、教育の過程に共に

---

1 Garcíaらのこうした「local」という語の使用は、Mollら（1992）のFunds of knowledgeに関わる理論に影響を受けたものであり、生徒の慣れ親しんだ環境・文化的背景に根ざしたものである、というポジティブな意味づけであって「局所的な」というニュアンスはないことに注意。ここでは、「生徒の生きるコミュニティ」というような意味で用いられている。本書では文脈にあわせ「生徒の実態に合わせた」「地域に根ざした」「地元の」などの訳を当てている。

［juntos］含まれるべきものである。

　3. 教室は、教師と生徒が共に［juntos］知識を創造し、伝統的なヒエラ
　　ルキーに対抗［challenge］し、より公正な社会を目指して努力する民
　　主的な場である。

　TLスタンスをとることは、Cummins（2010）の、以下のシンプルでありな
がら強力な行動への呼びかけへの一歩となるのです。「**もしあなたたちが生
徒に12年後に知的で想像力に富み、言語的な才能に恵まれた状態で学校か
ら巣立っていってほしいなら、彼らが学校に来た最初の日から、彼らのこと
を、知的で想像力に富み、言語的才能に恵まれた生徒として扱うべきです**」
（ix、強調は原文のまま）。
　このスタンスは、カーラ先生、ステファニー先生、ジャスティン先生の3
人の教師が持っており、私たちの多くが共有しているものです。もちろん、
TLCの枠組みをどのように実行するかはそれぞれの教師が教えるコンテクス
トによって異なってきます。

4.2　バイリンガルプログラム及びEMIプログラムにおける　　　TLスタンスの実現

　TLスタンスはほとんどの場合教室レベルで探求されますが、より大きな
社会レベルで、TLスタンスをとることは社会的公正の行為であることを強
調することが重要です。多くのバイリンガル生徒、特にラティーノのバイリ
ンガルを取り巻く言説は、多くの場合欠陥［deficit］や失敗を表すものです。
アメリカの学校では、ラティーノの生徒の数がますます増えていますが、教
師はそのほとんどが白人の英語話者で、生徒の現実は教師の現実には反映さ
れていません。最も良識ある教育者の間でさえ、そして時には生徒と言語
的・文化的特性を共有する教師の間でさえ、欠陥思考［deficit-thinking］と偏
見が見られることがあります。
　さらに、ラティーノをはじめとするマイノリティの増加を受けて、カリ
フォルニア、マサチューセッツ、アリゾナなどの州では、厳しい移民法、反

バイリンガル教育、反エスニック教育法制が制定されています。このような措置は、ラティーノをはじめとする移民の生徒やその家族の生活を困難にし、時には危険なものにしています。ですから、バイリンガルを教える教師、特にラティーノのバイリンガルを教える教師は、自分たちのTLスタンスが、教室というローカルなレベルを超えて影響力を持つことが理解できるのです。私たちが提唱する哲学的な基盤のある教育論は、現実としてより大きな社会的レベルで変化をもたらす力を持っているのです。

　そのため、TLスタンスをとることは、バイリンガルの先生だけに限られたことではありません。実際、バイリンガルの若者を教える教師であれば、言語的背景やプログラムの種類に関係なく、誰でもトランスランゲージングのスタンスをとることができます。このことをさらに説明するために、カーラ先生、ステファニー先生、ジャスティン先生という全く異なる 3 人の教師が、どのようにTLスタンスを実践しているかを簡単に見てみましょう。

4.2.1　カーラ先生——二重言語バイリンガル教育プログラムの　スペイン語 – 英語バイリンガル教師の場合

　カーラ先生はメキシコのプエブラで生まれ、幼い頃ニューメキシコに移住しました。生徒たちと同じように、カーラ先生自身も文化的にも言語的にも国境のはざまに生きる存在［borderlands existence］であることを理解し、生活しています。彼女や彼女の家族、友人たちは、ニューメキシコという土地特有のスペイン語と英語の両方の特徴を持った言葉で話しています。また、TLコリエンテ［流れ］は強力で、言語を厳密に分けることはめったにありません。カーラ先生は自身の言語実践を念頭に置きながら、**二重言語バイリンガル教育** [Dual-Language Bilingual Education：DLBE] のクラスを、プログラムの限界を超えるような方法で教えています。従来、このようなクラスでは、生徒の言語は厳格に分離されていました。英語の時間、スペイン語の時間がそれぞれ設けられ、生徒はその時間帯にもう一方の言語を使用することを禁じられていました。当初、カーラ先生の実践は哲学的にこのより伝統的なアプローチと一致していましたが、TLを学ぶことで彼女のスタンスは変わり、そのプログラムの中で生徒のバイリンガル、バイカルチュラルの〈声〉の場

を確保できるようになったのです。

　カーラ先生は、それぞれの言語を使う時間と空間を定めた学校言語に関する大局的な基本方針［macro level language policy］を遵守しつつも様々なクリエイティブな方法でTLのための場を確保し、そのスタンスを実行しています。カーラ先生は自分のクラスでCuéntame algo［教えてください］という場を作りました。そこでは、TLを含むテクストを読んだり、メタ言語的認識を磨く活動や議論をしたり、英語とスペイン語の両方を含む独自のテクストを作成したりして、生徒がそれぞれの言語実践を主体的に持ち込んできます。また、生徒が家庭やコミュニティで経験したことを基盤とするTL指導単元を計画することもあります。これらの単元学習は、アクティブかつ実践的であり、生徒の言語、文化的理解、家族とコミュニティ、そして学校を［juntos］結びつけるものです。

　例えば、カーラ先生の *Cuentos de la tierra y del barrio*［土地とコミュニティのお話］という単元では、地域社会の人々が運営する菜園で活動する部分がありました。カーラ先生は、jardín［庭］の準備に関する一連の授業を計画し、生徒の理解を深めるために地域のバイリンガルの薬草専門家である<u>ソニア</u>氏を招きました。また、生徒のpadres y abuelitos［父母・祖父母］にも同行してもらい、庭造りをする埋め立て地にフィールドトリップに行くこともありました。以下は、ソニアと生徒<u>エリカ</u>との短い会話です。

> ソニア：**¿Qué pasa con nuestro jardín durante el invierno?**
> 　　　　［冬の間 うちの庭はどうなるの？］
> エリカ：**El jardín se comienza a dormir....**_Well it falls asleep, but not all of it.
> 　　　　［お庭が眠り始めちゃって。まあ……眠っちゃうと言っても全部じゃないけど。］
> ソニア：**¿Por qué no todo el jardín** fall asleep?
> 　　　　［どうして庭全部が 眠ってしまわないの？］
> エリカ：**Es que los** perennials **que son** herbs, flowers, and shrubs, **no todos se van a morir.**

　カーラ先生は、生徒が家庭や地域社会から持ち込む言語的・文化的実践は、学校で使われるものと一緒になって［juntos］、深い理解を促すものでなければならないと考えています。ですから、彼女はソニア氏や生徒たちに、"Así no se dice［そんなふうには言いません］""English only, please［英語だけでお願いします］""Spanish only, please［スペイン語だけでお願いします］"などと言って対話をさえぎるようなことは決してしません。このようなカーラ先生の姿勢によって、ソニア氏や生徒たちが「スパングリッシュ」、つまり英語交じりの訛ったスペイン語を話しているという考えを否定できるのです。そして、この生徒たちの英語の習得が不完全であるという考え方も否定します。カーラ先生のスタンスは、生徒たちが自分のダイナミック・バイリンガリズム、つまり自分の**言語レパートリー**すべてを使う話し方を大切にし、アカデミックな目的のために言語実践を伸ばし続けることを応援するものです。このことによって、生徒たちがしっかりとしたバイリンガルアイデンティティを育むことも可能になります。カーラ先生のスタンスは、生徒の社会情動的な成長とアカデミックな学習に貢献するものです。

　また、カーラ先生は、生徒の家族やコミュニティも巻き込んで子どもたちと一緒に［juntos］活動を行い、全員の間に教師が築いた親密な関係から教わり、互いに教えあい、学びあいができるようにしています。カーラ先生にとって、教えることは生徒と社会、家族との共同学習（Li Wei, 2014）でもあるのです。庭［jardín］では、カーラ先生と生徒たち、そしてソニアのような地

域の人々が一緒に［juntos］植物を植えているのを見かけました。カーラ先生のスタンスによれば、そしてそれはTLの目的の3つ目と4つ目に共鳴するものですが、学校での学びは、生徒が家庭と地域社会で学んだ知の方法と言語を**積極的に活用する**［leverage］ことができ、また、社会情動的にバイリンガルとしてのアイデンティティが確立している場合にのみ実現することができます。このようなカーラ先生の姿勢が生徒のバイリンガルな実践に対応する具体的な教育上の選択を可能にし、その結果、バイリンガル生徒が学校や社会で白人のモノリンガル生徒と自分を相対化することを可能にするのです。

　要約すると、カーラ先生のDLBEの教室でのTLスタンスは次のようなものです。

- 生徒の言語を分離するという学校の大局的な言語使用方針の中で、TLのための場を作る。
- 生徒の地域理解や家庭・地域社会の知識の宝庫［Funds of Knowledge］（Moll, Amanti, Neff, & González, 1992）につながるような単元、活動、読み教材の企画をする。
- 生徒の家族や地域の人々と協力し、生徒を共育することで、生徒が学校での授業に自分たちの地域社会が反映されていることを実感できるようにする。
- バイリンガル生徒の**GLP**［General Linguistic Performance：**言語総合パフォーマンス**］（例：多年草と一年草について学び、理解を示すために言語レパートリーをフル活用すること）と**LSP**［Language-Specific Performance：**言語固有パフォーマンス**］（教科学習内容を表現するためにスペイン語または英語を適切に使用すること）を評価することで、生徒たちが教科学習内容と言語について何を知り、何ができるかを包括的［holistic］に理解しようとする。
- 生徒の英語やスペイン語のパフォーマンスを共に［side by side］に**DTP**［Dynamic Translanguaging Progressions：**ダイナミック・トランスランゲージング・プログレッション**］上に並べ、オーラシー（口頭能力）とリテラ

シー（読み書き能力）におけるGLPとLSPの強さを相対的に評価する[2]。

- TLの使用により、生徒のGLPを活用し、教科学習内容に関わる理解を深め（例：特定の言語の特徴を気にせずに多年草と一年草の違いを説明する）、そのあとで、LSPでオーラシーとリテラシーをさらに向上させる。

第3章では、上記に示した箇条書きの最後の3点について、カーラ先生が州認可の教科学習内容と言語発達システム（例：コモンコアとWIDA）を使って、エリカをDTP上に位置づけ、エリカのオーラシーとリテラシーにおける「熟達した［commanding］」GLPを利用して、彼女のスペイン語でのオーラシーのパフォーマンスを前進させる方法を説明しました。

4.2.2　ステファニー先生——EMIの教科学習のクラス担当の英語ネイティブ教師の場合

ステファニー先生はカーラ先生とは違って、生徒の母語を話すわけでもなく、バイリンガルプログラムで教えているわけでもありません。さらに、彼女の生徒のほとんどはラティーノですが、スペイン語に対する経験は様々です。ある生徒は家庭で家族や友人とスペイン語を話し、様々な用途にスペイン語を使うことに抵抗がありませんが、親やabuela［祖父母］がスペイン語で話すのを聞くことはあるものの、自分では使いこなせない生徒もいます。また、学校以外ではスペイン語を使いますが、アカデミックな、学習目的では使った経験がない人もいます。さらに複雑なことに、ステファニー先生の生徒の中にはアフロアメリカンの生徒やカリブ海出身者がいて、学校では周縁化されている言語習慣や英語のバリエーションを用いる人もいます。このような複雑な言語的・文化的景観［landscape］や彼女自身の言語的背景から、ステファニー先生のTLスタンスはカーラ先生とは異なるものとなっています。

ステファニー先生は、彼女が教える社会科の授業に出てくる複雑な内容を

2　図3.4などを参照。

意味のあるものにする［make meaning］ために、すべての生徒が、常にすべての言語資源にアクセスできなければならないと考えています。しかし、モノリンガルの英語話者であるステファニー先生は、対訳辞書、オンライン翻訳ツール、校内のバイリンガルのスタッフ、そして最も重要である生徒自身など、他の人々の力や他のリソースを使って自分のスタンスを実現しなければなりません。ステファニー先生の教室に入ると、彼女が自由に使える資源を利用して、TLコリエンテ［流れ］をどう活用し、実践を通して自分のスタンスをどう確立しているかがわかります。例えば、ステファニー先生は、「環境主義：今と昔」という学際的な単元で、教科書と英語の短い副読本数冊を使って、環境保護運動の主な出来事を示す年表を作成するよう生徒に指示しました。生徒たちは英語とスペイン語の教科書を使うことができ、多様な言語的背景を持つ生徒たちがグループになって座っていました。ステファニー先生はスペイン語では適切な副読本を見つけることができなかったので、様々なレベルの英語の副読本を数冊用意しました。次の場面は、ステファニー先生のスタンスに基づいた計画とデザインが、いかにTLコリエンテ［流れ］を促すかを示しています。

　　ステファニー先生は教室を巡回し、生徒たちの会話に耳を傾け、進捗状況を確認します。テレシータとルイスのグループは、スペイン語で話していますが、年表は英語で書いています。ルイスは最近エルサルバドルから来て、英語を学び始めたばかりですが、テレシータはどちらの言語でも読み書きが得意です。このグループではルイスが参加できるようにスペイン語を使っています。ステファニー先生は彼らのスペイン語の会話をしばらく聞いていて、テレシータに何を話しているのか英語で尋ねます。テレシータが先生に説明すると、先生はいくつかのアイディアを出し、それをテレシータがルイスに訳してあげると、ステファニー先生は次のグループに進みます。

　　このテーブルの隣では、もう１つのグループが一緒に作業をしています。このグループには、エクアドルから移住してきたノエミがいます。ノエミは、英語よりもスペイン語のほうが読み書きの経験が豊かです。

アフロアメリカンのジェームスも一緒に作業をしています。ジェームスは英語のテクストの一部を要約し、ノエミはそれを聞いて理解し、うなずいています。ノエミがスペイン語で質問すると、経験豊富なエディがノエミのために通訳をします。ジェームスは英語版の教科書を、ノエミはスペイン語版の教科書を使って、二人で協力してノエミの質問の答えも見つけました。このやりとりの中で、ジェームスは "estereotipo" という単語を覚え、声を出して繰り返すのが大好きになり、ノエミは "stereotype" という単語を自分のレパートリーに加えました。ノエミは "stereotype" では語頭の "e" が抜けていることに気づき、グループを巻き込みながら英語で発音してみます。彼らは年表の作成作業に戻りました。

　一方、ルイスと、最近やってきた萌芽的バイリンガルのカルロスは、教室のコンピュータの周りに集まり、オンラインの翻訳ツールを使って、年表に追加する英語の単語を探しているところです。新しい単語を見つけると、年表の最初に書いたスペイン語の単語の上に書き込んでいきます。

　ステファニー先生のスタンスは、この教室での日常のスナップショットからも、いくつか見てとれます。まず、彼女が言語的な柔軟性を心地よく感じていることがわかります。彼女は生徒の言語を取り締まることもなければ、「英語だけ」を使うように押し付けることもありません。むしろ、生徒が言語的資源を出しあって意味を生成する［make meaning］ことができるようにしています。また、ステファニー先生の教室では、多くのリソースが役に立っていることがわかります。ステファニー先生はスペイン語ができないので、自分一人では教室の中で知識のリソースとしての役割を十分に果たすことができないことを知っています。その代わりに、生徒が学習上の課題を遂行するのに役立つばかりでなく、学習への生徒自身の参加と責任を増すためのリソースを数多く利用できるようにしたのです。最後に、生徒を異種集団［heterogeneous groups］に編成することで、すべての生徒が複雑な内容やテクストに取り組むことができ、EMI（英語を教室内で使用言語として採用している授業）

の教室で多くの萌芽的バイリンガルの生徒が直面している周縁化を排除することができるのです。

　まとめると、ステファニー先生はこのようにEMIの教室で、次のような方法でTLスタンスを実践しているということができます。

- ある程度コントロールしつつ生徒の言語的柔軟性を受け入れる。
- 対訳辞書、オンライン翻訳ツール、英語とスペイン語の両方で書かれた様々なテクスト、そしてバイリンガルの仲間など、［教科書以外の］リソースへのアクセスを生徒に提供する。
- 生徒を異種混合グループ構成にし、言語資源を共有して英語が苦手な生徒が周縁化されないようにする。

4.2.3　ジャスティン先生——多言語で多民族のEMIの教室でESLを教える7年生の教師の場合

　ステファニー先生同様、ジャスティン先生も生徒たちの家庭言語をすべて話せるわけではありません。彼は英語と、北京語をある程度話すバイリンガルですが、彼のクラスでは、プル語、タガログ語、広東語など、様々な言語を話す生徒がいます。生徒の言語の中には英語と同根語や文字を共有しないケースもあり、英語との関連づけが難しい場合もあります。また、教室には韓国語話者の生徒が一人だけいるため、新しい内容を理解するために他の生徒と相談することが難しくなっています。ジャスティン先生は、生徒の教科の授業に「入り込む」ことが多いため、英語話者の生徒たちの中でこうした生徒が新しい言語の経験が少ないために知能や能力が低いと「マーク」されることがないように、学習面でも言語的にもサポートする責任もあります。

　ジャスティン先生の置かれている状況には多くの課題がありますが、彼は断固としてTLスタンスを貫いています。ステファニー先生同様、自分自身がその言語を理解できなくても、生徒は常にすべての言語資源にアクセスできなければならないと考えているのです。また、ステファニー先生のように、オンライン翻訳ツールや経験豊富なバイリンガルなど、様々なリソースを利用して、自分のTLスタンスを実践に生かしています。また、ジャスティン

先生は同僚の教師と共に、萌芽的バイリンガルの言語的ニーズを満たし、彼らのユニークな経験がクラスメイトに伝わるような授業内容にするよう心がけています。この最後のポイントは特に重要です。ジャスティン先生は「在籍学級［mainstream］」の教科学習クラスでESLの教師をしているため、自分を教育者であるだけでなく、生徒たちの擁護者、味方であると考えているのです。以下に示す7年生の理科の先生との共同計画の場面描写は、このような彼のスタンスをよく表しています。

ジャスティン先生はもう一人の先生と一緒に、その週の授業の計画を立てようとしているところです。ジャスティン先生は萌芽的バイリンガルがTLを使って有意義に授業に参加できるような場を確保しました。その週の焦点は遺伝学で、そのまとめの課題は、生徒が実験を行ってそのレポートを書き上げるというものでした。理科の教師は、最初、生徒が個別に実験を行うことを計画していたのですが、ジャスティン先生は同じ家庭言語を話す生徒をパートナーにすることで、生徒が持つ言語資源をすべて使って一緒に作業できるようにしてはどうか、と提案しました。また、遺伝学をテーマにしたプレライティングやブレインストーミングを行い、背景知識を身につけることも提案しました。ジャスティン先生は、あるトピックについて生徒が知っていること、知りたいこと、そして学んだことを問う、昔ながらのKWLチャート[3]を活用しつつどんなふうにTLを使えるか説明しました。生徒たちは、遺伝学について知っていること、知りたいことを、自分の持っている言語資源すべてを使って書き、そのあとで自分の考えを英語で共有します。また、学んだ内容を自分の家庭言語を使ってメモし、そのあと自分の学びを英語でシェアする、ということもできます。この週の後半では、二人の先生たちは、調査結果を書き上げるにあたってすべての生徒が十分な学習面の支援と言語的サポートを受けられるように、また、英語で内容を理解す

3　KWLチャート：K列（知っていることは何か：What I Know）、W列（知りたいことは何か：What I Want to Know）、L列（知ったことは何か：What I Learned）の3列からなる表。新しい単元の導入などによく使用される。

るために、あらゆる言語的資源を活用できる柔軟性と場を確保できるような授業の計画を立てたのです。

　萌芽的バイリンガルの生徒を擁護し、味方となるという役割を担うことは、ジャスティン先生がしばしば同僚にTLコリエンテ［流れ］を見える化し、理解してもらうことを意味します。先生は、一部の**入り込みの**ESL教師のように傍観者の立場に追いやられるのではなく、教育上のリーダーとして自らを位置づけています。彼は同僚から尊敬を集めており、そのおかげで萌芽的バイリンガルが学ぶのに役立つ新しいアイディアを導入しやすくなっています。ジャスティン先生は同僚教師と協力し、生徒が教科内容に取り組めるようにそのトピックに関する予備知識や経験を共有するように促しました。また、そのおかげで自分と同じ家庭言語を話すパートナーや仲間がいない生徒も、自分の内なる〈声〉、つまり個人内部のTLヴォイス［inner, intrapersonal translanguaging voice］を活用することができ、意味のある参加ができるようになりました。ジャスティン先生は、生徒が家庭言語を話していたらどうやって評価したらいいかわからないと同僚の教師が心配したとき、**TLデザイン**によって生徒の知識や理解が表面に見えるようになるので、それが生徒を評価する能力の妨げになるのではなく、むしろ助けになると断言したのです。

4.3　3つのコアビリーフ

　カーラ先生、ステファニー先生、ジャスティン先生の3人のTLスタンスは、それぞれの経験やコンテクストによって異なるものでしたが、それぞれのスタンスは、この章の前半で紹介した3つの核となる信念に基づいたものです。

1. 生徒の言語実践と文化的理解には、家庭や地域社会からもたらされるものと、学校で身につけるものとがある。これらの実践と理解は、共に［juntos］協力しあい、高めあうものである。

従来、学校はラティーノの生徒の「家庭言語」（スペイン語）と「学校語」（英語）を分離し、Cummins（2008）が「2つの孤独」と呼ぶ状況を作り出してきました。こうした分離は、本来効果的なコミュニケーション、人間関係の構築、そして教育体験に完全に参加するための重要なツールを生徒から奪ってしまいます。TLCの教師は、生徒のダイナミック・バイリンガリズムに対して柔軟なスタンスをとっています。これは、生徒の言語実践の到達目標や目的をあきらめるということではありません。それどころか、バイリンガル生徒を教える教師は、どのように言語を使うかについて常に戦略的に考えているのです。

　TLコリエンテ［流れ］を大切にすることで、教師は生徒が自分の言語実践をより深く理解し、より積極的に取り組めるようになるための場を作り出します。［著者の］Garcíaは「連動する歯車」という比喩を使って、このような柔軟な言語使用の必要性を説明しています。生徒の家庭言語の実践という歯車がなければ、新しい言語実践の歯車は固定すべき先がなく、その結果、学習効果も得ることができないということです。TLの目的の1つ目と2つ目、つまり、「児童生徒が複雑な教科学習内容やテクストを理解できるようにサポートすることと、児童生徒が学びの場［academic context］での言語実践を身につける機会を提供すること」を思い出してください。生徒に会話の中で自分実践している言語を使うように促すことで、教科学習内容と言語の学習が一体となった［juntos］プロセスが促進されます。

　学習内容の理解を深め、授業への参加を促すだけでなく、実践上英語と他の言語の共存を受け入れることで、1つの言語が他の言語よりも価値があるとなされるときに起こりがちな緊張を和らげることができます。生徒たちに英語だけを話すように言い、スペイン語を使うことを禁ずることは、彼らの家族、友人、そしてコミュニティの言語であるスペイン語を教室で使うのは好ましくないと伝えていることになるのです。私たちは、自分の人生の中で、自分の愛する人や自分の出身地が否定されたり、仲間外れにされたりしたときのことを考えると、怒りや不満、恥、落胆、悲しみを感じるものです。例えば［共著者の］Seltzerは、教師から「お父さんとお母さんの国際結婚がユダヤ人社会をダメにした」と言われ、屈辱を感じたことを覚えています。

［もう一人の共著者の］Ibarra Johnson は、メキシコとアメリカの国境地帯で育ったのですが、彼女が "ni ingles ni espanol bien" ［英語もスペイン語もうまく話せない］人だったため、メキシコ側の親戚は彼女を「ポチータ［pochita］：スペイン語の下手なアメリカ生まれの子」、と呼び、テジャス側［アメリカ側］は彼女を「ポブレチータ［pobrecita］：かわいそうな子」と呼んだことを記憶しています。そして 11 歳でニューヨークへ来た［著者の］García は、自分にとってはキューバもアメリカも自分の国であると感じているにもかかわらず、何度も「国に帰れ」と言われた経験があります。

　自分の生活や経験、理解が認められなかったり、尊重されなかったりしたときに感じる感情は、学びや教室内のコミュニティ作りにつながりません。学校か家庭か、英語かスペイン語か、アメリカ人かそれ以外か、学業達成か自分自身への忠誠かの、どちらかを選ばなければならないと生徒が感じたとき、彼らは脱出できない板挟みの状況に追い込まれるのです。このような二者択一の中で前者を選択することは、裏切り行為と感じるかもしれません。後者を選べば、学校をやめ、学業や経済的な成功の機会を捨てることになりかねません。TLスタンスをとるということは、こうした二者択一の選択は不要であり、実際に生徒が学校で成功を収めると同時にありのままの自分を感じることができると生徒に教えることに教師がコミットすることです。教師は指導の様々な場面を通して、単にどちらかを選べ、ではなく、生徒が自分自身の言語実践や知識と学校での言語実践を結びつけることができるようにするのです。そうすることで、敵対心や抵抗、失敗を生み出す板挟みのジレンマから生徒を救い出し、社会情動的発達とバイリンガルのアイデンティティをサポートする方向へと生徒を導くことができます。例えば、ジャスティン先生の場合、生徒の擁護者、味方として、彼らのニーズと経験を在籍学級の教室の中心に据えることで、彼らの〈声〉が確実に届き、彼らのバイリンガル、バイカルチャーのアイデンティティが価値あるものとなりました。ジャスティン先生のスタンスは、明らかに教育における社会的公正を肯定するものでした。

　2. 生徒の家族や地域社会は貴重な知識の源であり、教育の過程に共に

［juntos］含まれるべきものである。

　TLスタンスをとるということは、まず在籍学級の学校や社会におけるマイノリティの生徒に関する否定的な言説を認識し、それを否定することを意味します。ニュースを見たり、ゴールデンタイムのテレビを見たり、映画を見たり、雑誌を読んだりすると、マイノリティ、特にラティーノが社会からどう見られているかがわかります。一般的なメディアは、ラティーノを様々な粗野なステレオタイプで描いています。こうした言説や政策では私たちは、本物の繊細なラティーノの話よりもはるかに高い確率で、ギャングや不法移民、ティーンの母親などのラティーノを目にします。ニュース番組では、ラティーノコミュニティにおける貧困、犯罪、ドラッグ、学業不振などを延々と報道しますが、社会的公正のために闘ってきたその長い歴史と活動家としてのレガシーについては報道されません。さらに悪いことに、過去数十年の間に政治や社会に浸透した外国人嫌いで人種差別的な政策や言説があります。厳しい移民法、バイリンガル教育禁止法、エスニック・スタディーズの禁止などです。こうした言説や政策により、ラティーノの若者が自らの家庭言語を使って自分たちの歴史を学ぶ教育機会が制限されているのです。私たちはこれらの現実を変えることはできませんが、生徒たちが自分の家族やコミュニティが彼らの成功にとって決して汚点ではなく、必要不可欠なものであることを知って、教室の外に出ることができるようにすることはできます。

　TLスタンスは、このような否定的な言説に対抗し、生徒の家族やコミュニティが教育に参加できる場を作ることを意味します。これはまさに、カーラ先生がjardín［庭］の授業に地域の庭師、そしてpadores［親］やabuelitos［祖父母］を招いて、子どもたちと一緒にplantar［植物を植える］ことでやっていたことです。次の別のTLCの場面描写から、このようなスタンスをとることで、生徒の家族や地域の人々との関わりが形だけのジェスチャーを超えた形で広がることがさらに明らかになります。

　　ニューヨーク州ポートチェスターに住む、英語を母語とするモノリンガルのESL教師は、今年最初の保護者面談で、自分に会いに来る保護者

や家族がほとんどいないことに気づきました。数人の生徒と話してみて、彼らの両親は英語が話せず、彼女と交流できると思っていないということがわかりました。この教師は、スペイン語を話すラティーナの副校長と相談し、この問題を解決する画期的な方法を思いつきました。同時通訳が可能なヘッドセットを購入し、副校長の協力のもと、先生と保護者が滞りなくコミュニケーションできるようにし、より自然でオープンな会話ができるようにしたのです。

この教師は、学校の面談に出席しない家庭を責めるというよくある戦術をとるのではなく、自分のTLスタンスを生かして、前向きな変化をもたらしました。この力強い展開からは、TLスタンスをとるということで、ラティーノの家族やコミュニティに積極的に教育プロセスに参画してもらうことで、彼らを取り巻くネガティブな言説に対抗し反論することができることがわかります。ここでは、TLそのものが「社会的公正」の行為となり、学校とコミュニティを結びつけているのです。

TLスタンスをとるには、地域に根ざした文化的に適切な［culturally relevant, local］事例を使って教科学習内容を教えることも必要かもしれません。

　　カリフォルニア州の教師であり研究者でもあるCati de los Rios氏は、生徒とその家族の多くが、恋愛、抑圧、革命、日常生活などを歌ったスペイン語のバラード「コリード」を聴いていることを知っていました。この先生は、コリードを韻や比喩などの詩的要素を教える手段として使い、ヒップホップや政治的演説のようなジャンルと比較させたのです。先生は、コミュニティのメンバーを何人か呼んでコリードを歌わせ、その歴史とチカーノコミュニティにとっての重要性を論じてもらいました。

この先生は、自分のTLスタンスを活用し、生徒の家庭やコミュニティに存在する資源を正当化し、活用しました。彼女は、生徒の家族やコミュニティと一緒に［juntos］生徒が学習内容をより理解し、家庭言語のリテラシーを高め、教室で自分たちの文化が表現できるよう、支援したのです。

このような、スタンスに直接影響を受けた教育デザインによって、教室と生徒のコミュニティの両方にTLコリエンテ［流れ］を自由に、そして力強く流すことが可能になりました。また、生徒とその家族が教室での学習とより密接な関係を築くために「自分のバイリンガリズムや知の方法［ways of knowing］を活用する」ことをも可能にしたのです。

3. 教室は、教師と生徒が共に［juntos］知識を創造し、伝統的なヒエラルキーに対抗［challenge］し、より公正な社会を目指して努力する民主的な場である。

　TLスタンスをとる教師は、「従来の」教室が必ずしもラティーノのバイリンガル生徒のためになるとは限らず、むしろ害になる可能性さえあるという考えに対して心を開いています。教室をTLの場に変革するということは、教える、評価する、学ぶことについて従来の概念とは異なる考え方をすることを意味します。それは、誰の〈声〉やストーリーが重視され、他の人に届いているのか、そして誰が沈黙させられているのかを考えるということです。つまり教科書やカリキュラムのリソースに批判的な目を向けるということです。それは、すべての授業と評価において、生徒が持っているすべての言語を活用する機会を設けるということです。文化的に持続可能な単元（Paris, 2012）を計画し、標準的な試験だけでなく、生徒が教室の壁の外の世界と関わるような適切で行動的なプロジェクトに挑戦することです。つまり、慣れ親しんだ教室を新たな目で見直し、それを再度デザインしなおすための手段を講じるということです。
　より民主的な教室を想像するには、生徒が学習に積極的に参加し、自らの学びに主体的な役割を果たすように仕向けることが必要です。そのためには、教師が受動的な生徒の空っぽの頭に知識を預ける銀行型教育[4]から脱却し、

4　銀行型教育（Banking model of education）：ブラジルの教育学者Paulo Freireが既存の知識を教師が生徒に詰め込むだけの教育を批判するために使用した用語。あたかも貯金をしたり、送金したり、別の口座に移し替えるかのごとく知識を伝達するような教育は、教育の質として低いというだけでなく、それ自体が社会における抑圧構造を継続させるためのツールになってしまう、

生徒と教師の両方が学習プロセスに積極的に参加する対話型、問題提起型の教育（Freire, 1970）を実践する必要があります。バイリンガルの生徒がこのような方法で学習するためには、疑問を提示し、批評し、重要な対話に参加するにあたり、あらゆる言語実践を活用するよう奨励する必要があります。自分たちが持つ言語的・文化的レパートリーを完全に活用できないのであれば、生徒は学習への関わりを強め、学業達成につながるような会話に参加することができません。また、日常生活とかけ離れた内容を、彼らの持つ言語実践のごく一部のみを使って学習することを余儀なくされたバイリンガルは、批判的意識［critical consciousness］、つまり Freire（1970）が言うところの conscientização を育む[5]能力も制限されてしまいます。モノリンガルなカリキュラムや単一言語主義的なバイリンガルのカリキュラムでは、ラティーノの生徒が社会的に行動・批判ができる市民となりうるような思考や想像力を身につけることはできないのです。

　TL スタンスを適用することは、従来の教室を Gutierrez（2008）が言うところの「第 3 の場［the third space］」に変えるために必要な要素です。Gutierrez は第 3 の場を「拡張された学習形態と新しい知識の発展の可能性が高まる変革的な場」（p. 152）と定義しています。そのためには、教師は従来の階層的な役割を放棄し、生徒自身が学習を豊かにし、高めるような知識や経験を教室に持ち込むという事実を受け入れなくてはなりません。このように、ステファニー先生の教室で見たように、TL の第 3 の場における教師は、もはや唯一の知識保持者でも、教室における唯一の専門家でも、理想的な言語話者でもないのです。生徒が「拡張型学習」に取り組むためには、知識をリリースするための言語実践に生徒がアクセスできることが必要です。TL する能力がなければ、生徒は自分の知っていることを利用する（そして拡張する）ことができません。

とフレイレは痛烈に批判している。

5　批判的意識を育む：個人の抑圧状態から脱出し、社会を変革するために、個人の生活に存在する抑圧的な部分と向きあい、社会に対する批判的な姿勢を持つようになるプロセスを指す。

4.4 トランスランゲージング・スタンスを交渉する

Valenzuela（1999）などは、ラティーノの学生は減算型の[6]教育を受けることが多く、家庭言語や文化的慣習を失うことになると書いています。なぜなら、バイリンガル生徒は学校で学業成績を上げるために、できるだけ早く英語を学ぶよう強制されるからです。この事実に照らすと、またラティーノの生徒がアメリカで人種差別や差別を受ける経験と合わせると、TLスタンスをとることは簡単なことではありません。私たちは、ほとんどの教育者が生徒のために最善を尽くしたいと考えていると信じていますが、TLスタンスをとるには、TLコリエンテ［流れ］の価値を否定する人、教室の中でTLを見ようとも聞こうともしない教師たちに立ち向かう必要があるでしょう。

　私たちの経験でも、TLコリエンテ［流れ］について話す際に全米の教師、学校管理者、政策立案者が、懐疑的な見方をすることがありますし、時には全面的な抵抗にあうこともあります。中には、伝統的な言語習得の概念に固執し、「コードミキシング」や「**コードスイッチング**」と呼ばれるものを使い続けると、生徒が英語を習得できなくなるのではないかと心配する人もいます。また、自分や家族の移民の物語と生徒の物語を比較し、なぜこの生徒たちが自分や自分の家族がしたように英語を学ばないのか理解できない人もいます。さらに、TLを「スパングリッシュ」と同じように好ましくないものとして捉え、アカデミックな文脈にはそぐわないとして、偏見を持つ人もいます。また、TLが実際にマイノリティ言語を維持・発展させることができるのかどうかということに懐疑的で、スペイン語が英語の侵食から守られていないのではと危惧する人もいます。このような抵抗に正面から対抗しつつTLスタンスを推進することは決して簡単なことではありません。Flores

---

6　減算型の（subtractive）：バイリンガル教育研究者Lambert（1975）によって提唱された用語。バイリンガルの児童生徒が新しい言語を獲得するには自らの母語や継承語などの言語資源を失うことを余儀なくされるような教育を批判するために用いられる。これと反対の概念として「加算的［additive］」バイリンガリズムがある。Lambert, W. (1975). Culture and language as factors in learning and education. In A. Wolfgang (Ed.), *Education of Immigrants*. Ontario Institute for Studies in Education, Toronto.

（2014）が指摘するように、TLは政治的な行為です。そのためには知識と自信、そして勇気さえも必要なのです。

　モノリンガルの現状、あるいは伝統的なバイリンガルの現状を強化するイデオロギーや実践に直面したとき、あなた自身がどのようにTLスタンスをとればよいかを具体的にお伝えすることはできません。私たちが勧めるのは、TLコリエンテ［流れ］に関する知識を身につけ、TL教育論を構成するツールやストラテジーの使い方を学び、そしてあなた自身のTLCでDTPを活用しながらバイリンガルの生徒の成長と成果を記録することです。このような知識、ツール、証拠によって、自分のスタンスや教育的選択を守ることができるようになるでしょう。

　社会的公正のための教育とは、根強いイデオロギーや権力構造に戦いを挑む生徒たちの輪に加わり、人々の言語実践の代わりに国家の言語を正統化する権力階層を変えるために協働することです。TLスタンスは、カーラ先生やステファニー先生、ジャスティン先生のように、バイリンガルの生徒に、私たちは彼らの擁護者であり味方であること、そして彼らにふさわしい教育を与えるために全力を尽くすことを伝える強力な方法であると私たちは信じています。

4.5　まとめ

　この章では、TL教育論の相互に関連する3つの綱［strands］のうち、1つ目の綱であるTLスタンスについて説明しました。私たちは、スペイン語で「一緒に」を意味するjuntosという言葉を使って、TLを行う教師が抱く哲学的な方向性を表現しています。この方向性は、生徒や生徒の言語や文化的実践を見る見方から、指導計画やアセスメントの方法まで、すべてに反映されています。私たちは、（カーラ先生のような）バイリンガル教育の教師、（ステファニー先生のような）EMIのクラスの教師、（ジャスティン先生のような）ESLの教師が、実態は様々であっても、それぞれのクラスでTLスタンスを実践することができることを見てきました。このスタンスがあるからこそ、指導やアセスメントのためのTLの基礎となるTLコリエンテ［流れ］が教室に流

れるのです。

1. TLスタンスの中で、あなたにとってはどのような要素が取り入れやすく、どのような要素が難しいと感じますか？　その理由は何ですか？
2. TLスタンスはなぜjuntosの考えと結びついているのですか？
3. TLに対して否定的な態度をとる教師がいるのは、どのような社会政治的、社会教育的要因が影響しているのでしょうか？　そのような否定的な意見にどのように対抗することができますか？

1. あなたのTLスタンスを構成する要素は何ですか？　バイリンガル生徒の教師として、あなたがどのような人間であり、何をするのかがわかるように、3 〜 5 個の信念を書いてください。
2. あなた自身の教育実践の中にTLスタンスを示すものはありますか？　具体例を示して説明してください。

5 指導における トランスランゲージング・デザイン

この章の学習目標

・TLコリエンテ［流れ］を促すことができるような教室の場のデザインを説明する
・TL授業デザイン［translanguaging instructional design］の主な構成要素を描く
・ジャスティン先生がどのように、そしてなぜTLシフトを行うのかを理解する
・自分のクラスのためのTL指導単元を作る
・TL指導単元の実施にあたって、TLコリエンテ［流れ］に乗るために必要となりうるシフトについて予測する

　トランスランゲージング・クラスルーム（TLC）の教師は、**トランスランゲージング・コリエンテ［流れ］**に対応した、学習のための正しいコースを設定し、バイリンガルの生徒を**ダイナミック・トランスランゲージング・プログレッション**［Dynamic Translanguaging Progressions：DTP］に沿って移動させるように、指導をデザインしなければなりません。TL教育論はスタンス、デザイン、シフトという3つの関連した綱［strands］で構成されていることを思い出してください。この章では、生徒のバイリンガリズムを学習に**積極的に活用する**［leverage］ための教師の意図的な「デザイン」と、教師が行う瞬間瞬間の「シフト」に注目し、指導におけるTLを見ていきましょう。

　指導における**TLデザイン**とは、TLコリエンテ［流れ］の中でどのように戦略的に指導計画を立てるかということです。しっかりしたデザインがある指導では、TLの4つの目的がはっきり見えます。それは、複雑な教科学習内容やテクストに取り組む生徒をサポートすること、アカデミックな目的のための言語実践を促進すること、生徒のバイリンガリズムと知の方法［ways of knowing］のための場を確保すること、生徒の社会情動的な発達とバイリンガル・アイデンティティをサポートすることです。このデザインは柔軟性が

あり、バイリンガルの生徒の家庭やコミュニティでの言語実践やアイデンティティを、学校環境に適した言語習慣やアイデンティティに意図的に結びつけるとともに、社会的公正にも取り組むものなのです。以下の先生方のTLCにおける授業デザインを考えてみましょう。

- バイリンガル教師の<u>カーラ先生</u>は、Cuéntame algo［教えてください］という場を作り、生徒と一緒にバイリンガルの言語使用を探求しています。
- 社会科教師の<u>ステファニー先生</u>は、生徒のグループ活動でインターネットを使って大気汚染防止法に関する情報を英語とスペイン語で調べるように勧めています。
- **ESL（第二言語としての英語）**担当の<u>ジャスティン先生</u>は、家庭言語を共有する協働グループを作り、生徒が自分の言語資源を使ってテクストを議論したり、家庭言語で翻訳やその他の補助教材としてのテクストを調べたりできるようにしています。
- ランゲージアーツの先生は、複数の言語を使って文章を書いている作家や詩人をテーマにした単元を設けています。
- バイリンガルの先生は、スペイン語のテクストとその英語訳を生徒に渡し、語彙や統語（語の順序）、形態素（語形）や文章構成について比較対照するように生徒に指示しています。

　これらの先生方が指導の様々な側面をどのようにデザインしたかという点には、教えることと学ぶことに対する先生方のスタンスが反映されています。私たちと同じように、これらの先生たちは、教室のデザイン、つまり物理的なデザインや、単元、授業、教育的実践、アセスメントをデザインするプロセスは、「生徒たちから」生まれなければならないと考えています。このように、TLCでの指導をデザインする際には、生徒が何を知っていて何ができるのか、どのように学んでいるのか、そして何を求めているのかを把握することが重要です。つまり、教師は生徒がDTPのどこにいるのか見極め、それに対応した指導をデザインしなければならないのです。

この章では、まず教室という場から始め、協働のための学習環境を構築し、**マルチリンガル・エコロジー**［multilingual ecology］を創造する際に、教師がどのようにTLコリエンテ［流れ］を促すことができるか、ということに焦点を当てます。この章の大部分は、TL教育論の核となる、指導におけるTLデザインの紹介です。TL単元計画をどのように作成し、その単元計画を実行に移すにあたりどのようにTL授業デザインサイクルを活用して単元計画を進めるのか、また、TLの4つの目的を達成するために、教師がデザインサイクルを通して使用できる教育方略を提示します。最後に、教師が自らの指導を戦略的に転換し、生徒のバイリンガリズムを学習に生かす方法について考察し、本章を締めくくります。

5.1　教室空間のデザイン

　教師は教室の物理的な場所を選ぶことはできませんが、教室をどのように構成するかを決めることはできます。自分の教室を持っているにしろ、教室を他の先生と共有しているにしろ、複数の教室で教えているにしろ、誰でも、TLの **juntos**［一緒に］のスタンスが感じられるデザインを選択することができます。生徒が成功するために教室という場を活用してできることはたくさんありますが、ここでは協働のための場のデザインとマルチリンガル・エコロジーのデザインの2つに焦点を当てます。

5.1.1　コラボレーションの促進
　Vygotsky（1978）は、学習は本質的に社会的なものであると主張しています。異なる能力を持つ生徒同士が協力しあう機会を設けることで、教師は学習に最適なシナリオを作ることができるのです。Vygotskyは、生徒が一人でできることと、「より知識のある他者」と一緒にできることの間にある場を**発達の最近接領域**［Zone of Proximal Development：ZPD］[1]と呼んでいます。こ

1　ZPD（発達の最近接領域）：Vygotskyの理論の主要な概念で、学習者が一人では課題を達成できないが、支援を得てならば達成できる領域を指す。詳しくはヴィゴツキー著　土井捷三・神谷英司訳（2003）「『発達の最近接領域』の理論——教授・学習過程における子どもの発達」三学出

こでは、生徒は自分一人ではできないことを学び、できるようになります。それは、より多くのことを知っていて、より多くのことができる仲間から「後押し［boost］」を受けるからです。このコラボレーションが、生徒の**言語レパートリー**［language repertoire］の使用を最大限に含むものであれば、生徒のパフォーマンスは向上します。Moll（2013）は、生徒が一人でできることとバイリンガルでできることの間の場を、**バイリンガルZPD**［bilingual Zone of Proximal Development］と呼んでいます。VygotskyとMollが提唱した考え方は、**萌芽的バイリンガル**［emergent bilinguals］の生徒にとって重要なものです。萌芽的バイリンガルの生徒は、自分が今まさに学んでいる言語の経験がより豊富な生徒から学ぶことができ、また交流する機会を得ることもできるからです（Celic, 2009; Walqui, 2006）。

　このような学習の機会を最大限に活用するためには、効果的なグループワーク、コミュニケーション、アイディアの共有を促すように教室を構成することが有効です。これにはいくつかの方法があります。

- 机やテーブルを列に並べるのではなく、グループ型にする
- 生徒が他のグループメンバーを見たり、コミュニケーションをとったりできるように、テーブルや机の配置を変える
- GLP［General Linguistic Performance：言語総合パフォーマンス］やLSP［Language-Specific Performance：言語固有パフォーマンス］、教科学習内容に関わる知識のレベルが異なっても、家庭言語が同じである生徒を、戦略的にグループ分けする
- コミュニケーションを必要とし、様々な種類の言語やスキルを使用するアクティビティやタスクベースのプロジェクトを計画する

　均質なグループ分けが必要な場合もありますが、言語能力や教科学習内容の知識のレベルが異なる仲間と一緒に座って学ぶことは、生徒にとって有益です。このことは、クラスのコミュニティを形成するのに役立ち、また、自

版を参照。

分のグループの中で孤立し、教室のmovimiento［動き］から遠ざけられることの多い萌芽的バイリンガルにつきまとう汚名を払拭することにもなります。

5.1.2　マルチリンガル・エコロジーの創出

　しっかりとしたマルチリンガル・エコロジーを作り出すことで、すべての生徒とその家族が、自分の言語が学校で歓迎されていると感じることができます。そうすることで、TLコリエンテ［流れ］が表面化し、生徒の**ダイナミック・バイリンガリズム**［dynamic bilingualism］が見える化され、活用しやすくなるのです。このセクションでは、「エコロジー」という言葉を使って、教師が教室の言語空間をどのように形成して、生徒、家族、コミュニティと交流するか考えてみます。

　教室レベルでマルチリンガル・エコロジーを創出するためには、すべての生徒の言語実践が学習環境の中に存在し、目に見えるようにしなければなりません。例えば、次のようなことができるでしょう。

- バイリンガルのポスターや表示を掲示する
- 生徒の作品を英語と生徒の家庭言語で掲示する
- 多言語ワードウォール[2]や同根語のチャートを作る
- 英語と生徒の家庭言語で書かれたノートを配布またはプロジェクターに映す
- クラスの本棚にすべての生徒の言語で書かれた本／雑誌／新聞を並べる
- 英語と生徒の家庭言語で書かれた教科書を使用する
- 対訳辞書や対訳絵辞典、iPadやノートパソコンなどの使用を生徒に提供する
- 英語と家庭言語の両方を使って会話や作文をすることを奨励する
- リスニングセンターを設置し、生徒が両方の言語でコンテンツを聴け

2　ワードウォール：生徒たちが取り組んでいるテクストに出てくる語彙などを教室の壁などに視覚的にディスプレイしたもの。

るようにする

- 家族やコミュニティのメンバーがクラスに来て、家庭言語で物語を語ることを奨励する
- 英語と生徒の家庭言語の字幕がついたビデオクリップを使用する

　生徒の言語を目に見えるように（そして聞こえるように）することで、生徒の言語が大切にされていること、学習にとって重要であることを明確に伝えることができます。しかし、単にポスターを貼ったり、対訳辞書を本棚に置いたりするだけでは十分ではありません。マルチリンガル・エコロジーの創出とは、これらのリソースを活用して、生徒が自分の言語レパートリーをすべて駆使して学習できるようにすることです。つまり、協調的な多言語空間を最大限に活用するためには、ぶれない軸がありながら柔軟性のある指導を設計することが必要なのです。

5.2　指導のためのTLデザイン

　TLについて学ぶと、多くの先生方が「何年も前からやっていたが、（その実践には）名前がなかった」とおっしゃいます。実際には、生徒に教室で英語と家庭言語を同時に使わせることについて、「不正行為」や「ルール違反」であると思い込んでいたのです。この教師たちは、自分たちが守るべきとされている英語オンリーのルールは実際教師にも生徒にも役に立たないことを知っていました。そのため生徒のバイリンガリズムをこっそりと利用し、ルールを破ってしまうことがしばしばありました。私たちは、教育とアセスメントのデザインに名称を与えることで、ドアが大きく開かれ、教育者と生徒がen voz alta［声を出して］TLできるようになることを願っています。そうすることが、生徒のより一層の取り組みの深さ、より優れた学習成果、教師と生徒のより確かな関係性、より安定したアイデンティティの確立、今よりもよりよい社会的平等につながることを願っているのです。さらに、教師たちは、生徒がDTPに沿った変化の実証的な証拠を集めることで、自分のTL教育論の有効性を実際に示すことができるのです。

TLスタンスをとり、TLのデザインに取り組むことは、最も重要な〈声〉、つまり私たち自身の〈声〉と生徒の〈声〉に耳を傾けて指導を入念に工夫して作り出すことを意味します。TLの授業デザインは、教師がバイリンガルの生徒を教えるために想像力と行動力を働かせることを促します。各単元の指導は、生徒の具体的かつ地域に根ざした［local］知識や言語実践に基づいて行われ、生徒が学習したことを現実の世界に持ち出し、それを何かに役立．．
てようとします。また、このプロセスの各段階は、生徒の流動的な言語実践によって生き生きとしたものになります。生徒たちはそうした実践を通じて批判的かつ創造的な方法でトピックやテーマについて学び、アクセスすることができるようになります。

　ここでは、ジャスティン先生が同僚の7年生の数学の教師と一緒に単元計画を立てている様子をいくつか紹介します。ジャスティン先生は、前述の通り、中学の数学と科学のクラスで**入り込みのESL**の支援をしている先生です。彼が担当しているクラスの萌芽的バイリンガルは、言語的、文化的に様々な背景を持っています。これらの事例を通じて、TLCの指導をデザインするうえで重要な3つの要素、すなわち、「TL単元計画」「TL授業デザインサイクル」「TL教育方略」について見ていきましょう。

5.2.1　TL単元計画

　TL指導単元の計画要素のうちほとんどの部分が、モノリンガルの指導に求められるものと重複しています。しかし、その中には、バイリンガルの教室や、EMI（英語を教室内で使用言語として採用している授業）の教室において萌芽的バイリンガルを指導する際に特に重要なものもあります（例えば、教科学習内容に関する到達目標と言語に関わる到達目標）。さらに、TLCに特有の要素（例：TL到達目標）もあります。TL単元計画の6つの要素とは、主発問［essential questions］、教科内容に関わるスタンダード（基準）[3]、教科学習内容と言語に関わる到達目標、TL到達目標、成果プロジェクトとアセスメント、

3　スタンダード（基準）：アメリカのコモンコアスタンダードを念頭に置いた表現。詳しくは第1章注12を参照。

そしてテクストです。

　ここでは、この計画の各要素と、TLCにおけるその重要性を簡単に説明します。また、ジャスティン先生の教室での例を挙げて、それぞれの要素が実際にどのように使われているかを説明します。ぜひ、あなたの教室の生徒たちのバイリンガリズムを促進するためあなたならどんなふうにTL単元計画を立てるか考えてみてください。付録A.5.1には、TL単元計画のテンプレートがあります。まず、ジャスティン先生のTL単元計画の全体像を見てみましょう（Box 5.1）。

Box 5.1　ジャスティン先生のTL単元計画：暮らしの中の幾何学	
主発問	
・私たちの生活の中で、幾何学がどのように作用しているのか ・どう計測したらよいか ・なぜ、暮らしの中の幾何学を理解することが重要なのか	
教科内容に関わるスタンダード（基準）	
・CCSS.MATH.CONTENT.7.G.B.4[4]：円の面積と円周の公式を知り、文章問題で使用する。円周と円の面積の関係について考えるように導く ・CCSS.MATH.CONTENT.7 G.B.6：三角形、四角形、多角形、立方体、三角柱からなる二次元、三次元の物体の面積、体積、表面積に関わる実社会の問題と数学の問題を解く	
教科学習内容と言語に関わる学習到達目標	
教科学習内容に関わる到達目標	**言語に関わる到達目標**[*] **GLP（言語総合パフォーマンス）**
・様々な幾何学図形に適した面積・体積・表面積の公式を使うことができる ・幾何学図形を正確に描くことができる ・数学的基礎知識を実社会の状況や問題に結びつけることができる	生徒は以下のことができるようになる ・実社会の数学問題の解決策を話し言葉と書き言葉でまとめることができる ・幾何学についての理解を、小学生の言語レベルに適した物語にまとめる ・要約や物語の中で、名詞化[5]を使用する **LSP（言語固有パフォーマンス）** 生徒は以下のことができるようになる ・適切な教科学習語彙を用いて、測定方法の選択を英語で説明する ・要約や物語の中で名詞化を使用する

4　CCSS.MATH.CONTENT.7.G.B.4：アメリカで使用されるコモンコアスタンダードの数学に提示された教科内容に関わる学習到達目標の1つ。詳しくは第8章を参照。
5　名詞化：抽象的な名詞や動名詞句など（日本語で言えば漢熟語）を用いて、意味を凝縮する文法的な手続き。

TLに関わる到達目標

- 数学用語における同根語への気づきと理解
- 英語と家庭言語の両方を使って、グループで数学の問題を解く
- 英語と家庭言語を使って、幾何学をテーマにした児童書を書く

- 口頭発表において、自分の言語選択を説明することができる（例：ある単語や問題がなぜ英語で、または別の言語で提示されたのか、ある登場人物がある言語を使い、他の言語を使わなかった理由など）。
- バイリンガルの子どもたちに自分の本を読み聞かせ、自分のアイディアを広げたり、年下の生徒に両方の言語で質問したりする。

成果プロジェクトとアセスメント

成果プロジェクト

幾何学的な概念を、英語と英語以外の言語で説明し、文化的に関連のある例や関連性を持たせた「バイリンガルの児童書」をグループで作成する。作成した絵本は小学校の先生の前で発表し、その後、家庭言語を同じくする小学生のグループに読み聞かせる。生徒は、数学の内容理解に加え、創造性や両言語の戦略的な使用について評価される

その他のアセスメント

教師のTLアセスメント：生徒は、内容理解、知的好奇心、言語実践について評価される。LSPの特徴だけでなく、言語レパートリー全体（GLP）を用いて、生徒が単独で、または支援を受けてタスクを実行できるかどうかに焦点を当てる

数学でのリーディング活動：生徒は新聞、雑誌、ウェブサイトなど幾何学を実社会に結びつける様々な読み物に取り組む。読み物は可能な限り、英語と生徒の家庭言語で準備する。生徒は家庭言語グループでこうした読み物について話しあい、質問をしたり、関連づけをしたり、要約したり、理解度チェックの問題に答えたりする

数学でのライティング活動：生徒は、文化的に関連のある状況とTLを用いて、新しい幾何学の文章題を作成する。生徒は、創造性、言語の使用、数学の内容の理解度を評価される。また、なぜそのような言語的・内容的選択をしたのか、短いプロセスペーパー[6]で評価される

生徒の自己アセスメント：単元全体を通して、生徒は自分自身の学習、言語の発達、教科学習内容の理解について質問し、フィードバックと自己アセスメントを行う

---

6 プロセス・ペーパー：プロジェクトなどの課題と同時に課されることの多い課題で、どのようにその課題を遂行したのかなどの情報を書くもの。ここでは、使用した言語の選択について簡単に説明することが求められている。

テクスト	
家庭言語で • ウェブサイトや新聞・雑誌の幾何学に関する読み物 • 子どもの本	**英語で** • 数学の教科書 • ウェブサイトや新聞・雑誌の幾何学に関する読み物 • 子どもの本

＊DTP（ダイナミック・トランスランゲージング・プログレッション）のどこにあるかに応じて、生徒のパフォーマンスに基づいた調整をする

主発問（Essential Questions）

TL単元計画は、主発問から始まります。主発問とは、

> 思考を刺激し、探究心を掻き立て、型通りの答えだけではなく、生徒がよく考えた質問も含めて、より多くの質問を引き起こすためのものです。それは議論を呼び起こすものであり、意味を生成するものです。このような質問に取り組むことで、学習者は、単にトピックを取り上げただけでは不明瞭になってしまう［covering[7]］トピックの深さと豊かさを明らかにする［uncovering］ことができるのです。 　（McTighe & Wiggins, 2013, p. 3）

ジャスティン先生と７年生の数学の同僚教師が、幾何学の単元の指導のために作成した主発問を見てみましょう。

> ジャスティン先生と同僚教師は、生徒に教科学習内容と自分の多様な経験との間に関連性を持ってほしいと考えました。生徒のバイリンガルのプロフィールや文化的背景について知っていたことを生かして、次のような主発問を考えました。
> * 私たちの生活の中で、幾何学模様がどのように役立っているのか？
> * 様々なものをどうやって測るか？

7　このcoverという語には教科内容をただざっと説明する、という意味と、覆いをかけて見えなくしてしまう、という２つの意味がかけられている。

> • なぜ、暮らしの中の幾何学を理解することが重要なのか？
> TLCでは、生徒が自分の言語や文化的実践を含む自分の生の体験とア
> カデミックな内容とを結びつけるために、主発問が役に立ちます。

教科内容に関わるスタンダード（基準）

　スタンダード（基準）とは、言語と内容のガイドラインであり、指導内容
を整理し、生徒の学習を促進するのに役立ちます。こうしたスタンダードの
解釈が柔軟に広げられ［expanded］つつ生徒の実態に合わせたものとされる
［localized］場合、つまり、単一言語、単一文化の下での理解を超えて拡張さ
れ、生徒自身の生きた［local］言語実践、知識の宝庫［Funds of Knowledge］[8]、コ
ミュニティ、家族、興味関心とつなげられたときにこそ、こうしたスタン
ダードはバイリンガルの生徒のより深い（より成功につながる）学びにつなが
るのです。

　TLCでは、スタンダードを（そのまま容認するのではなく、上記のように）創
造的に解釈［reimagine］します。スタンダードそのものから始めるのではな
く、生徒の言語実践から始めるのです。教師は、バイリンガルの生徒が、彼
らの言語レパートリー全体を駆使して、スタンダードが要求する言語実践の
力を伸ばすのを助けます。次の場面は、ジャスティン先生と同僚教師によっ
て、幾何学の単元でどのようにスタンダードの解釈が柔軟に広げられ、生徒
の実態に合うものとなるように計画しているかを示しています。

> 　生徒にこの単元を紹介する前に、ジャスティン先生と同僚教師は、7
> 年生のコモンコア数学スタンダードを見て、使えそうなものを2つ見つ
> けました。
> **CCSS.MATH.CONTENT.7.G.B.4**：円の面積と円周の公式を知り、文

8　知識の宝庫（Funds of Knowledge）：Mollらがそのバイリンガル教育論において重視する、バ
　イリンガルの児童・生徒の家族やそのコミュニティに存在する生きた体験に根ざす知の宝庫。
　Mollらはこうした知識の宝庫を学びの中に価値あるものとして位置づけることの重要性を強調す
　る。本書にしばしば登場するlocal、localize、make localなどの語はMollらのこの概念につなが
　るものである。

> 章問題で使用する。円周と円の面積の関係について考えるように導
> く
> **CCSS.MATH.CONTENT.7.G.B.6**：三角形、四角形、多角形、立方体、
> 三角柱からなる二次元、三次元の物体の面積、体積、表面積に関わ
> る実社会の問題と数学の問題を解く

　これらのスタンダードを使用することで、ジャスティン先生と同僚教師は、生徒たちに難しい内容の問題に取り組ませ、統一試験の準備の支援をしたのです。また、これらのスタンダードは、幾何学の理解を示すために地域の［local］実情に合わせ、実際に起こり得る問題を用いた、文化的にも意義のある本格的な子ども向けの本を生徒に作らせるという計画にも合致しています。

　TLの単元計画は、教科学習内容のスタンダードに沿ったものです。さらに、バイリンガルの生徒の地域に根ざした［local］知識や強みを生かした指導が意図的に行われています。

教科学習内容と言語に関わる到達目標

　教科学習内容と言語に関わる到達目標は、スタンダードに沿ったもので、単元や個々のレッスンを構成するのに役立ちます。TLC言語目標は、DTPの2つの構成要素、GLPとLSPから成り立っていますが、これは私たちの言語に対する包括的な見方を反映しているものです。そのため、TLの単元計画では、「GLP目標」（複雑な考えを表現したり、複数の情報源から推論したりするために、言語レパートリー全体を使用することを奨励すること）と、「LSP目標」（国語の標準的な文法、用法、語彙を使用して目標を達成することに焦点を当てること）を区別しています。教科学習内容的な目標はすべての生徒にとってほぼ同じですが、言語的な目標は、生徒のバイリンガル個票（プロファイル）や、DTPのどこにその生徒がいるかによって、区別化する必要があります。以下はジャスティン先生の教科学習内容と言語の到達目標です。

教科学習内容の到達目標
- 様々な幾何学図形に適した面積・体積・表面積の公式を使うこと

ができる
- 幾何学図形を正確に描くことができる
- 数学的基礎知識を実社会の状況や問題に結びつけることができる

コモンコア（CCSS）に沿った「教科学習内容の到達目標」を作成した
あと、ジャスティン先生は、生徒が内容にアクセスするのに役立つ「言
語目標」を同僚教師が考え出すのを手伝いました。

　例えば、ジャスティン先生は、「円周と円の面積の関係について考え
る」には、教科学習内容に関わる語彙だけでなく、学術的な文脈で使用
される名詞化のような抽象的な言語構造を使用する必要があることを
知っていました。また、「実社会の問題と数学の問題を解く」ためには、
言語的に難しい文章問題を分解し、その解決策を数学的に、また自分の
言葉で説明することが求められます。生徒たちは、DTPの様々な段階に
いるため、ジャスティン先生は、生徒たちのGLPに依存する言語目標
と、LSP、その他の言語レパートリーの新しい特徴に焦点を当てた言語
目標を考えました。

　ジャスティン先生はEMIの教室で教えているので、このTLの単元計画に
は英語でのLSP目標のみが記載されています[9]。

言語パフォーマンスの到達目標

GLP目標
- 実社会の数学問題の解決策を話し言葉と書き言葉でまとめること
  ができる
- 幾何学についての理解を、小学生の言語レベルに適した物語にま
  とめる
- 要約や物語の中で、名詞化を使用する

LSP（英語）目標

9　原注1）バイリンガル教室で働く教師は、教育目的で使用される両方の言語について、LSP目標
　　を作成する。

> - 適切な教科学習語彙を用いて、測定方法の選択を英語で説明する
> - 要約や物語の中で名詞化を使用する

　ジャスティン先生は、生徒たちの言語レパートリーにおける英語と他の言語のパフォーマンスがDTPのどの段階にあるのか、という点に基づいて、生徒の言語目標を区別化しています。

　例えば、中国人学生の一人であるイ シェンは、台湾から来たばかりで、英語をほとんど話さず、英語で使われるラテン文字の練習が必要です。ジャスティン先生はイ シェンの英語の成績を「準備期［entering］」と評価しています。しかし、中国語の教師によると、中国語でのパフォーマンスは「伸長期［expanding］」で、つまり少なくともGLPは「伸長期」にあるということです。クラスのもう一人の生徒、パブロは2ヶ月前にアルゼンチンから来ました。パブロはアルゼンチンで英語の個人レッスンを受けていたので、英語のパフォーマンスは「移行期［transitioning］」にあります。さらに、スペイン語の授業では、スペイン語の成績は「熟達期［commanding］」にあります。パブロはスペイン語での文章の理解力を生かして、英語で文章を読んだり書いたりすることができるようになりました。

　ファトゥマタの場合は違います。彼女はアフリカのギニア出身で、プル語（プラール語）とフランス語を話しますが、フランス語は学校での授業の媒体として使われていたので覚えました。しかし、彼女は地方出身のため、定期的に学校へ通えていませんでした。ジャスティン先生は、ファトゥマタの英語を話す能力は、パブロとほぼ同じ段階（「移行期［transitioning］」）にあると考えています。しかし、英語で書く力は「準備期［entering］」にあります。フランス語を話す指導助手の助けを借りて、ジャスティン先生はファトゥマタのフランス語は「萌芽期［emerging］」にあると判断しました。ファトゥマタは、読むときほとんど理解できず、文章で表現するのにも苦労しています。残念ながらジャスティン先生はファトゥマタのプル語での能力を評価することはできませんが、ファトゥマタがプル語を話すという生徒と会話をしているのはいつも見ています。ギニアから来た他の生徒たちは、ジャスティン先生にプル語は授業で使われていないので、プル語を書くことはできない、と

言っています。ですからジャスティン先生は、ファトゥマタのプル語でのパフォーマンスは、アカデミックなコンテクストにおいては、「萌芽期 [emerging]」になるだろうと考えています。ファトゥマタは、英語のテクストを理解するうえで、パブロがスペイン語を使うのと同じようには、プル語やフランス語を活用することはできません。ジャスティン先生は生徒の現状に合わせ、彼らの言語パフォーマンスを前進させるように、DTPに照らし合わせた生徒の言語パフォーマンスに基づいて、言語の到達目標を調整しました。

　「GLP到達目標」について、ジャスティン先生は次のように述べています。

- ファトゥマタの到達目標は、プル語とフランス語を使って口頭で解決策を要約し、物語を作ることでした。また、Google翻訳を使ったり、フランス語を話す他の仲間の助けを借りたりして答えを書けるように、英語で書かれた文章の書き出しを用意しました。
- イシェンの到達目標は北京語で解決策をまとめ、物語を作ることでしたが、中国語を話す仲間の助けを借りて、英語で口頭での要約をすることになりました。
- パブロは、iPadのリソースとスペイン語を話すクラスメイトのサポートを受けながら、両方のタスクをスペイン語でまず準備し、その後、英語で作成しました。

　「LSP到達目標」については、ジャスティン先生は、生徒が要約したり物語を書いたりするのに必要な教科学習内容に関わる単語を英語で書いたボキャブラリーシートを配布しました。

- パブロはボキャブラリーシートをガイダンスとしてのみ使用します。
- イシェンとファトゥマタは、そのうちの10個の単語をノートに書き留めることになりました。

　名詞化は生徒たちが必要とする特定の構造であるため、ジャスティン

先生はインターネットを使って、英語、スペイン語、中国語、フランス語の名詞化の構築方法の違いを調べました。そして、次のように生徒たちに示しました。

- 英語では通常、「one」や「people」を加えます。(例：Rich people are lucky)
- スペイン語とフランス語は通常、冠詞をつけます。(例：Los ricos/Les riches)
- 中国語は助詞を加えます。彼はイシェンに頼んで「的」という助詞のつけ方を示してもらいました。

　続いてジャスティン先生は、英語、フランス語、スペイン語、中国語の物語の中で、名詞化した言葉を使うように生徒たちに指示しました。

- パブロはそれらをスペイン語で識別し、英語で書くことになりました。
- イシェンとファトゥマタには、英語のパラグラフを用意し、「one」と「people」を探して、それが中国語とフランス語でどのように表現されるかを考えてもらいました。

TL到達目標

　教科学習内容の到達目標が生徒の学習内容の方向性を示し、言語目標が教科学習内容のスタンダードを満たすために必要なGLP及びLSPの言語実践の概要を示すのに対し、**TL到達目標**は、生徒が学校で重視される教科学習内容と言語実践両方にアクセスしやすくなるように、バイリンガリズムと知の方法をどのように活用するかについてのプランです。ジャスティン先生のTLの到達目標は以下の通りです。

> ### TL到達目標
> - 数学用語における同根語への気づきと理解
> - 英語と家庭言語の両方を使って、グループで数学の問題を解く
> - 英語と家庭言語を使って、幾何学をテーマにした児童書を書く

- 口頭発表において、自分の言語選択を説明することができる（例：ある単語や問題がなぜ英語で、または別の言語で提示されたのか、ある登場人物がある言語を使い、他の言語を使わなかった理由など）
- バイリンガルの子どもたちに自分の本を読み聞かせ、自分のアイディアを広げたり、年下の生徒に両方の言語で質問したりする

これらの到達目標により、生徒は、英語や他の言語だけではできなかった方法で、教科学習内容と言語を自分のものにすることができます。TL到達目標は、生徒の既存の言語実践や自分の実生活に根ざした［local］理解を、教室での学習に重要なものとして捉えなおします。

この単元の最終プロジェクトにTLを組み込むことで、すべての生徒が複雑な方法で理解したことを表現することができるようになりました。ジャスティン先生と彼の同僚教師は「英語と家庭言語を使って、幾何学をテーマにした児童書を書く」というTLの目標を通して、生徒がスタンダードで求められる基準を満たし、それ以上のものを作ることができるだけでなく、1つの言語だけでは作り出せなかったものを生み出すことを期待したのです。例えば、次のようなものです。

子ども向けのバイリンガルの本を作っているとき、イシェンは興奮して中国語でパートナーに話しかけました。パートナーは、より経験豊富なバイリンガルで、彼らの本に中国語で短いセリフを加えました。ジャスティン先生は二人のところに行き、英語に慣れている生徒に、登場人物が中国語で何を言っているのか説明してくれるよう頼みました。その生徒が説明してくれたので、ジャスティン先生は、イシェンが幾何学的な概念を見事に説明しただけでなく、ユーモアのセンスもあることを知ったのです。彼は二人に、このセリフを頑張って英語に翻訳して本に載せるように言いました。

成果プロジェクトとアセスメント

成果プロジェクトとは、生徒が単元の学習期間を通して創作し、実行に移

す真正な行動志向の成果物のことです。このプロジェクトは、生徒が意味の
ある行動をとることを促し、教科学習内容を理解し、アカデミックな目的の
ための言語とリテラシーを身につけたことを評価する機会となります。行動
志向の成果プロジェクトは、TLCでは特に重要です。なぜなら、それは生徒
が自分のバイリンガリズムと知の方法を使って、新しく革新的なものを生み
出す機会になるからです。

　成果プロジェクトは、DTPに沿って、生徒が教科学習内容と言語につい
て知っていること、できることを示すことができる区別化されたアセスメン
トとしても機能します。ここでは、ジャスティン先生の成果プロジェクトと
この単元で使用される他のアセスメントについて説明します。

成果プロジェクト

　幾何学的な概念を、英語と英語以外の言語で説明し、文化的に関連の
ある例や関連性を持たせた「バイリンガルの児童書」をグループで作成
する。作成した絵本は小学校の先生の前で発表し、その後、家庭言語を
同じくする小学生のグループに読み聞かせる。生徒は、数学の内容理解
に加え、創造性や両言語の戦略的な使用について評価される。

　この単元の指導を通して、教師は生徒が自分の言語レパートリーすべての
特徴（GLP）とLSPを使って、単独で、または支援を受けてタスクを実行で
きるかどうかに注目しつつ、生徒の教科学習内容の理解度、知的好奇心、言
語実践を評価します。具体的には、ジャスティン先生と同僚教師は以下の分
野に焦点を当てています。

- **数学でのリーディング活動**：生徒は新聞、雑誌、ウェブサイトな
ど幾何学を実社会に結びつける様々な読み物に取り組む。読み物
は可能な限り、英語と生徒の家庭言語で準備する。生徒は家庭言
語グループでこうした読み物について話しあい、質問をしたり、
関連づけをしたり、要約したり、理解度チェックの問題に答えた
りする

- **数学でのライティング活動**：生徒は、文化的に関連のある状況と TLを用いて、新しい幾何学の文章題を作成する。生徒は、創造性、言語の使用、数学の内容の理解度を評価される。また、なぜそのような言語的・内容的選択をしたのか、短いプロセスペーパーで評価される

　TLの単元計画には、「生徒のTLの自己アセスメント」も含まれており、生徒は自分の学習、言語の発達、教科学習内容の理解に関する質問に答えることで、フィードバックや自己アセスメントを行います。

　次の場面描写から、ジャスティン先生の生徒が成果プロジェクトに借り物としてではなく自分事として積極的に参加したことを見てとることができます。

　生徒たちは、共通の家庭言語グループで、文化的に関連のある例を用いて子どもたちに幾何学を教えるバイリンガルの児童書を作成しました。生徒たちは、自分の家や近所にあるものを写真に撮り、それとわかる言語や文化的なものを使って、図形の数学的特性について低学年の生徒に教える物語を作りました。生徒たちは、英語に慣れているかどうか、家庭言語のリテラシーがあるかどうかに応じて、最終的なプロジェクトへ様々な貢献をしました。例えば、ダニーロは、タガログ語でのリテラシーの力は非常に高いのですが、英語でのLSPは萌芽期にありました。GLPは高いため、共同執筆のプロセスに積極的に参加することができ、グループが小学生に発表する際には、タガログ語で書かれた部分を読むことにしました。

　小学生に本を読む前に、ジャスティン先生と同僚教師は、小学校の先生を連れてきて、生徒たちが本のプレゼンテーションをするのを聞いてもらいました。生徒たちは、英語と家庭言語の両方を使って自分の物語を語りました。ファトゥマタはフランス語で、イシェンは中国語で自分の物語を語りました。生徒たちは、使用言語と数学の両方における自分たちの選択について説明し、年下の生徒たちにどのように本を紹介し

たらいいか話しあいました。小学校の教師は生徒とジャスティン先生に建設的なフィードバックを与え、ジャスティン先生の同僚教師は生徒が数学の内容を理解しているか、戦略的な言語選択をしているかの両方を評価しました。生徒たちは、受けとったフィードバックをもとにプロジェクトを改善し、その後、グループごとに複数の小学校の教室でバイリンガルの算数の本を読みました。

テクスト

　生徒が読んだり、見たり、聞いたり、関わったりするテクストは、指導単元の成功にとって非常に重要なものです。TLの単元デザインにおいて、テクストとは、教科学習内容や言語の学習を補うためのマルチリンガル、マルチモーダル[10]なリソースを指します。テクストを選ぶ際には、より簡単に意味を理解できるように生徒の日常生活との関連性を考慮します。言語、視点、及びコミュニケーション・モードにおいて多様なテクストは、EMIの教室でもバイリンガルの教室にいる場合でも、生徒たちが新しい学習内容や言語を理解し、自分たちと結びつけるための複数の方法を提供してくれるのです。

　例えば、カーラ先生のように生徒のバイリンガリズムとバイリテラシーの育成に取り組んでいる教室では、両方の言語で書かれたテクストを選び、生徒がそのテクストを理解するために自分の言語レパートリーをフルに活用できるようにすることを意味します。ジャスティン先生やステファニー先生のようなEMIの教室では、テクストを選ぶということは、生徒の英語でのLSPに応じて区別化することであり、生徒のGLPを活用して英語でできることを強化する方法を考えることでもあります。

　ジャスティン先生と同僚教師は、コモンコア（CCSS）に準拠した指定教科書に加えて、多様なテクストを使用するよう努めました。単元計画には、数学の教科書、ウェブサイトや新聞、雑誌に掲載された幾何学に関する記事などのテクストや、生徒の家庭言語と英語で書かれた児童書が含まれていまし

10　マルチモーダル（Multimodal）：複数のモダリティを用いる、の意。モダリティとは読んだり、聞いたり、見たり、というような、言語の産出と受容における様々な手段を指す。なお、本書では、文法用語との混乱を避けるため、「モダリティ」を「コミュニケーション・モード」と訳す。

た。先生と生徒は、この単元計画を進める中で、英語以外の言語では幾何学の本が十分にないことに気づいたのです。

> ジャスティン先生と彼の同僚教師は、英語とスペイン語で書かれた指定教科書、様々な言語で書かれたインターネット上の短い読み物、そして英語のビデオクリップを利用し、生徒たちは家庭言語を使ってグループで話しあいました。生徒たちは、数学の内容についての本を読むだけでなく、数学に焦点を当てた児童書も読みましたが、幾何学に関するバイリンガルの本が十分にないこと、特に北京語やタガログ語では足りないことにすぐに気づきました。その結果、生徒たちはこの単元の成果プロジェクトに取り組むことになったのです。

ジャスティン先生と同僚教師は、この幾何学の単元の指導において、スタンダードの解釈を柔軟に広げつつ生徒の実情に合わせたものとすることで、生徒がスタンダードの求める基準を満たし、それを超えることができるようにしました。

5.2.2　TL授業デザインサイクル

ジャスティン先生と同僚教師は、**TL授業デザインサイクル**を使って、指導の要素の順序を考えて構成していきました。このセクションでは、TL授業デザインサイクルの5つのステージ、「探求 [explorar]」「評価 [evaluar]」「想像 [imaginar]」「発表 [presentar]」「実行 [implementar]」について説明します。教師はこのモデルを使って足場がけをして生徒の学びを統合し、生徒がそれぞれの実態にあった方法で、ありのまま学びを見える化することができるような指導を計画することができます。多くのカリキュラムはこのような循環的、統合的な方法で作成されてはいますが、その多くは特にバイリンガルの生徒を念頭に置いて計画されたものではありません。TL授業デザインサイクルは、EMIの教室でもバイリンガルプログラムでも使用することができますが、生徒の複雑なバイリンガル言語実践を顕在化することでTLコリエンテ [流れ] を推し進める [leverage] ことを目的としています。

探求［Explorar］

　生徒に新しいトピックやテーマの探求を促すことは、生徒の自然な興味や疑問を引き出します。このプロセスは、生徒が新しい内容を理解し、主体的に新しいアイディアを発見するのに役立ちます。生徒自らが探究し自分の知識を構築することで（ジャスティン先生の生徒たちがインターネットを使って英語と家庭言語の両方で新しい幾何学的概念の様々な例を探求し、様々な問題を解き、児童文学を調べたように）、生徒は自分の学習に全力を投資し［invested］、新しい教科学習内容や言語を自分の生活や地域のバイリンガルな状況と結びつけるようになります。

　あるトピックについて多面的かつ複雑で、バ・イ・リ・ン・ガ・ル・と・し・て・の・視・点・を・持った理解を得ることで、生徒は自分やコミュニティの生活を向上させるためにそのトピックを想像しなおし、変換し、実際にデ・ザ・イ・ン・しなおすことができるのです。多くの点で、探求［Explorar］の段階は、従来の多くの教育単元における背景の構築段階に近いものではありますが、この段階が単に背景を構築するのと異なるのは、生徒が家庭言語と新しい言語の両方で、様々な視点からトピックの理解を深めることにあります。

評価［Evaluar］

　探求［Explorar］のプロセスが継続的であるように、学んだことを評価する評価［Evaluar］のプロセスも継続的です。教師は、生徒たちがあるテーマについて学んでいく中で、自分の言語レパートリー全体を使って、意見を述べたり、疑問を投げかけたり、批判的に考えたりすることを奨励する必要があります。したがってこの段階は、TLスタンスと密接に関係しているのです。TLスタンスを持つ教師は、生徒に受動的に情報を消費させるのではなく、デザインサイクルのこの段階で、生徒に能動的かつ批判的で創造的な考えを持つように促すのです。例えば、次のような質問をする機会を設けます。

- このテーマの研究では、誰の〈声〉が聞こえてくるのでしょうか。
- このクラスの生徒たちのようなバイリンガルのグループは、ここで扱われた言説［discourse］で過小または過大に取り上げられた

　はざまや周縁に位置し、2つの言語と文化の世界を経験してきたジャス
ティン先生のバイリンガルの生徒たちは、子ども向けの幾何学の本があまり
ないこと、ましてや異なる言語で書かれたものがないことに気づきました。
このような批判的な視点が、次の段階、つまり新しい見方でトピックについ
て考えたり、理解するために異なる言語を使用したりする段階への扉を開く
のです。

想像［Imaginar］

　最初の2つのステージで培った高い理解力を持った生徒たちは、学んだこ
とを使って、新しい考え方や、学習のために言語を使う新しい方法を生み出
します。この第3段階では、グループや個人でのブレインストーミング、プ
ランニング、ドラフト、仮説検証、そして、これまで同様、言語レパート
リーをフル活用してのリサーチなどが行われます。この段階で生徒たちは、
英語や他の言語の分野ですでに存在しているものから、存在し・う・るもの、あ
るいは存在可能なものを想像することへその重点をシフトします。例えば、
ジャスティン先生と数学の先生は、数学のテクストでTLすることで、数学
の理解度がどのように変化するか、また数学の教室で生徒が交わす会話や理
解度がどのように変化するかを生徒に想像させました。

発表［Presentar］

　発表［Presentar］の段階では、生徒は生徒同士での校正作業や、カンファ

レンス[11]、推敲作業を行い、最後に作品を発表します。この段階では、自分の言語使用方法について意識的に考え、なぜそうした選択をしたのか自らに問います。これ［発表］によってクラス全員が参加する場が生まれ、生徒たちは自分の作品を他者と共有し、自分の言語使用のあり方について考えながらタスクの遂行に主体的に関わることができるのです。この段階では、生徒は本番の発表、評価の前に、忌憚のないフィードバックを受ける機会があります。生徒は、教師や仲間、学校コミュニティのメンバー、家族、あるいはその他の関係者に対して、相手の様々なコミュニケーションニーズに応じて、自分の作品を発表することができるのです。様々なコミュニケーション活動における生徒のGLP及びLSPは、DTPのどの段階にある生徒なのかという点を考慮に入れつつ、評価、記録、注視する必要があります。ジャスティン先生のTL単元計画で見たように、生徒たちは自分の本を子どもたちと共有する前に、地元の小学校の先生にプレゼンテーションを行いました。そしてそのあと、再考したバイリンガルの算数の本を子どもたちと一緒に読んだのです。

実行［Implementar］

　実行［Implementar］の段階では、生徒が自分の言語レパートリーをフルに使って知っていることやできることを示すことで、教科学習内容や言語に関わる学びを見える化する［demonstrate］ことを促します。また、この段階では、バイリンガルの生徒が真の目的のために意味のある行動がとれるように、言語を使うことを奨励します。文脈から切り離された言語学習ではなく、タスクを達成するため、そして言語資源や言語実践の異なる様々な人々とコミュニケーションをとるために言語の新しい使い方を学ぶのです。生徒たちは学習したことを実行することで、バイリンガルであることを生かして学業

11　英語圏の教育現場、特にライティングの指導で広く実践されるプロセス・アプローチでは、ライティングを①プレライティング（書く前の構想を練る段階）、②ライティング、③リビジョン（推敲）、④エディティング（校正）、⑤発表、の５つのステージに分け、ステージごとに指導を行う。このうち、③の段階では、生徒同士でのピア・レビュー活動や、教師と生徒一対一の面談（カンファレンス）を行って、いったん書いた作品をよりよいものとするための活動を行う。

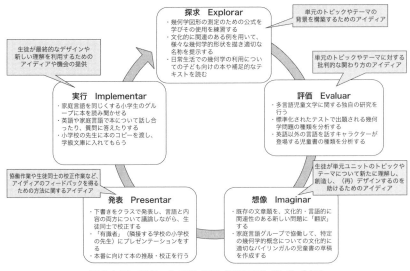

探求　Explorar
・幾何学図形の測定のための公式を
　学びその使用を練習する
・文化的に関連のある例を用いて、
　様々な幾何学的形状を描き適切な
　名称を提示する
・日常生活での幾何学の利用につい
　ての子ども向けの本や補足的なテ
　キストを読む

単元のトピックやテーマの
背景を構築するためのアイディア

生徒が最終的なデザインや
新しい理解を利用するための
アイディアや機会の提供

実行　Implementar
・家庭言語を同じくする小学生のグル
　ープに本を読み聞かせる
・英語や家庭言語で本について話し合
　ったり、質問に答えたりする
・小学校の先生に本のコピーを渡し、
　学級文庫に入れてもらう

評価　Evaluar
・多言語児童文学に関する独自の研究を
　行う
・標準化されたテストで出題される幾何
　学問題の種類を分析する
・英語以外の言語を話すキャラクターが
　登場する児童書の種類を分析する

単元のトピックやテーマに対する
批判的な関わり方のアイディア

生徒が単元ユニットのトピックや
テーマについて新たに理解し、
創造し、（再）デザインするのを
助けるためのアイディア

協働作業や生徒同士の校正作業など、
アイディアのフィードバックを得る
ための方法に関するアイディア

発表　Presentar
・下書きをクラスで発表し、言語と内
　容の両方について議論しながら、生
　徒同士で校正する
・「有識者」（隣接する学校の小学校
　の先生）にプレゼンテーションをす
　る
・本番に向けて本の推敲・校正を行う

想像　Imaginar
・既存の文章題を、文化的・言語的に
　関連性のある新しい問題に「翻訳」
　する
・家庭言語グループで協働して、特定
　の幾何学的概念についての文化的に
　適切なバイリンガルの児童書の草稿
　を作成する

図 5.1 ジャスティン先生の TL 授業デザインサイクル

を成功させ、地域社会に有意義な貢献をし、積極的に関与する市民として成長していきます。これは、ジャスティン先生がサポートした数学の授業に参加した生徒に当てはまることです。

　図 5.1 は、ジャスティン先生のクラスで使用した TL デザインサイクルです。付録 A.5.2 に白紙のテンプレートを掲載しています。

　デザインサイクルの各段階にはそれぞれの言語的要求があることを忘れないでください。例えば、生徒が質問をしたり、背景を構築したり、トピックの多面性を理解したりすることが求められる探究［Explorar］段階では、生徒がそれぞれの言語レパートリーをフル活用して学び、意味を生成するため、生徒の「GLP」が求められます。発表［Presentar］と実行［Implementar］の段階では、生徒の作品を何らかの形で提示、発表し、実生活に即した形で学びを活用することが求められるため、タスク、ジャンル、聴衆、文脈について意図的にメタ言語的な選択を行う「LSP」が求められます。TL スタンスをとり、TL デザインを実践するためには、教師は教室内のすべての指導上のタスクの言語的要求を評価し、生徒のバイリンガル・プロファイルと DTP に応じたパフォーマンスを理解したうえで、どのような足場がけとサポートが

必要かを判断する必要があります。

5.2.3　TL教育方略

　教師は日々、「TL教育方略」を用いて、バイリンガルの生徒が教科学習内容や言語の理解を深め、DTPの様々な地点にいる生徒が、学習のためにすべての言語資源を使用できるようにしています。教師はこのような柔軟な教育方略を用いて、生徒の既存の知識や言語使用と学校で期待されている知識や言語使用を統合していくのです。TL教育方略については、TLの4つの目的を中心に考察しています。これらの目的は、バイリンガルの生徒の学習機会を活性化し［mobilize］、加速させ、社会的公正を推進するために共に［juntos］作用しあうことを改めて確認してください。

目的1：生徒たちが複雑な内容や文章に取り組み、理解するための支援

　デザインサイクルのすべての段階で、生徒が複雑な教科学習内容やテクストの意味を理解できるよう、TL教育方略を用いています。例えば、ジャスティン先生の幾何学単元の探究［Explorar］の段階では、生徒たちは家庭言語のグループに分かれて、家庭言語と英語を使ってアイディアを話しあい、新しい数学の内容について意味交渉[12]をしました。また、インターネットで調べたり、両方の言語で読んだり、書いたりして、幾何学のトピックの背景を構築しました。TL教育方略は、生徒が複雑な教科学習内容やテクストに取り組み、意味を生成するのを助けるために、より多くの入り口を提供し、生徒が自分の学習に積極的に参加する機会を増やすのです。生徒は常に複雑な教科学習内容やテクストに関わっているため、デザインサイクルのどの段階でも以下のような教育方略を使用することができます。

- 生徒たちがインターネットを使って、家庭言語と新しい言語の両方で、トピックや概念の背景を構築できるようにする。

12　意味交渉（Negotiate）：第二言語習得・教育の文脈でよく使用される語。第二言語話者が自分にとって随意に使いこなせない言語でインタラクションをする際に、様々な方略を活用して意味の伝達が可能になるよう工夫すること。

- 同じ家庭言語を持つバイリンガルのリーディング&ライティングパートナーを割り当て、相互支援とディスカッションをさせる。
- 読んだ文章に、語彙の翻訳や、興味を引く構造や語句などの重要な情報を（注として）書き込むことを奨励する。
- 意味を生成するため、辞書や用語集、翻訳アプリの入ったiPadなどを使うことを奨励する。
- 可能な限り多言語または翻訳された本や資料を提供する。
- 「部屋を読む」[13] ことで、自分の文章を書くのに重要なフレーズや文頭、語彙、接続表現［transition words］などを多言語で探すことを生徒に勧める。
- フィクションやノンフィクションのテクスト、コミュニティのメンバーのナレーション、生徒やその家族が録音した本（お気に入りの本や生徒自身が書いたもの）で構成される多言語リスニングセンターを設ける。
- 生徒が自分の言語資源をすべて使って、お互いに説明しあうことを許可する。

目的2：教科学習の場での言語実践を身につける機会の提供

　デザインサイクルの想像［Imaginar］、発表［Presentar］、実行［Implementar］の段階では、とりわけすべての生徒にアカデミックな場に関連した言語実践を教えなければなりません。これは、生徒がすでに言語を使って行っていることに、新しい機能や実践を取り込む形でレパートリーを広げることを意味します。例えば、想像［Imaginar］の段階では、ジャスティン先生のクラスのタガログ語を話す生徒は、自分の考えを英語でもタガログ語でも書くのに苦

13　英語圏の学校では、教室の中にリテラシー教育に関係する様々な掲示物があることが多い。児童生徒たちが今重点的に学んでいることに応じて、ディスコースマーカー（文章の流れを明示的に示す表現）の一覧や、接頭辞・接尾辞の一覧、類義語の広がりを示すマッピングなど、様々なものが掲示されている。一般にread the roomとは「空気を読む」というニュアンスのイディオムであるが、ここではあえて字義通りの意味として使っているということをGarciaに確認している（2023/11/4）。

労していました。ジャスティン先生は、この生徒がクリエイティブなアイディアを持っていて、自分のグループに貢献したいと思っていることを知っていたので、自分の携帯電話を使って、彼女が自分のアイディアを両方の言語で話しているところを録音しました。彼女が自分のアイディアを口頭で説明したあと、ジャスティン先生はグループ内の経験豊富なバイリンガルと一緒に彼女を座らせ、二人で彼女のアイディアを書き起こしました。その結果、このグループが作った子ども向けの本の中に彼女のアイディアがたくさん盛り込まれました。ジャスティン先生は、この生徒を〈声〉なきものにするのではなく、彼女の置かれている状況に応じて、彼女自身の口頭の言語能力と学校で期待されている書き言葉との間に関連性があることに気づかせたのです。以下、生徒がアカデミックな場で必要な言語実践能力を高めるための教育的方略をもう少し紹介しましょう。

- 書く前に、すべての言語資源を使ってアイディアを音声で録音することを許可する。
- すべての言語資源を使ってプレライティングをさせる。その後、発表する言語／〈声〉を1つ選択する。
- テクストの一部の翻訳をする機会を与える。
- 家庭言語を同じくする言語パートナーをクラスに配置し、DTPのパフォーマンスに応じて言語目標（GLP及びLSP）をそれぞれに適したものにする。
- 協働作業で同じ家庭言語のリソースを使えるように生徒をグループ分けする。
- ペアに、すべての言語資源を使って「ターン＆トーク」[14]をさせる。
- 自分の言語レパートリーをフルに使って質問をし、それに答え、クラスディスカッションに参加できるようにする。
- **言語の特徴** [language features] を比較検討させることで、メタ言語意識を深める。

---

14 ターン＆トーク（Turn and talk）：順番を決めて話させる活動。

目的3：生徒のバイリンガリズムと知の方法のための場の創出

　デザインサイクルの各段階、特に評価［Evaluar］の段階で、生徒たちは自分のバイリンガリズムと知の方法を駆使して、教科学習内容について批判的に考えることができます。そのためには、生徒に「英語だけで考えろ」と言うのではなく、生徒の言語レパートリーをフルに活用する機会を与えなければなりません。例えば、ジャスティン先生と彼の同僚教師が生徒たちに提供した絵本の1つ *Grandfather Tang's Story*（タンおじいちゃんのお話）は、様々な形で構成された中国のパズル「タングラム」を使っていました。中国語を家庭言語とするあるグループは、すぐにこの本を手にとり、一緒に読み進め、ストーリーや数学に関する内容について英語と中国語で会話をしました。この本は英語で書かれていましたが、生徒たちにとっては文化的な関連性［cultural relevance］があり、教科学習内容を理解するのに役立っただけでなく、自分たちの物語をお互いに共有し、自分たちの子ども向けの本で共有する機会にもなりました。ここでは、生徒のバイリンガリズムと知の方法のための場を創出するための教育方略をいくつか追加でご紹介します。

- 作者がTLを用いている本や物語、子どもにとって文化的に意味のある本や物語を提供する。
- 多言語の読み物を使って調べものをすることを、とりわけインターネットを使用して調べものをすることを奨励する。
- バイリンガルの登場人物が出てくる物語や、バイリンガルの言語実践が必然的であるような状況の物語を生徒に書かせる。
- バイリンガルの登場人物の〈声〉にTLが使われる劇など、演劇作品を書くことを奨励する。
- モノリンガルな読み手に対して書くだけではなく、生徒自身の家族やコミュニティなどのバイリンガルの読み手に向けた文章を書く。その際にTLを使用させる。
- 話し言葉の様々な特徴を比較対照したり、言葉遊びを考えたりして、生徒に言葉の探求をさせる。

目的４：生徒の社会的情動の発達とバイリンガル・アイデンティティの支援

　TLの最も重要な目的の１つは、生徒を社会的情動の面からサポートし、彼らのバイリンガル・アイデンティティを尊重することです。教師は、TLデザインサイクルのすべての段階でこの目的を実践しますが、評価［Evaluar］と実行［Implementar］の段階でそれは特に明確になっています。

　バイリンガルの生徒が幾何学の教科学習内容を学ぶ際、ジャスティン先生と彼の同僚教師は、似たようなアイディアを「子どもに優しい」方法で表現した子ども向けの本の例を紹介しました。これは生徒にとって重要なお手本となりましたが、生徒たちは英語以外の言語で書かれた本がほとんどないことにすぐに気づきました。担任の先生もその通りだと認め、だからこそ、生徒の本には英語と家庭言語の両方が含まれている必要があったのだ、と説明しました。彼らだからこそ、文学作品の系譜に空いた穴を埋めることができたのです。生徒たちはこの機会を幸運だと感じ、自分たちの本を小学生に読み聞かせたときには、自分たちの貢献を誇りに思いました。生徒が自分にとって意味のある方法でバイリンガルであることが生かせるようにすることで、教師は生徒を社会情動的な面からサポートし、バイリンガル・アイデンティティを育むことができるのです。以下は、この重要な目的を達成するためのTL教育方略です。

- 登場人物がバイリンガルだったら、物語の中で何が起こったか話しあう。
- 指導内容をより豊かにするために、家族やコミュニティのメンバーを教室に招く。
- 特に彼らの生活に直接関係する問題に関わるテクストで、複雑な問題の２つ以上の側面に焦点を当てたものを生徒に提供する。
- 研究プロジェクトなどを教室から地域に広げ、生徒が真の［authentic］目的のためにそのバイリンガル能力を活用できるようにする。
- 手紙の書き方、ブログの書き方、助成金申請書の書き方、社説や新聞記事の書き方など、社会的公正に焦点を当てたバイリンガルのライティング課題に生徒を取り組ませる。

- 従来のカリキュラムから除外され、沈黙させられているグループに〈声〉を与えるトピックや複数の言語で書かれたテクストを選択する。
- LSPだけでなくGLPも評価し生徒が言語レパートリー全体を活用することを促す[15]。

5.3　指導におけるTLシフト

TLシフトとは、教室内のTLコリエンテ［流れ］に応じて、教師が行う予定外の一瞬一瞬の決断のことです。こうした柔軟なシフトは、TLCを作るうえで欠かせない要素です。つまり、これによって事前に予測することができないTLコリエンテ［流れ］に、教師が対応することができるのです。これらのシフトは、TL単元計画には直接組み込まれていないものの、生徒が教室で成功するために必要な教科学習内容や言語のニーズや興味に対応するものです。このような変化は、私たちのスタンスとデザインから直接生まれます。スタンスによって、TLコリエンテ［流れ］を見聞きすることが可能になり、デザインによって、バイリンガルの生徒が様々なタスクで知っていることやできることを示すようなパフォーマンスベースの学習のための場が生み出されます。流れに逆らうのではなく、流れに身を任せることが、バイリンガルの生徒とTLCの成功の鍵となります。

　柔軟なTLシフトは、授業デザインの可能性を広げるという点で重要です。教師がTLコリエンテ［流れ］に乗っていれば、バイリンガルの生徒のGLPやLSPに応じた指導ができ、そのcorriente［流れ］を強く促して生徒の学習を加速させることができます。

　柔軟性はTLCの重要な要素です。教育者は言語使用の面で柔軟でなければならないだけでなく、新しい教科学習内容についての生徒の理解についても柔軟でなければなりません。つまり、私たち教師が生徒が学ぶだろうと思っていることと、生徒たちが実際に学ぶこととは必ずしも一致しないとい

15　原注2）その他のTL方略については、Celic and Seltzer（2012）、García and Kleyn（2017）、García and Li Wei（2014）を参照。

うことです。生徒たちは、それぞれ独自の経験、性格、バイアス、課題を持っています。私たちは教師として、教科学習内容や言語に対する生徒自身の解釈や認識に対して、自分自身そして教室を開かなければなりません。TLシフトは、言語実践、会話、活動、計画にこのような柔軟性を持たせることができます。これは教師がTLコリエンテ［流れ］の未知の側面に対応しているためです。私たちが見てきたTLCの教師のシフトには次のようなものがありました。

- 難解な新しい語彙やフレーズを、翻訳、言い換え、同義語や同根語の使用によって、個々の生徒が理解できるようにサポートする。
- 文化的に意味のあるメタファーかストーリー、あるいは両方を使って、生徒が新しい教科学習内容を理解できるようにする。
- 困難や誤解があった場合には、新しい概念や語彙について、それぞれの言語実践を使って生徒同士で話しあうことを促す。
- オンラインの翻訳ツールを使って単語やフレーズを調べたり、生徒自身に調べさせたりする。
- 物語やその他のテクストと世界とのつながりを通して、新しい教科学習内容を自分の世界に関連づけることを生徒に促す。

ここでは、科学の授業中にジャスティン先生がTLシフトを使って萌芽期のバイリンガルをサポートしている様子を紹介します。

> ジャスティン先生は、科学の授業で生徒たちの宿題を確認していました。遺伝というテーマについて話しているとき、生徒たち、特に最近来たファトゥマタとイ シェンは、彼が説明していることを理解していないように感じられました。二人はぼーっとしていて、関係ないことをしたり、ほとんど授業に参加していませんでした。そこでジャスティン先生は、無理やり前へ進むのではなく、生徒たちに、スペイン語、北京語、フランス語、ベトナム語、タガログ語など、それぞれの言語で「自分の家族の誰かに似ているかどうか」を話してもらうことにしました。ジャ

スティン先生はこれらの言語のほとんどを話すことはできませんでした
が、部屋のエネルギーの変化や興奮した会話から、生徒たちが議論に参
加していることがわかりました。生徒たちがお互いに話しあったあと、
ジャスティン先生は生徒たちに自分の考えを英語で話してくれるように
頼みました。ダニーロは、タガログ語を話すクラスメイトの助けを借り
て、「自分の肌は黒いが、妹は色白でそばかすまである」と言いました。
ファトゥマタは、ある生徒に通訳してもらいながら両親の目は茶色だが、
自分の目は緑色で、その理由は誰にもわからないと、言いました。スペ
イン語で肌の色を表す多くの名前があることに話題を移した生徒もいま
した。ジャスティン先生はこれらの発言から、家族の一員に似ている
（もしくは似ていない）という考えを、その日に生徒たちが行ったパネッ
ト・スクエア[16]の作業に結びつけました。すると生徒たちは、顕性対立
遺伝子や潜性対立遺伝子、表現型、遺伝子型といった、それまでよくわ
からなかった概念とのつながりを感じ始めたのです。

　このように、ジャスティン先生は会話を制限するのではなく、生徒のつな
がりを利用して、難しい新規の教科学習内容の理解とそれに対する取り組み
を強化するというシフトによって、TLコリエンテ［流れ］に乗り、生徒の
ニーズに応えることができたのです。生徒たちに細心の注意を払い、柔軟に
対応し、積極的にTLコリエンテ［流れ］を活用しなければ、ジャスティン先
生のレッスンは興奮と学びではなく、フラストレーションに終わっていたか
もしれません。

5.4　まとめ

　授業におけるTLとは、TLコリエンテ［流れ］に乗り、生徒のGLPとLSP
を中心において、教室という場、単元や指導案、及び教育方略を意図的かつ

16　パネット・スクエア（The Punnet Square）：母方の対立遺伝子と父方の対立遺伝子の組み合
　わせの可能性を表形式にまとめたもので、メンデルの遺伝の法則を視覚的に表現したもの。考案
　者のパネットにちなんでこう呼ばれる。

戦略的にデザインすることです。TLするということは、そのコリエンテ［流れ］や、生徒のニーズ、興味、学びの方法に、臨機応変に反応してシフトしていくことも意味するのです。教師のTLは様々な状況で行われていますが、TLCとは常に意図的であり、目的が明確で、そして配慮のある柔軟性が発揮されるものです。

章末課題とアクティビティ

1. あなたの教室のエコロジーには、英語と生徒の他の言語が存在していますか？　そのエコロジーは、生徒が学習の際に自分の言語レパートリーをフルに使うことを促していますか？　もしそうでなければ、どうしたら変えられると思いますか？

2. あなたの指導計画は、生徒が家庭言語や文化理解を活用するための余地がありますか？　もしそうでなければ、どのような変更を加えることができますか？

3. 指導中に最近行った予定外の決断について考えてみてください。どのようにしてその決断を下すことになったのですか。また、そのシフトの決断に至るまでのあなたのスタンスを具体的に教えてください。

やってみよう

1. Box 5.1 にあるジャスティン先生の TL 単元計画と図5.1 の TL デザインサイクルをもう一度見てみましょう。付録 A.5.1 と A.5.2 にある白紙のテンプレートを使って、自分のクラスのための TL 授業単元のプランを立ててください。あなたの単元計画が、どのように TL コリエンテ［流れ］の流れを強く促すか、また生徒の GLP 及び LSP が DTP のどこにあるのかという点から情報を得ているのかを説明してください。あなたの考えを、プランニングパートナー、コーチ、または管理職と共有してください。

2. 作成した単元計画を実行してみましょう。実際に単元を指導している様子をビデオに撮ったり、写真を撮ったりして、同僚と共有しま

しょう。単元計画は、あなたのTLスタンスをどのように反映しているでしょうか。何が際立っていますか？　うまくいった点はどこですか？　疑問点はありますか？

6 | アセスメントにおける トランスランゲージング・デザイン

この章の学習目標

- アセスメントにおけるトランス・ランゲージング（TL）の原則を明らかにする
- アセスメントのためのTLデザインの重要な要素を描く
- アセスメントの際にカーラ先生がどのように、そして、なぜTLシフトを行うのかを説明する
- あなた自身の単元計画で使用するTLアセスメントをデザインする
- TLアセスメントの実施にあたって、TLコリエンテ［流れ］に乗るために必要となりうるシフトについて説明する

　2001年の「おちこぼれ防止法」以降、評価では、重要な統一試験（high-stakes standardized exams）において生徒がどれだけ英語でよい点数をとれるのかという点を重要視してきました。同様に、大学進学や就職準備で生徒の知識やスキルを評価するのに、英語での基準を活用しています。ほとんどの州で、生徒の成績や教育の効果を判断するために、このような英語での総括的評価[1]を活用しているため、これらを考慮に入れることは重要です。しかし、バイリンガルの生徒をよりよく理解し、より公平な学習機会を作るために、

1　総括的評価：教育活動における評価には、大きく分けて①「診断的評価（diagnostic assessment）」、②「形成的評価（formative assessment）」、③「総括的評価（summative assessment）」の3つがある。①「診断的評価」とは、プレイスメントテストに代表されるように、学習に先立って生徒が「何を知っている／知らないか」、「何ができる／できないか」といった力を診断するための評価である。②「形成的評価」は、学習の過程で生徒の学習状況を把握し、それに応じてフィードバックを与えたり、モチベーションを高めたりといった、よりよい指導につなげるための評価であり、近年、これは学習のための評価（assessment for learning）や学習としての評価（assessment as learning）とも呼ばれ、学習における重要性が指摘されている。③「総括的評価」は、成績判定など、学習の最後に生徒の学習目標の達成度を見るためのものである。カリキュラムの運営にあたっては、この3つが相補的に機能していることが必要不可欠であるとされている。

トランスランゲージング・クラスルーム（TLC）の教師は、教室活動におい
て生徒がすべての言語レパートリーを活用して、何を知り、何ができるのか
を評価するのです。

　アセスメントにおけるTLは、TL教育論の一部であり、指導におけるTL
と密接に結びついています。アセスメントのためのTLデザインは、教師が
どのように戦略的にバイリンガル生徒のパフォーマンスのアセスメントを計
画し、TL指導における教科学習内容や言語に関わる到達目標、及び**TL到達
目標**に対して、生徒が何ができるかを包括的に理解することを目的としてい
ます。アセスメントにおける**TLシフト**は、教師がトランスランゲージン
グ・コリエンテ［流れ］に沿って評価方法を瞬間的に調整していくことを反
映しています。

　アセスメントにおけるTLデザインは、真の言語実践に根ざした生徒のパ
フォーマンスに即した評価方法に基づくものですが、これによって教師は
DTP（Dynamic Translanguaging Progressions）に沿った生徒の**GLP**（**言語総合
パフォーマンス**：General Linguistic Performance）と**LSP**（**言語固有パフォーマン
ス**：Language-Specific Performance）をモニターできるのです。前述の通り、
GLPとは、複雑な考えを表現するため**言語レパートリー**のすべてを活用して
行う話し言葉と書き言葉を使った言語使用（例：説明、説得、議論、比較・対
照、テクストに基づいた証拠を見つける、指示を与える、出来事を語る）です。LSP
は、話し手が個別言語（例：スペイン語、北京語、英語）のみを使用して教室
活動を行うことを意味します。

　アセスメントにTLデザインを用いることで、GLPとLSPが決して混同さ
れないようにし、生徒の教科学習内容と言語の学習をよりよく評価すること
ができます。これらのパフォーマンスを区別することによって、アセスメン
トのためのTLデザインでは、GLPの評価にあたっては、バイリンガルの生
徒が彼らのすべての言語レパートリーを発揮することを奨励しています。
Otheguy, García, and Reid（2015）は、バイリンガルとモノリンガルの学校評価
の違いについて以下のように述べています。

　　学校では一般的に、特にテストの際には、バイリンガル生徒は自分の言

語レパートリーのすべてを使うことができず、個人言語［ideolect］の大部分を抑制することを強いられ、トランスランゲージすることを許されないという大きな不利益を被る。これとは対照的に、モノリンガル生徒は、非常に有利なことに、個人言語［ideolect］のほんの一部（対人関係で不適切な部分）を抑制することだけが求められ、トランスランゲージすることが普通は許される。どちらのタイプの生徒も、教育とテストのゲームに参加することを求められるが、それぞれが異なるルールでプレイすることになる。モノリンガルの側がトップに立つことが多いのは不思議ではない。(pp. 300-301)

　アセスメントのためのTLデザインでは、標準言語［standard languages］の特徴だけでなく、生徒のGLPを評価することで、バイリンガル生徒のパフォーマンスをより正確に読みとることができます。もちろん、言語固有のタスクをこなせることは重要であり、アセスメントにおけるTLデザインでは、バイリンガル生徒が英語やスペイン語、その他の言語をアカデミックな目的で使用しているかどうかも評価します。しかし、このような特定の尺度は、単独で用いられたり、その生徒の能力を正確に把握できるものとして捉えられてはいません。常に包括的な評価が行われるのです。

　この章では、教師がどのように総合的な評価計画を立てられるか、そして、学校の教科学習内容や言語における到達目標に対する生徒のパフォーマンスをどうすれば長期にわたって実証することができるか、段階を追って説明します。そして、教師が評価を用いてどのように指導を区別し、生徒の学習を加速させることができるかにも着目します。まず最初に、アセスメントにおけるTLの原則と方向性を紹介します。続いて、カーラ先生が4年生の**二重言語バイリンガル教育**（Dual-Language Bilingual Education：DLBE）のクラスで開発したTLを用いたある単元の授業に焦点を当て、TLによるアセスメントの実際を見ていきます。カーラ先生は、バイリンガル生徒個票、DTP、生徒の自己アセスメントシート、家族や仲間のアセスメントシート、そしてカーラ先生自身のアセスメントシートを使って、指導単元に含まれる具体的なタスクにおいて、生徒が教科学習内容や言語について知っていることや、でき

ることを理解し、記録しています。また、<u>ステファニー先生とジャスティン先生</u>のEMI（英語を教室内で使用言語として採用している授業）の教室の例では、生徒の家庭言語を話せない彼らが教師のアセスメントシートをどのように使っているかを説明しています。この章の最後には、アセスメントにおけるTLシフトについて触れています。本章を通して、様々なタスクで、様々な時間に、様々な視点から、生徒のダイナミックなパフォーマンスの証拠をどのように集めればいいのかを考えてみてください。

6.1　アセスメントにおけるTLの原則

　教師は、単元を通して生徒が何を学んでいるかを継続的にモニターし、形成的な［formative］目的のためにフィードバックを与える必要があります（Popham, 2008）。アセスメントのためのTLには以下の4つの原則があり、いずれも教師のTLの**寄り添い［juntos］**の姿勢から来るものです。

　　1.　アセスメントは様々な角度から検討する必要がある。バイリンガル生徒の評価には、家族や教師、そしてもちろん、バイリンガル生徒自身や、TLコリエンテ［流れ］を生み出す仲間たちなど、多くの〈声〉を取り入れる必要がある。

　アセスメントにおけるTLデザインは、常に家庭と学校を1つに統合して寄り添おうとする［juntos］ものです。したがって、TLCでの評価は、生徒の家族、生徒自身、仲間、そして教師が、学校のタスクで生徒が教科学習内容と言語に関してできることをどのように評価するかということを常に考慮しています。

　　2.　バイリンガル生徒のパフォーマンスを評価する際には、自分の知っていることやできることを示すために、外部の物質的なリソースだけでなく、対人的な［interpersonal］、また、個人の内的な［intrapersonal］すべてのリソースを活用する機会が含まれていなければならない。

アセスメントのためのTLデザインは、生徒が自らの学習を媒介し、意味を生成する［make sense］ために自由に使えるすべてのリソースを使用する機会を提供します。Moll（2013）が説明しているように、これは生徒が**バイリンガルの発達の最近接領域 [bilingual ZPD]** で活動することを保障し、生徒の学習を最大化するものです。これらのリソースは、タスクを媒介してくれる生徒の周りの人々（仲間や教師）であることもあります。また、用語集、辞書、iPad、他の言語のテクスト、画像、ビデオなどといった学習のための教材・教具がリソースとなることもあります。このようにして、生徒は単独で、あるいは適度な支援を受けながら発揮するパフォーマンスが評価されるのです（Bodrova & Leong, 2007）。さらに、生徒は問題を解決したり、自分の知っていることを示すために、自分の内的な［inner］〈声〉［voice］、つまり、言語レパートリー全体を活用した内なる［intrapersonal］〈声〉［voice］を使う機会を常に与えられていなければなりません。

3. バイリンガルの生徒が知っていること、できることを評価するには、真のパフォーマンスに即したタスクに基づかなければならない。

そして教科学習内容は、生徒が実際に真のタスクに取り組む中で評価されなければなりません。TLの各単元の成果プロジェクトは、単元の期間中に授業で生徒が作成し、実行した真の行動志向型の成果物です。教師は、このような成果プロジェクトと、それに至るまでの活動における生徒のパフォーマンスを、単元で求められる教科学習内容や言語関連パフォーマンスに即した、真のパフォーマンス評価の基礎として活用することができます。

4. バイリンガル生徒の言語使用のアセスメントにおいては、GLPとLSPを区別しなければならない。

アセスメントにおけるTLデザインでは、生徒がすべての言語レパートリーを使って知っていることやできることを示すことと、1つの言語のみを使ってできることを常に区別します。この区別は、言語的に多様な生徒に対

する現代の評価の重大な欠陥を修正するものです。アメリカ教育研究協会
［American Educational Research Association：AERA］、アメリカ心理学会［American
Psychological Association：APA］、教育測定全国評議会［National Council on Measure-
ment in Education：NCME］（2014）によると、すべてのアセスメントは言語を評
価するものです。**萌芽的バイリンガル**が教科学習内容に関わる理解力を示す
機会を、習得し始めたばかりの言語でできることのみに限定することは、こ
れらの生徒の教育機会への平等なアクセスを否定することになります。しか
し、バイリンガル生徒が自分のすべての言語レパートリーを活用できるよう
な場を整えれば、生徒は特定の言語に限定されることなく、教科学習内容に
関わる学びを十分に示すことができます。

　アセスメントにおけるTLの４つの原則、すなわち、アセスメントにおけ
る様々な〈声〉、人やリソースの活用、タスクの真正性［authenticity］、GLPと
LSPの区別をどのように統合するかという点について、このあと見ていきま
しょう。

6.2　アセスメントのためのTLデザイン

　TLアセスメントの実践について説明するために、カーラ先生のDLBEプロ
グラムの４年生のクラスを見てみましょう。生徒がTL教育論の中心である
ことを受けて、まず、教師がバイリンガル生徒個票を活用して、州のスタン
ダード（基準）に関連したDTPに合わせて生徒の学習位置を見つけることか
らアセスメントをスタートさせます。次に、カーラ先生のTL単元を紹介し、
TLCの特徴である学習、指導、アセスメントの統合的なアプローチに焦点を
当てます。

6.2.1　バイリンガル生徒個票の活用
　カーラ先生は、生徒の強みとニーズを念頭に置いて、TLの指導と評価の
計画を立てます。彼女はまず、第３章で説明したバイリンガル生徒個票から
情報を得て、評価方法を決定します。以下の情報は、カーラ先生が年度の最
初にまとめたエリカ、ジェニファー、モーセ、リカルドというバイリンガル

生徒個票から得たものです。

　エリカは小学1年生からDLBEプログラムを始めました。両親はプエルトリコ人なのでスペイン語も話しますが、子どもの頃にアメリカ本土に渡ったので、家庭ではほとんど英語を話していました。幼い頃のエリカは、スペイン語を理解し、多少話すことはあっても、家では英語を話して育ちました。入学時に公式にELL（英語学習者）として指定されていなかったため、彼女は単に英語話者として見られ、学校に持ち込んできていたスペイン語の力には気づかれませんでした。EMIの幼稚園に通いだしてからは、両親の希望でDLBEプログラムに参加し、バイリンガリズムとバイリテラシーを身につけることになりました。DLBEプログラムでは、エリカは英語優勢型［English-dominant］の生徒と見なされています[2]。

　小学4年生になったエリカの読む力は、英語では学年相応レベル（Developmental Reading Assessment：DRA2[3]のレベル40）、スペイン語でもほぼ学年に近いレベル（スペイン語版DRAのEvaluación del desarrollo de la lecta：EDL2のレベル30）です。エリカは、授業中や休み時間には友達と英語で話すことを好みます。カーラ先生は、エリカがスペイン語で話すのをためらっていることに気づきました、そして、エリカにクラスで両方の言語を使うことを許可して以来、彼女がスペイン語を使うことに慣れてきたことにも気づいていました。家庭では、エリカの両親はエリカの宿題を手伝うときにスペイン語で話しかけています。

　ジェニファーはアメリカで生まれ、小学校からDLBEプログラムに参

2　原注1）ワールド・ランゲージ［world-language education］や**バイリンガル教育**の分野では、エリカが1年生になった時点で、彼女をスペイン語の継承語話者として認識するかもしれない。しかし、私たちはエリカを、スペイン語を強化しつつ、学校でのアカデミックな目的のために英語を上達させつつある「萌芽的バイリンガル」と表現している。我々は、エリカが学校に持ち込むバイリンガリズムと、そして彼女がバイリンガルになり、二言語で読み書きもできるようになる可能性が十分にあることを強調したいので、英語優勢型［English-dominant］という用語は決して使わない。
3　第3章注7を参照。

加しています。母親もメキシコの異なる地域から移住してきた両親のもと、アメリカで生まれました。ジェニファーは、エリカと同様、公式には英語話者として認定されており、従来型のバイリンガルプログラムでは、英語優勢型と呼ばれています。(我々は、ジェニファーは学校でスペイン語を学びながら英語を身につけている萌芽的バイリンガルと呼びます)。ジェニファーは、学区内の評価基準では、英語の読む力は1年進んでおり（DRA2のレベル50）、スペイン語の読む力は学年相応（EDL2のレベル40）です。家庭では、ジェニファーは母親と兄弟には英語で話しますが、同居している祖母にはスペイン語で話します。祖母は、母親が働いている間、いつもジェニファーの世話をしてくれていました。カーラ先生は、ジェニファーがクラスメイトや授業中にTLを実践していることに気づいています。例えば、スペイン語で教えられる数学の授業で、カーラ先生は、ジェニファーがピタゴラスの定理を説明するために、英語とスペイン語の単語やフレーズを交ぜて使ったほうがうまく説明できることに気づきましたが、ジェニファーにとっては、それらはあたりまえに彼女自身の言葉なのです。

モーセは、2年前にメキシコからアメリカに移住し、入学時にELLと認定されたニューカマーの生徒です。小学2年生まで通っていたメキシコでは、スペイン語で読み書きを学んでいました（我々は、モーセのことをスペイン語の発達を続けながら英語を学ぶ萌芽的バイリンガルと表現します）。WIDAのACCESS for ELLsテストでは、レベル3、つまり「形成期［developing]」にあるとされています。スペイン語の読む力は学年相応レベル（EDL2でレベル40）、英語の読む力は1学年遅れ（DRA2でレベル30）です。モーセはカーラ先生のDLBEクラスで英語とスペイン語の両方を伸ばし続けていますが、まだスペイン語のほうを好んで使うときもあります。例えば、どの教科学習でも英語での読み書きのタスクに取り組むとき、モーセは両方の言語を使いこなす友人ディエゴに確認をとります。家では、両親は英語をあまり話さないので、モーセは主にスペイン語でコミュニケーションをとります。一方、兄弟とは、両方の言語を使って交流したり遊んだりすることが多いです。

リカルドは（メキシコの）オアハカ州トラスコで生まれ、4年生の初め
にアメリカに来ました。モーセと同様にニューカマーと見なされ、公式
にELLに指定されています（リカルドも学校では英語を学び、スペイン語の
発達を続け、ミクステコ語を使っている萌芽的バイリンガルと表現します）。オ
アハカでは、スペイン語と彼のもう1つの母語であるミクステコ語で授
業を行うバイリンガルスクールに通っていました。ACCESSのテストで
は、モーセはレベル3、つまり「形成期［developing］」です。スペイン語
のEDL2では、読む力が学年より1年低いレベル30、英語のDRA2では、
読む力が学年より2年低いレベル20でした。

　カーラ先生は、リカルドが家族とはミクステコ語とスペイン語でコ
ミュニケーションをとり、弟妹とは英語を少し使っていることを知って
います。そこでカーラ先生は、リカルドがすべての言語リソース（スペ
イン語、英語、ミクステコ語）を話し言葉や書き言葉で使うことを奨励し
ています。例えば、リカルドは毎日の日記をスペイン語と一部ミクステ
コ語を使って書くことにしています。カーラ先生はミクステコ語を話せ
ませんが、週に一度はリカルドと会い、彼が書いた文章の内容を説明し
てもらっています。日記に書くコメントには、英語とスペイン語が混在
していることが多いですが、これはカーラ先生が書いた内容をリカルド
に理解してもらうためです。

　このように、エリカ、ジェニファー、モーセ、リカルドの社会言語学的な
歴史と実践は複雑であり、カーラ先生の小学4年生のDLBEクラスの公式な
授業言語として使用されているスペイン語と英語では、まだ発達の萌芽的段
階［emerging］です。これらのバイリンガル生徒個票は、カーラ先生がTLア
セスメントをデザインする際に重要な情報となります。

6.2.2　生徒のDTPをもとに

　TLCでは、教科内容のスタンダードに関連させて、生徒の言語実践を評価
するために、生徒のバイリンガル・ポートフォリオの情報を集めるだけにと
どまらず、もう一歩進む必要があります。第3章で、カーラ先生が4年生の

「文学作品の読解」のスタンダードに沿って、生徒のDTPのパフォーマンスを記録していたことを思い出してください。4年生の「文学作品の読解」では、テクストに明示的に書かれていることを説明したり、テクストから推論を導いたりするうえで、テクストの詳細や例を参照するよう求められています。ここでは、DRA2とEDL2の読む力のスコアがエリカ、ジェニファー、モーセに比べて少し遅れているリカルドに注目します。

表6.1[4]に示すように、この読みのスタンダードに対するリカルドのGLPは、オーラシーとリテラシーにおいて「伸長期［expanding］」にあると言えます。スペイン語のみでこのようなタスクを行う場合、リカルドのオーラシーは「伸長期［expanding］」で、リテラシーは「形成期［developing］」です。さらに英語でのLSPは、リテラシーでは「萌芽期［emerging］」、オーラシーは「形成期［developing］」です。カーラ先生は、リカルドのGLPの高さとスペイン語での能力の高さを利用して、彼の英語での読みの力をこの基準に照らし合わせて促進させることができると考えています。

リカルドのGLPとリテラシーにおけるLSPを、この読みのスタンダードに照らしてカーラ先生がどのように評価したのかをもう少し詳しく見てみましょう。リカルドのリテラシーのGLPが「伸長期［expanding］」で、スペイン語のみのリテラシー（「形成期［developing］」）よりも熟達している理由については、彼の教育歴によって理解できるでしょう。リカルドはメキシコで、アメリカの学校とは異なる方法で読むことを学び始めました。したがって、スペイン語のみでの読みの評価基準に対する彼のパフォーマンスは、メキシコの学校での読解経験によって条件付けられています。例えば、リカルドは、メキシコの学校では、テクストに基づいた証拠を見つけるというようなことは求められたことはありませんでした。リカルドはアメリカの学校の経験を通して、アメリカでの読みの評価基準で要求されるような、詳細な説明や例を参照するなどの新しい読書実践を身につけていっています。（アメリカで学んだ）読むことの意味についての新しい理解を含め、すべての言語を駆使し

4　原注2）第3章でエリカのパフォーマンスを評価するために用いたテンプレートをここではリカルドのために使用していることに注意（表3.2を参照）。

表6.1　DTPに沿ったパフォーマンス

生徒　リカルド

読み：文学作品、小学4年生
共通基礎最終学年基準［Common Core Anchor Standard：CCAS］
・精読して、テクストに明示的に何が書かれているかを判断し、そこから論理的な推論を行うことができる
・テクストから導き出された結論を裏付けるために、文章を書いたり話したりする際に、テクストの具体的な証拠を引用することができる
共通基礎学年準拠基準［Common Core Grade Standard：CCGS］
・文章に書かれていることを明示的に説明するときや、文章から推論するときに、文章中の詳細や例を参照することができる

最終的な学習目標
テクストから得た論拠を使って推論を行う

学年別の学習目標
テクストの詳細を参照して説明し、推論を導く

	オーラシー（口頭能力）	リテラシー（読み書き能力）
熟達期 Commanding	テクストの内容を説明するために、文章中の十分な具体的説明や例を参照し、そこから根拠のある確たる推論を行うことができる	テクストの内容を説明するために、文章中の十分な具体的説明や例を参照し、そこから根拠のある確たる推論を行うことができる
伸長期 Expanding	テクストの内容を説明するために、文章中の多くの具体的説明や例を参照し、そこから適切な推論を行うことができる **言語総合［general linguistic］** **スペイン語のオーラシー**	テクストの内容を説明するために、文章中の多くの具体的説明や例を参照し、そこから適切な推論を行うことができる **言語総合［general linguistic］**
形成期 Developing	テクストの内容を説明するために、文章中の複数の具体的説明や例を参照し、関連のある推論を行うことができる **英語のオーラシー**	テクストの内容を説明するために、文章中の複数の具体的説明や例を参照し、関連のある推論を行うことができる **スペイン語のリテラシー**
萌芽期 Emerging	テクストの内容を説明するために、文章中のいくつかの具体的説明や例を参照し、あいまいな推論を行うことができる	テクストの内容を説明するために、文章中のいくつかの具体的説明や例を参照し、あいまいな推論を行うことができる **英語のリテラシー**
準備期 Entering	テクストの内容を説明するために、文章中の非常に最小限の具体的説明や例を参照できる 引用されている詳細や例は適切ではない場合がある	テクストの内容を説明するために、文章中の非常に最小限の具体的説明や例を参照できる 引用されている詳細や例は適切ではない場合がある

TL：あらゆるレベルのバイリンガル生徒はテクストを多言語で予習したり、授業中に読んだり、復習したりし、また、口頭または手話で議論したり、読み書きを通して要求したり、口頭で応答することを、「すべての言語レパートリー」を自由に選択し、または言語固有の特徴を用いて行うことによって、テクストの具体的説明や例を参照し、そこから推論することができたり、またできるようになる

それぞれの進行段階（progressions）におけるリカルドの言語技能に対するカーラ先生のアセスメントはゴシック体で示されている

て意味の生成をするようになったら、リカルドのGLPはスペイン語よりもより深い経験を積んだものになります。

6.2.3　指導とアセスメントの統合

　カーラ先生は、生徒のバイリンガリズムに関する情報（バイリンガル生徒個票）と読む力の州のスタンダードに対応したDTPを得て、TLアセスメントを計画する準備ができました。このTLアセスメントの実践として、カーラ先生が4年生のDLBEクラスで作成したTLの単元計画を紹介します。この単元 *Cuentos de la tierra y del barrio*［土地とコミュニティのお話］は、Box 6.1に示されています。Box 6.1には、カーラ先生が作成した主発問、教科のスタンダード（ランゲージアーツはリテラシー、ニューメキシコ州コモンコア［New Mexico Common Core State Standards：NMCCSS］は社会科・歴史）が示されています。教科と言語の到達目標、TL到達目標、使用されるテクストなど、カーラ先生のプロジェクトとTLアセスメントの実践について議論するうえで重要な背景となるものです。

　カーラ先生の単元の成果プロジェクトでは、生徒一人ひとりが地元の農業について、テクストの本文中や地元の資料、人々から情報を集めて、意見の根拠を示しながら意見文を書くことになっています。生徒たちはまずクラスメイトの前で自分の主張を口頭で発表し、その後、学校の参観日に地域の人々に向けて発表します。カーラ先生は、この成果プロジェクトをアセスメントのために使用します。また、カーラ先生は、**TL授業デザインサイクル**（**図6.1**）を構成する探求［explorar］、評価［evaluar］、想像［imaginar］、発表［presentar］、実行［implementar］の各段階において生徒を形成的に評価します。

6.2.4　教師のアセスメント

　教師は、スタンダード、学習到達目標、そしてTLの授業単元の成果プロジェクトに関連して、生徒が内容と言語について何を知っているか、何ができるかを評価するための情報を集める必要があります。そのためには、教師は生徒が成果プロジェクトに至るまでの様々な課題を行っている様子を観察する必要があります（assessmentという用語がラテン語の *assidere*（横に座る）から

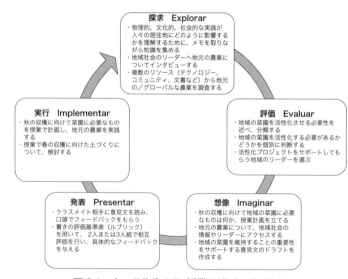

図6.1　カーラ先生のTL授業デザインサイクル

探求　Explorar
・物理的、文化的、社会的な実践が人々の居住地にどのように影響するかを理解するために、メモを取りながら知識を集める
・地域社会のリーダーへ地元の農業についてインタビューする
・複数のリソース（テクノロジー、コミュニティ、文書など）から地元の／グローバルな農業を調査する

評価　Evaluar
・地域の菜園を活性化させる必要性を述べ、分類する
・地域の菜園を活性化する必要があるかどうかを個別に判断する
・活性化プロジェクトをサポートしてもらう地域のリーダーを選ぶ

想像　Imaginar
・秋の収穫に向けて地域の菜園に必要なものは何か、授業計画を立てる
・地元の農業について、地域社会の情報やリーダーにアクセスする
・地域の菜園を維持することの重要性をサポートする意見文のドラフトを作成する

発表　Presentar
・クラスメイト相手に意見文を読み、口頭でフィードバックをもらう
・書きの評価基準表（ルブリック）を用いて、2人または3人組で相互評価を行い、具体的なフィードバックを与える

実行　Implementar
・秋の収穫に向けて菜園に必要なものを授業で計画し、地元の農業を実践する
・授業で春の収穫に向けた土づくりについて、検討する

来ていることを思い出しましょう）。

　アセスメントのためのTLデザインでは、教師は次の2つの質問に基づいて、生徒のパフォーマンスの2つの側面を観察します。

1. 生徒は自分のことばの力すべてを使ってパフォーマンスを行っているのか、かつ／あるいは言語固有の機能を使っているのか。
2. 生徒は、他の人や他のリソースからの「適度な支援」を受けながら独立してパフォーマンスを行っているのか、それとも、そのパフォーマンスはまだ「萌芽的」なものなのか。

　ここまでは、上記の1つ目の質問にのみ焦点を当て、教師がどのようにして異なる課題、異なる時間、異なる視点からDTPに沿って生徒の学習を位置づけることができるかを説明してきました。ここでは、アセスメントのためのTLデザインに、2つ目の重要な次元、すなわち、パフォーマンスが独立して行われるのか、補助が必要なのか、あるいは全く行われないのか、という点を加えます。

私たちは、TLCのための教師用アセスメントシートを開発しました。これは、教師がTLの授業単元の中で、生徒のGLPとLSPをより詳細に見分けるためのものです（付録A.6.1参照）。このシートは、州のコモンコア（CCSS）のランゲージアーツ（読む・書く・聞く・話す・言語）で求められる到達目標［academic demands］に沿って構成されています。また、このシートを通じて教師は、その単元の重要な概念に対する生徒の理解度、創造性、興味・関心について、生徒が自分の言語レパートリーをすべて活用しているときと、ある特定の言語の表現だけを使っているときの両方を観察することができます。このシートは、様々な教科担当の教師が、特定のカリキュラム単元の内容や言語において求められるものを考慮しつつ、それぞれの科目の基準を明確化するために適用することができます。

　教師用のアセスメントシートは、様々に活用することができます。まず、教師は、生徒が特定のタスクを実行するためにどのように言語を使用し、どのような支援を受けたかを記録するために活用できます。また、このシートは、各単元で扱われているスタンダート（基準）に照らし合わせて、1つまたは複数のタスクで生徒のパフォーマンスを総合的に評価するために役立ちます。生徒がどのタスクを支援なしで行うことができる（IP：independent performance）か、どのタスクを一部支援で行うことができる（PMA：performance with moderate assistance）か、どのタスクが全面支援を必要とする（NP：novice performance）かを、教師は一目で把握することができます。そして、教師はこのフォームを使って生徒に要求しているパフォーマンスの種類と範囲を評価することで、自分の指導方法を振り返ることができます。教師は教師用のアセスメントシートで収集した結果を、指導の指針とし、自らのTL実践を改善するために使用することができます。

Box 6.1　カーラ先生のTL単元計画：土地とコミュニティのお話
主発問[5] • 生徒、家族、地域社会は、どのように自分たちの土地、ひいては伝統と結びついているのか

5　原著ではここは "Big Questions" となっており、Box 5.1及びBox 7.1で使われている "Essential

- 地域社会は、お互いに人々や環境とどのように関わりあっているのか
- 地元の農業は、グローバル農業とどう違うのか
- なぜ地元の農業を維持することが重要なのか
- 生徒たちはどのようにして地元の農地［jardin del barrio］を耕すことができるのか

教科内容に関わるスタンダード（基準）

- NMCCSS.ELA-Literacy.W.4.1：テーマや文章についての意見を書き、理由を添えて自分の意見を裏付けることができる
- NMCCSS.ELA-Literacy.W.4.3：口頭での説明を含め、複数の情報源から関連性のある情報を収集することができる
- NMCCSS.ELA-Literacy.RL.4.1：テクストに明示的に書かれていることを説明するときや、テクストから推論を導くときに、テクストの詳細情報や例を参照することができる
- NMSS（ニューメキシコ州の評価基準）の社会・歴史（4年生）：様々な角度から歴史上の出来事や人々について調べることができる

教科学習内容と言語の学習到達目標

教科学習内容に関わる到達目標

- 地域のリーダーから、近隣の農業、社会、歴史的背景について情報を収集することができる
- 地元の農業を維持することがなぜ重要なのかについて、自分の意見をサポートする根拠を口頭と文章でまとめることができる
- 自分の意見を裏付ける意見文を作成することができる

言語に関わる到達目標
GLP（言語総合パフォーマンス）

- 自分の意見をサポートする情報を調べることができる
- 推論を用いて意見を具体的に説明することができる
- 論理的な結論と感情的な意見の言語的な違いがわかる

LSP（言語固有パフォーマンス）

- 以下の文型を使って自分の意見を主張することができる
  ［英語］
  - The advantages outweigh the disadvantages because _; From my point of view _; The benefits are obvious, for example _.
  ［スペイン語］
  - Hay más ventajas que desventajas porque _; Mi punto de vista es que_; Los beneficios son obvios, un ejemplo es que_.
  （メリットのほうがデメリットより大きいです、なぜなら～；私の意見では；利点は明らかです、例えば～）
- 以下の語彙を使って議論することができる。
  ［英語］defend, support, claim, believe, perceive
  ［スペイン語］defender, apoyar, reclamar, estar convencido de, percibir
  （自分の意見を弁護する、根拠を提示する、述べる、信じる、思う）

Questions"と異なっているが、この使い分けは特に意図されたものでないことをGarcíaに確認した（2024/01/09）。

	● 一人称・三人称単数の代名詞と動詞の語尾を使い分ける（形態素）。 英語の三人称単数形「s」と人称代名詞の必須使用に対して、スペイン語の動詞の語尾変化と代名詞の自由使用。 ［英語］I defend, s/he defends ［スペイン語］(Yo) defiendo, (el/ella) defiende （私（彼/彼女）は〜を支持します）

TL に関わる到達目標

- 地域のリーダーや保護者にインタビューしたり、英語とスペイン語または両言語を使ってローカル・グローバルなリソース（テクノロジー）を活用したりして情報を収集することができる

- Cuéntame Algo［教えてください］のアクティビティで、バイリンガルテクスト・コンテクストの意味をより深く理解するためにバイリンガルテクストの言語分析を行うことができる

- 小グループで協力して、次の質問に答えるためのアイディアリストを作成することができる

  How do you think we can **darle vida o más vida a nuestro jardín del barrio?**

  （どのようにしたら、私たちは地元の農業をもっと活性化することができると思いますか？）

  ［注：この文がTLされた文であることを示すためにスペイン語の部分を太字にしてある］

- レポートを書いたり、クラスメイトのために読んだりする言語を選ぶことができる

- 視点をよりよく伝えるために特定のフレーズ、表現、語彙を選ぶことで、（それが適切な場合には）TLを統合して活用することができる

TLアセスメント

成果プロジェクト	その他のTLアセスメント*
生徒は地元の農業について、テクストに基づいた根拠と、それを裏付ける地元のリソースや人的リソースを活用して、意見文を個別に書く。作文について、まずクラスメイトの前で発表し、その後、年に一度の学校参観日に地域の人々に向けて発表する	**教師のTLアセスメント**：このシートは、GLPとLSPを用いて、生徒が聞く・話す・読む・書くの課題を通して教科学習内容の知識を示すために何ができるか、または何をすることになるかといった指針を提供する。さらに、生徒が単独でタスクを実行できるのか、他の人やリソースからの支援を受けて実行できるのかを教師が記録する機会も提供する **生徒の自己アセスメント**：この振り返りシートは、生徒がプロジェクトを通して何をどのように学んだかを示す機会を与え、教師の指導についての振り返りに役立てることができる **ピアグループ・アセスメント**：このシートは、グループの役割とその中でのパフォーマンスについての振り返りの場を提供する **家族のアセスメント：La conexión**：このシートは、生徒が学んだことを家族と共有したり、家族のメンバーが学校で学んでいるトピックに関して、生徒と意見、専門性、知識、経験、見解を共有する場を提供する

＊アセスメントシートについては付録A.6.1 〜 A.6.4 を参照

　次に、カーラ先生が自身の指導単元において、どのようにDTPのレンズ
を通して教師用のアセスメントシートを使いつつリカルドの読解パフォーマ
ンスを評価したのかを見てみましょう。**表6.2** は、カーラ先生がリカルドの
読みの評価シートをどのように完成させたかを示しています。

　カーラ先生はリカルドが行う読解課題のタイプを特定することから始めま
す。例えば、「キー概念の根拠となる文章を示すことに焦点を当てること」
や、「推論すること」などです。次に、観察の対象になっている言語行動が
GLPかLSPかを特定します。このとき、カーラ先生はリカルドが英語だけか
スペイン語だけか、またはミクステコ語を含む彼の言語レパートリーすべて
を使用してパフォーマンスを行うかどうかを観察します。それぞれのタスク
の隣に、また言語使用のタイプに応じて、リカルドがどのような支援を必要
としているか、つまりIP（支援なし）、PMA（一部支援）、またはNP（全面支
援）かを記録します。フォームの下部にはカーラ先生が自分の評価を裏付け
るために収集した根拠をメモしておきます。この場合、観察したパターンを
4つの面（1）課題のタイプ、（2）言語パフォーマンスのタイプ、（3）支援
のタイプ、（4）DTP（「準備期」「萌芽期」「形成期」「伸長期」「熟達期」）に沿っ
て特定しています。

　その結果、リカルドの英語での読解課題の多くは、NP（全面支援）が必要
と見なされることがわかりました。しかし、スペイン語では、IP（支援なし）

6　原著ではここが「5年生」となっていたが、本章及び第 10 章の記述と齟齬があるためGarciaに
　確認し修正してある（2024/01/09）。

表 6.2　カーラ先生によるリカルドの作品に対するアセスメント

単元名：*Cuentos de la tierra y del barrio*（土地とコミュニティのお話）			
	言語総合パフォーマンス：GLP	言語固有パフォーマンス：LSP（英語）	言語固有パフォーマンス：LSP（スペイン語）
リーディング			
生徒は以下のことができる			
キー概念に関わるテクストに基づく根拠を示すことができる	PMA（一部支援）	NP（全面支援）	NP（全面支援）
推論を行うことができる	IP（支援なし）	NP（全面支援）	IP（支援なし）
複雑な文章の主旨や関係性が把握できる	PMA（一部支援）	PMA（一部支援）	PMA（一部支援）
表現技巧や構造（時系列、比較、因果関係）が認識できる	PMA（一部支援）	NP（全面支援）	NP（全面支援）
複数の資料やテクストにまたがる知識や概念が関連づけられる	PMA（一部支援）	PMA（一部支援）	PMA（一部支援）
知識を深めるために調べ学習ができる	IP（支援なし）	NP（全面支援）	IP（支援なし）
根拠メモ	テクノロジー、テクスト、仲間、教師の支援を得て、リカルドは次のことができる ・テクストから多くの詳細情報、根拠、例を提示する（伸長期） ・主要なキー概念と関連性を把握する（伸長期） ・テクストの構造を理解する（伸長期） ・複数の資料・テクストと関連づける（伸長期） リカルドは一人で次のことができる ・推論を行う（伸長期） ・調べ学習を行う（伸長期）	テクノロジー、テクスト、仲間、教師の支援を得て、リカルドは次のことができる ・いくつかの関係性を識別する（形成期） ・複数の資料・テクストと関連づける（形成期） リカルドは支援なしに、次のことだけできる ・テクストの詳細情報、根拠、例などにごくわずか言及することができる（萌芽期） ・推論に関連する言語を検索することができる（準備期） ・英語で自分の考えのアウトラインを書き始める（萌芽期）	テクノロジー、テクスト、仲間、教師の支援を得て、リカルドは次のことができる ・いくつかの関係性を識別する（形成期） ・複数の資料・テクストと関連づける（形成期） リカルドは一人で次のことができる ・推論を行う（伸長期） ・調べ学習を行う（伸長期） リカルドは支援なしに、次のことだけできる ・テクストの詳細情報、根拠、例などにごくわずか言及することができる（萌芽期）

		・テクストの表現技巧を認識する（萌芽期）	・推論に関連する言語を比較対照する（萌芽期） ・ミクステコ語で意見文を書き、スペイン語に翻訳する（萌芽期）

で、推論や調査を行うことができます（これらの2つの課題は、テクストの分析とは直接関係のないものです）。リカルドの推論をする、自分で調べるといったスペイン語能力については、カーラ先生は根拠メモで「伸長期［expanding］」と評価しています。リカルドはメキシコの学校では、テクストに基づく根拠を見つけたり、テクストの表現技巧を分析するという経験がほとんどなかったことを思い起こしてください。その結果、リカルドのスペイン語のテクストに基づく課題のパフォーマンスは、まだNP（全面支援）が必要です。しかし、リカルドが自分の言語レパートリーをすべて使うことが許されたとき、彼のテクストベースの課題のパフォーマンスは大きく向上します。リカルドのGLPを見ると、この単元で評価したすべてのタイプの読解課題で、時々他の人たちや資料からの支援を必要としながらも、「伸長期［expanding］」に達していることがわかります。教師のアセスメントシートによって、カーラ先生はリカルドの英語での読みの力を伸ばすには単に新しい言語を学ぶこと以上の何かが必要であることを明確に理解することができました。リカルドが家庭言語であるスペイン語とミクステコ語を使ってテクストに基づく根拠を見つけ、テクストの表現技巧を分析する練習をする機会を提供することが必要なのです。

　カーラ先生が教師のアセスメントシートを使って描き出したリカルドの読解パフォーマンスに関する描写は、従来のモノリンガルやバイリンガルプログラムで見られるものより、はるかに複雑です。カーラ先生は、このアセスメントシートをリカルドのランゲージアーツ・ポートフォリオの出発点として使用し、リカルドがスペイン語と英語でできることに加えて、言語レパートリーの全機能を使用してできることを示すために、彼の課題の成果物のサンプルを入れています。カーラ先生は、長期間にわたるリカルドの様々なタ

イプの課題のパフォーマンスに基づいて、リカルドの指導方法と評価を決定しているのです。

GLPとLSPを区別することの重要性

　この節では、リカルドの読解パフォーマンスに対するカーラ先生のアセスメントと、パブロの読解パフォーマンスに対するジャスティン先生のアセスメントを、それぞれ教師用アセスメントシートを使って比較します。この比較によって、なぜ教師がGLPとLSPを区別する必要があるかが明らかになります。パブロはアルゼンチンからロサンゼルスに来たばかりで、ジャスティン先生がESLの教師としてサポートしている数学のクラスの生徒です。アメリカに来る前、パブロは放課後に英語の個人レッスンを受けており、ブエノスアイレスの私立学校に在籍していました。パブロはリカルドとほぼ同じ期間、アメリカに滞在しています。彼は自分の言語レパートリーのすべての機能を使って、スペイン語のみで読解アセスメント項目のすべての課題を支援なしで行うことができます。パブロのGLPとスペイン語能力は、DTPの「熟達期［commanding］」とされています。GLPが高いため、パブロは適度な支援を受ければ、英語の読解課題をこなすことができます。

　教師は生徒のGLPとLSPのアセスメントを異なる時期に異なる課題で実施することで、より適切な指導方法を決定できます。この点を強調するために、カーラ先生、ジャスティン先生、ステファニー先生のそれぞれ非常に異なった授業でのTLCの例をいくつか見てみましょう。

- モーセはメキシコからカーラ先生のDLBEクラスに新しく入ってきた生徒で、彼の英語でのパフォーマンスはDTPで「形成期［developing］」とされています。モーセは、英語だけで作業をしなければならない場合、課題を達成するために教師や仲間、または他の視覚的・対話的なツールによる支援を必要とすることがよくありますが、自分の言語レパートリー全体を使える状況にあれば単独で行うことができます。

- イシェンは台湾からジャスティン先生のクラスに来たばかりで、英語で読解課題をこなさなければならないときには、いつも支援を必要

としています。しかし、中国語を使っているときには、同じ種類の読解課題を見事に支援なしでこなします。

- ルイスはエルサルバドルからステファニー先生のクラスに来たばかりの生徒で、スペイン語しか話せません。エルサルバドルでは学校教育が十分に受けられなかったため、ルイスのスペイン語での読み書きのパフォーマンスは、DTPでは「移行期［transitioning］」とされています。そのため、ルイスはスペイン語で読み書きタスクを行う際には支援が必要です。

- ファトゥマタはジャスティン先生のクラスの生徒で、自分の言語資源をすべて使って課題を行うときも、いずれか1つの言語で行うときも支援を必要としています。ファトゥマタはプル語を流暢に話しますが、学校の学習の場面でこの言語を使用した経験はありません。彼女はフランス語を流暢に話しますが、ギニアで通っていた学校では、テクストに基づく証拠を見つけたり、意見文を書いたりすることを求められたことはありませんでした。

　教師用のアセスメントシートは、生徒が言語を使って様々なタイプの学習課題を一人でもしくは支援を受けながらこなせるかということに教師の注意を向けさせてくれます。これにより、バイリンガルの生徒が**発達の最近接領域**［Zone of Proximal Development：ZPD］の外側の端[7]で学習成果を発揮するために何が必要か、具体的な支援や足場がけを特定するのに役立ちます。教師は生徒が自分一人で課題をこなせるように、外部リソースを使ってサポートする必要があります。また、これらの足場がけや支援が、生徒の言語レパートリー全体でのパフォーマンスや1つの言語でのパフォーマンスにどのように関連しているかを教師は区別する必要があります。

7　ここで言う「外側の端」とは、ZPDのうち、学習者が支援を得て達成できるギリギリのラインを示す。ZPDについては第5章注1を参照。

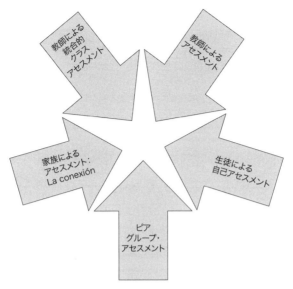

図6.2　多角的アセスメント

（提供：Jamie Schissel）

6.3　多角的なアセスメント

　TLCの教師は、様々な角度からのダイナミックで包括的なアセスメントの重要性を強調しています。**図6.2**は、アセスメントのためのTLデザインの様々な構成要素を示したものです。生徒自身、ピアグループ、家族、そして教師によるアセスメントです。この節では、これらの角度からのアセスメント方法を説明し、最後に教師による包括的なクラスアセスメントで締めくくります。この章の説明を読みながら、TLの授業単元でDTP[8]のレンズを使って、あなた自身のクラスのバイリンガル生徒のパフォーマンスをどのように評価できるかを考えてみてください。

8　原注3）すべての教師が各単元で、これらの異なる視点からすべての生徒を評価し、その情報を統合することは非現実的であるだろう。さらに、授業単元の他の場面では、ある視点が他の視点よりも重要となることもある。特に初任の先生には、一度に1つの評価を異なる生徒で試してみることをお勧めする。評価に様々な関係者が関わることの重要な利点は、教師がすべての作業を単独で行うのではなく、評価の責任を生徒自身、ピアグループ、家族と共有できることである。

6.3.1 生徒の自己アセスメント

生徒の学習はTL教育論の中心であり、生徒は自らの学習のアセスメントに主体的に関わる必要があります。生徒用の自己アセスメントシートでは、どのような主発問に答えられるか、どのような新しい語彙や言語構造を使えるか、TLを使って学習したかどうか、使ったとしたらどのように使ったのか、どのようなスタンダードに取り組んだか、学びの中でどのように仲間と協働したか、教師や家族の役割は何か、どのような外部資料を使用したかなどを生徒に質問しています。また、自分の学習内容や言語パフォーマンスを評価し、成果プロジェクトが自分の学習を評価する適切な方法であったかどうか、そして新たな疑問があるかどうかも質問します。付録A.6.2 では、「生徒の自己アセスメントシート」を用意しています。カーラ先生の生徒は全員、スペイン語と英語を使用しているため、生徒の自己アセスメントの質問は両方の言語で書かれています。生徒が他の言語を話すクラスの教師は、必要に応じて質問を翻訳することができます。

生徒はこの自己アセスメントシートを自分で記入し、完成させることができますが、必要であれば、教師が生徒に口頭で質問し、その答えを書き留めることもできます。また、生徒同士で質問をしたり、録音をしたりすることもできます。例えば、リカルドはこの自己アセスメントシートの課題を主にスペイン語を使いながら、ミクステコ語を少し、そして限られた英語の単語やフレーズを使って口頭で行いました。カーラ先生は録音にミクステコ語が出てくると、リカルドにスペイン語で何を意味しているのか話してもらいます。

ステファニー先生のクラスでは、先生が生徒の家庭言語であるスペイン語を話すことも読むこともできないため、状況が異なります。彼女はスペイン語ができる同僚にスペイン語で書かれたり話されたりしている部分を英語に翻訳してもらったり、クラスの他の生徒に手伝ってもらったりします。例えば、ステファニー先生のクラスでは、英語とスペイン語の両方を読むことも書くことも得意な<u>テレシータ</u>が、エルサルバドルから来たばかりでスペイン語の読み書きを習得し始めたばかりの<u>ルイス</u>を手伝います。ルイスが自分の自己アセスメントを口頭で行って、テレシータが英語で回答を書いてあげる

のです。ステファニー先生は、自己アセスメントから得られた情報をもとに、個々の生徒が理解し、使用できるようになった新しい教科の内容や言語が何であるかを判断します。

　バイリンガル生徒は、このシートを使って成果プロジェクトを含む評価のデザインを振り返り、自分の学習にとってTLがどのような意味を持つかということや、どのように他の人や外部の資料を活用するか、また、今後どのような指導が必要かなどを明示することができます。また、バイリンガル生徒は、自分の中で生まれた新たな疑問を表現するように求められ、それが新しい単元やトピックの探求［explorar］につながります。この情報は教師の指導計画に直接反映され、教師は異なる指導方針を設定したり、個々のバイリンガル生徒がどのようにTLを使用しているのか、また、学習をサポートするためにどのように人的資源（例：仲間、家族、教師）や外部資料（例：印刷物やメディア）を活用しているのかを理解することができます。

6.3.2　ピアグループ・アセスメント

　協働的な指導計画は、協働的なアセスメント計画に対応していなければなりません。つまり、クラスメイトでグループ学習を評価するのです。ピアグループ・アセスメントシートは付録A.6.3にあります。質問はスペイン語と英語で書かれています。この評価は、クラスメイトによる個人の評価ではなく、グループとしての学びとグループの学習方法を評価するものであることを強調しておきます。このフォーマットは、グループのメンバーの一人が、他のメンバーと十分に話しあったうえで記入してもいいですし、個々のメンバーが交代でそれぞれ別の質問を記入してもかまいません。生徒の自己評価と同様に、グループもキー概念や主発問、教科学習内容や言語に関わる到達目標、及びTL到達目標、資料の活用、そして成果プロジェクトの観点から自らの学習を評価するように求められます。

　活動の1つとして、エリカ、モーセ、ジェニファー、リカルドのグループは、アルバカーキーの地元の農業に関する情報をウェブで検索しました。ジェニファーとエリカは英語で、リカルドとモーセはスペイン語で検索しました。彼らが集まったとき、彼らはお互いのノートを読み、その後の対話で

は英語とスペイン語の両方を使ってテクストベースの証拠を引用しました。ジェニファーは、ピアグループ・アセスメントを記入する際に、質問2に対して、「私たちは多くのことを学んだが、特に、農家の数が少なすぎるために青唐辛子［chiles verdes］を食べることが難しくなるということがわかった」と書きました。また、質問3に対しては、「私たちは最高だった！　リカルドはスペイン語で、モーセ、エリカ、ジェニファーは英語で読んだ。英語のほうが情報がたくさんあった」と書きました。カーラ先生が特に興味を持ったのは、リカルドが録音した質問7に対するグループの反応でした。「すばらしい！　ぼくたちはすばらしい議論をした。そして、今より多くのことを知っている。そして、（言語が）1つのときは下だったけど、2つのときは上だった［Y ahora sabemos más. Y abajo con una, y arriba con dos］[9]」カーラ先生は、生徒たちに自分たちの学習状況や協働作業の能力を評価する責任を負わせることで、生徒が自発的に学習し、言語がどのように機能するかについて考えるように動機づけています。生徒たちは、自分がバイリンガルであることに誇りを持つだけでなく、「1つ［una］」と「もっと［más］」では当然意味が異なることを理解し、より深い学習へと進むと同時に、自分たちがバイリンガルであることの価値を実際に高めているのです。

　このアセスメントは、グループの学びあいを支え、互いの学習に対する意識を高めると同時に、教師のグループ分けが成功しているかどうかを評価する機会となります。教師がこのグループアセスメントを見直すことで、その後の指導単元や活動、アセスメントの際のグループ分けの判断材料となります。

6.3.3　家族によるアセスメント：La conexión

　第3章で、ノエミの両親が彼女の担当教員であるステファニー先生の評価以上に経験豊富なバイリンガルであるとノエミを評価したように、家族によ

9　この部分についてGarciaから以下のように補足説明をもらった。「リカルドが言っているのは、1つの言語では下で、2つの言語だと上だ、ということです。彼なりの言い方で、1つの言語だけを使ったときよりも、2つの言語で学んだときのほうがずっと多くの学びを得られた、と言っているのです」（2023/06/23）。

る生徒のバイリンガリズムや学習の評価は、学校の評価とは大きく異なることがよくあります。家族が子どもの学習を評価することは、生徒の家庭やコミュニティと学校をつなぐ**TLコリエンテ**［流れ］に光を当て、バイリンガルの子どもをより包括的に捉えることに貢献します。付録A.6.4には、生徒の学習内容や言語学習に関する家族の見解を共有するための「家族アセスメントシート」を用意しています。質問はスペイン語と英語で書かれています。

　しかし、家族アセスメントシートは、子どもが何を学んだか、子どもから家族が何を学んだかを家族に尋ねるだけのものではありません。このシートは、家族が持つ知識の宝庫［Funds of Knowledge］を活用し、家族自身の理解と資源を学校の子どもたちと共有する手段を提供します。このように、アセスメントにおけるTLデザインでは、家族を学習者か<ruby>つ<rt>・</rt></ruby><ruby>教<rt>・</rt></ruby>師であると認識し、自分の子どもやクラスの他の子どもたちの学習内容や言語に関する理解を深めることができるという家族の可能性を重視しています。家族アセスメントは重要な連携なのです。

　ピアグループ・アセスメントシートと同様に、家族アセスメントシートも協働的です。このシートは家族が子どもと一緒に記入するようにデザインされています。保護者は自分で回答を書いてもいいし、子どもと回答を共有し、子どもがあとでそれを書き込んでもいいのです。このようにして保護者と子どもは、学習者または教師として、アセスメントの過程に参加します。さらに、家族が家庭やコミュニティの知識の宝庫［Funds of Knowledge］を共有したいと思ったときにはそのことをフォームに記入し、教師は家族を教室に招待して、生徒が家庭とコミュニティ、学校との重要なつながりを持てるようにします。

　例えば、リカルドは母親とフォームを共有しました。リカルドはスペイン語で質問を読み、母親はスペイン語を交えたミクステコ語で彼に答えました。また、母親は息子に英語で質問を読むようにも促しました。母親は、息子が英語で読めることを誇りに思っています。そして、誇らしげにいくつかの単語、「息子」「子ども」「歌」「物語」などを口にしました。リカルドはそれを優しく繰り返しました。リカルドは、母の言葉をスペイン語とミクステコ語で、できる限りフォームに記入しました。父親が仕事から帰ってくると、母

親は父親にそのフォーム［the conexión］とリカルドの書いたものを見せました。リカルドが書いた文字や、用紙の裏に母親が描いたトウモロコシの絵も見せました。そして、息子から学んだ英単語や、息子の英語力の向上を誇りに思っていることを興奮気味に話しました。それから、最後の質問[10]について話しあいました。両親は二人とも、故郷オアハカの畑［tierra］でトウモロコシを栽培していましたので、トウモロコシ栽培［cosecha de maíz］についてクラスメイトに伝えるために教室を訪れてもいいとリカルドに伝えることにしました。

6.3.4 教師による統合的なクラスアセスメントシート

　生徒自身とその家族、仲間、教師など、アセスメントのためのTLデザイン（図6.2参照）を構成する様々な要素が提供する情報は、最終的に指導に統合される必要があります。付録A.6.5では、「教師による総合的なクラスアセスメントシート」を紹介しています。教師は、このフォームを使って、様々な課題を通して様々な方法で収集したアセスメントデータを整理することができます。教師は、生徒の内容理解、言語使用、リソースの活用、興味・関心や創造性などをアセスメントに含めることができます。これらの情報は、教師のTL授業デザインに反映されます。

　教師は生徒の学習の究極の評価者です。生徒の言動に細心の注意を払っていれば、教師は標準化されたテストの点数以上に生徒について多くのことを語ることができるに違いありません。しかし、TLアセスメントでは、教師が生徒を評価する際に、教師自身の学習アセスメントのみに基づくのではなく、他の人々、特に生徒のことを最もよく知っている人々、つまり生徒自身・その仲間・家族との協働でアセスメントを行うことが必要です。そして、教師のアセスメントを、生徒の自己アセスメント、仲間や家族のアセスメントと統合することも大切なのです。また、バイリンガルの生徒を公正かつ公

10　付録A.6.4　家族アセスメントシート：La conexiónの最後の質問は「もしかしたらお子さんが学校で学んでいる事柄に関連することをご存じかもしれません。例えば、何かのやり方や、歌や、ことわざ、お話など、授業をよりよくすることを何か知っていらっしゃるかもしれません。学校に来て、授業で私たちに教えていただけませんか？　お知らせください」となっている。

表 6.3　リカルドの総合的アセスメント

以下の5つの項目ごとに生徒のパフォーマンスを3段階で評価する
3＝とてもよい

以下の5つの項目ごとに生徒のパフォーマンスを3段階で評価する
　3＝とてもよい
　2＝おおむねできている
　1＝努力が必要
※判断材料がない場合は空欄にする

・評価者別に評価項目の**合計得点**を算出する
・評価者別の**平均得点**を算出する
・評価者別の平均点を合計し、4で割る
・**総合得点**を算出する

生徒の名前：リカルド

カテゴリー	自己アセスメント	ピアグループ・アセスメント	家族アセスメント	教師のアセスメント
教科内容の活用				
キー概念	2		3	2
言語の活用				
GLP	3	3	3	3
LSP				
スペイン語[11]	3	2	3	2
リソースの活用	2	3	3	3
創造性／興味関心	2	3	2	3
合計点	12	11	14	13
平均点	2.4	2.75	2.8	2.6

総合得点とコメント	2.63

2.63
　リカルドの自己評価は他の評価者よりも厳しい。グループのメンバーに好かれ、グループ評価はよく、「伸長期［expanding］」と評価されている。家族評価ではさらによい位置づけにある。教師の評価は、低めの自己評価と、家族や仲間からの好評価の中間に位置する。
　2.63のスコアは、リカルドが家族や仲間からのサポートによって、スタンダードで求められる到達目標に向けて前進する態勢が整っていることを意味する。リカルドに必要なのはパフォーマンスを発揮するための自信だけである。

平に評価するためには、生徒のGLPとLSPに従って、生徒のパフォーマンスを評価する必要があるのです。

　表6.3では、カーラ先生がリカルドの評価を統合的アセスメントシートに記入しています。いくつかの明らかなパターンが見られます。他の評価者た

11　この表のLSPの欄にスペイン語しかなく英語がないのは、このタスク自体がスペイン語でのタスクであったためである（2023/08/02 Garciaに確認）。

ちに比べて、リカルドは自分の学習パフォーマンスに対し非常に批判的な自己アセスメントをします。両親は彼の最大のファンで、彼のパフォーマンスを「熟達期［commanding］」と評価しています。彼の仲間たちも、グループのパフォーマンスを非常に誇りに思っています。カーラ先生のアセスメントは、リカルドの「移行期［transitioning］」の評価と、両親の「熟達期［commanding］」という評価との中間に位置します。しかし、総合スコア2.63は、リカルドの学校でのパフォーマンスが「熟達期［commanding］」に近づいていることを示しており、したがって、彼は学業面での成功への道を歩んでいると言えるでしょう。

6.3.5　アセスメントの管理

　現実問題としては、教師は教室にいるすべての子どもたちに対して、これらのアセスメントシートを常にすべて使用する必要はありません。これらのアセスメントシートは、教師が生徒を知り、指導を改善するのに役立てるものです。ある単元ではピアグループ・アセスメントを試し、別の単元では生徒の自己アセスメントを試すことも可能ですし、家族アセスメントを月に一度、または週に一度、家族に送ることもできます。また、単元ごとに3～5人の生徒を対象にアセスメントを行うことも可能でしょう。重要なことは、教師が様々な課題、視点、タイミングで生徒のパフォーマンスの証拠を収集し、その証拠をバイリンガル生徒の指導と評価の改善に役立てることです。

6.4　アセスメントにおけるTLシフト

　TLCの教師は、アセスメントとは単に一人ひとりの子どもがその年に受ける標準的なテストのスコアではないことを理解しています。むしろ、評価は生徒の学習ニーズに柔軟に対応しなければなりません。生徒の理解度を様々な角度からフォーマルなやり方で評価することに加えて、TLCの教師はアセスメントの焦点を瞬時にシフトしながら、生徒の学習活動の様々な瞬間を評価します。

　TLCの教師は、アセスメントシートの使い方を柔軟に変えます。例えば、

教師が生徒の学習を評価し、その評価を生徒と共有したあとに、自己評価を生徒にやらせることもあります。また、子どもを評価するために異なるツールを使用することもあります。特定の学習機会や評価される生徒の特徴に合わせてツールを選択し、適応させるのです。

　TLCの教師はアセスメントの全体的なデザインについていろいろ模索しますが、機会があれば、インフォーマルな形で生徒を評価することもあります。例えば、先述のカーラ先生の農業［jardín］の授業で、リカルドはスペイン語を使いたがりました。カーラ先生がリカルドに彼へのアセスメントを見せましたが、その評価では英語での活動の評価はしばしば空白のままでした。リカルドは「自分は英語を使うことができるが、その課題では英語を使わなかっただけだ」と反論しました。カーラ先生はリカルドに英語で課題をする機会を与え、彼のパフォーマンスを評価しました。それによると、彼はほとんどのタスクで適度な援助を受けながら、英語を使うことができました。

　TLCでのアセスメントは、単に手渡されて終わりにはなりません。生徒と話しあい、将来に向けてのアドバイスが求められます。生徒は振り返りや自己アセスメントを通じて、自分に対する評価について発言する機会が与えられます。さらに、生徒のパフォーマンスは、いつも様々な課題、視点で時間をかけて評価されます。教師のアセスメントにおけるシフト、つまり柔軟なアセスメントには目的があり、生徒が知っていることやできることを、絵を描く、話す、書く、指し示す、テクノロジーを使うなど、様々な方法で実行できるようにし、生徒が様々な言語活動を行うように促します。このような場合、協働とは、教師が何を知識と見なし、それをどのように評価するかについて瞬間瞬間で決定することであり、すなわち、適応と調整を意味するのです。

　アセスメントの方法を慎重に設計・計画したうえで、すべての教師は生徒が公正かつ正確に評価されていることを確認するためにTLコリエンテ［流れ］に乗る必要があります。アセスメントは子どものために行われるのであって、その逆ではありません。アセスメントについて迷ったときは、生徒の要求、疑問、能力の流れに合わせましょう。

6.5　まとめ

　TLCの教師は慎重にアセスメントを行います。彼らは自分自身を唯一の専門家／評価者としてではなく、多くの思いやりのある観察者の一人として捉え、生徒自身やクラスメイト、家族もアセスメントの役割を担っていると考えます。

　知識は協働で構築されるものであり、生徒は特定のタスクを単独で、あるいは他者や他のリソースの助けを借りて実行する機会を与えられなければなりません。バイリンガル生徒にとって、言語は単に英語やスペイン語を独立して使うものではなく、相互に関連しあうレパートリーです。したがって、バイリンガル生徒のアセスメントは、学校が要求するように、2つの言語使用を別々に独立させて評価するだけでなく、バイリンガル生徒が言語レパートリー全体を使用しているという視点も含まなければなりません。教師にとって重要なことは、ある課題における子どもの萌芽的なパフォーマンスが、内容の不完全な理解を反映しているのか、学校言語の萌芽的パフォーマンス期を反映しているのか、それともGLPの萌芽的パフォーマンスを反映しているのかを知ることです。教師が、生徒が直面している具体的な課題（内容、言語AまたはB、GLP）を明確に評価することができれば、生徒の学習を支援し、足場がけをし、生徒の能力を変化させることができるのです。

　この章から得られる重要な教訓は、アセスメントは固定的で厳格なものだと思われがちではありますが、これもまたTLコリエンテ［流れ］の影響を受けて流動的に形成されるということです。実際、TLによってもたらされる柔軟性により、教師は生徒が様々な言語実践によって何を知っているか、何ができるかを評価することができるのです。

　アセスメントにおけるTLには、強力な協働性［juntos］のスタンス、慎重なデザイン、そしてよく調整されたシフトが必要です。指導が最初で評価が最後という単純な直線的配置はあり得ません。指導とアセスメントは、生徒のパフォーマンスを強化するための連動した歯車のように一緒に［juntos］働く必要があります。TLコリエンテ［流れ］が生徒のバイリンガル資源を活性化し、教師は柔軟なアセスメントツールを用いて生徒の学習を促進させるのです。

章末問題とアクティビティ

1. TLアセスメントデザインの4つの原則について考えてみてください。あなた自身のアセスメントデザインにはどれが取り入れやすいですか、またそれはなぜですか？　どれが難しいですか、またそれはなぜですか？

2. アセスメントにおけるGLPとLSPの違いについて説明してください。これは有用な区別ですか？　また、これは難しい区別ですか？

3. アセスメントに対応するために、生徒の全言語レパートリー使用を許可することがよくない場合とはどんな場合ですか？　あなたの回答を説明してください。

やってみよう

1. 本章で学んだ内容を、付録A.5.1を使って作成したTLの単元計画の評価とGLPとLSPに関する欄に追加できるかどうかを確認してください。

2. 3人の生徒を選んでください。授業後に、各自で「生徒用自己アセスメントシート」（付録A.6.2参照）、またグループで「ピアグループ・アセスメントシート」（付録A.6.3参照）を記入してもらい、家族に「家族アセスメントシート：La conexión」（付録A.6.4参照）を送ってみてください。そして、あなた自身も評価を記入してみましょう（付録A.6.1参照）。これらの様々なアセスメントから何を学びましたか？　この新しい情報に基づいて、あなたの指導をどのように調整または変更しますか？

7 | トランスランゲージング教育論の実践

この章の学習目標

・トランスランゲージング（TL）教育論の主要な構成要素を明らかにする
・トランスランゲージの3つの綱［strands］（スタンス、デザイン、シフト）が日々の教室の中でどのように関わりあうかを説明する
・生徒、言語、及び学習内容に対して教師が持つjuntos［統合・協働］のスタンスを描く
・授業やアセスメントの間、教師がどのようにTLコリエンテ［流れ］を活用できるかを説明する
・TLコリエンテ［流れ］に対し、教師がとるその場その場のシフトの具体例を示す
・TLCにおけるTL方略を説明する
・授業実践を振り返るためのツールを用いて自分の教室にTL教育論を取り入れる

　TL教育論の3つの要素（スタンス、デザイン、シフト）をそれぞれ別に説明すると、教室の日々の営みの中における**トランスランゲージング・コリエンテ［流れ］**の重要不可欠な役割が見えなくなる可能性があります。本章では、**トランスランゲージング・クラスルーム（TLC）**の全体像を、指導とアセスメントにおけるその3つの構成要素に注目しながら描いていきます。TL教育論の実際の全体像を見ることで、私たちは教えること、学ぶこと、アセスメントを行うことの意味を再考しイメージしなおす準備ができます。

　TLは、「堅固な違いを溶かしながら、新しい現実を創り出す」(García & Leiva, 2014, p. 203) ことができます。TLCの日常は、教室外でのバイリンガルの生徒たちの日常生活を鏡のように映しています。教室という世界の空間に、バイリンガルの人たちの日々の生活が反映されるように取り組むことによって、バイリンガルの生徒たちの教育機会を広げることができます。生徒の家

庭言語を単なる英語学習の足場として使うよりも、TLCの教師は生徒がユニークな方法でランゲージングし、学び、自己表現をし、関係作りをする機会を認識し、構築するのです。TL教育論は、言語、学習、教授の伝統的な役割の変容を可能にし、教室内に新しい社会的現実を育む場を形作ります。

7.1　教室での実践に迫る

　ここではステファニー先生の、EMIの（英語を教室内で使用言語として採用している）11年生の社会科の授業を例にとって、指導とアセスメントにおいてTL教育論のスタンス、デザイン及びシフトがどのように全体としてまとめあげられているのか見ていきましょう。

　社会科の「環境保護主義：過去と現在」という単元の中で、公共広告という新しいジャンルを導入する授業です。この単元ではその1つの課題として、生徒が自分たち自身で公共広告を作ります。それによって、生徒が自分の住む地域の住人が直面している社会的課題に気づくことができるようにするのです。

7.1.1　生徒ファースト

　ステファニー先生自身はバイリンガルではなく、正式にはこのクラスの指導は英語で行うことになっていますが、先生は、エディ、ルイス、マリアナ、ノエミ、テレシータのバイリンガル5人を1つのグループにすることにしました。そうすることで、彼らのスペイン語と英語の言語資源を**積極的に活用し [leverage]**、彼らが複雑な内容やテクストに関わり、学びの場で求められる言語実践の力を身につけることを狙ったのです。これらの生徒のプロフィールを詳しく見てみましょう。ステファニー先生が今年度の生徒の言語実践の全体評価に、徐々に情報を追加してきたものです。

　　エディの家族はドミニカ共和国出身で、エディはニューヨーク市のドミニカ出身者の多いところで育ちました。両親は幼少期にアメリカに移住し、エディたち兄弟にはほとんど英語で話しかけました。エディは、

スペイン語が理解でき、レゲトン[1]やバチャータ[2]を聴いて、友達と楽しく過ごす［mess around］ときに使うスペイン語には不自由していませんが、学校では英語を使うほうが楽です。エディのリテラシー、特に書く力は、学年レベルを下回っています。ステファニー先生は、エディのスペイン語のリテラシーが気になっていたのでスペイン語の先生に尋ねたところ、エディはスペイン語の継承語クラスでスペイン語を勉強していたけれども、このときまでスペイン語を使って教科指導を受けたことがなかったことがわかりました。ステファニー先生は、エディをスペイン語話者で英語を学び始めた新入生とペアを組ませようとしました。それには2つの理由がありました。1つは、彼の優れた英語の口頭能力によって英語を学び始めた生徒に手を貸してあげることができることと、もう1つは、逆に彼らの強いスペイン語からエディが学べることでした。

ルイスはエルサルバドルから10年生のときに入国して、公的にELL（英語学習者）に認定されています。ルイスの家族は田舎の地方出身で、ルイスが学校教育を受けた経験は限られています。ルイスは**正規教育が未完／中断した生徒（SIFE）**にクラス分けされました。友人や先生とスペイン語で話しているときには、ルイスは面白くて、頭がよくて、クリエイティブで、テクノロジーにも精通していることが明らかです。しかし、書くとなると、英語でもスペイン語でも、クラスメイトよりもずっと低いレベルです。ルイスは、漫画やスポーツ雑誌は喜んで読みますが、学習に使う本となると、英語でもスペイン語でも読むのに四苦八苦します。ステファニー先生は、ルイスのためにスペイン語の音楽やビデオクリップや、ビジュアル、またレアリアを用いて、様々な教材を活用した教科内容の導入を工夫しています。ステファニー先生は、ルイスが英語をさらに学ぶ中でも、自分の考えをスペイン語で級友とシェアするように促しています。

1　レゲトン（Reggaeton）：ヒップホップとラテン音楽が融合した音楽。
2　バチャータ（Bachata）：ドミニカ共和国発祥のダンス音楽。

マリアナの両親は彼女が生まれる前にメキシコのプエブラから引っ越して来ました。ずっとアメリカで育ったマリアナは英語もスペイン語も同じくらいできます。母親が医者に行くときの付き添いや、父親の上司と電話で話すことや、幼い弟妹の宿題を助けるなど、たえず家族や友人が英語が必要なときの通訳をしています。マリアナは学校の外でのこのようなタスクを英語でこなすことはできますが、英語のリテラシーは学年レベルに達していません。マリアナは初めて学校に入学して以来、この状態から脱したことがないのです。現在高校で、内容の把握はできていても、リテラシーについては苦戦しています。学校では、学業にはスペイン語より英語を好んでいるのですが、**長期英語学習者**［Long-Term English Language Learner］にクラス分けされています。マリアナはエディと同じ継承語話者クラスにいて、スペイン語は流暢に話せますが、先生にはスペイン語のリテラシーが低いと言われています。

ノエミはエクアドルから8年生のときに家族とアメリカにきました。ノエミが来た頃は、数少ないELLの生徒に分類されました。英語を学ぶのに先生の助けは得ましたが、文法を中心とした記憶中心のクラスには飽きてしまうことが多かったようです。**第二言語としての英語（ESL）の取り出しクラス**の先生はスペイン語ができず、彼女が読書家であってよく読めることがわからなかったようです。現在11年生で、口頭では「熟達期［commanding］」の英語を使えますが、リテラシーの面ではまだ苦労していてELLにクラス分けされています。ノエミは英語で作文を書く前にスペイン語で書いたほうが書きやすいと感じていて、英語のテクストにスペイン語で質問やアイディアを注釈すると読みやすいと感じています。

テレシータは、グアテマラ生まれで幼少期にアメリカに移住しました。家庭ではスペイン語を話していますが、兄弟やテレビの影響で、幼稚園に行く前に英語を身につけていました。テレシータは、英語とスペイン語の両方で、読書もし、書くこともできます。重要な学力テストでは高得点をとり、二言語で読書をしますが、本人は英語の本を好ん

で読んでいます。二言語で詩も書きますが、スペイン語のほうが自然に書けるといいます。英語が流暢なので、先生たちの中には、彼女がスペイン語の話者で読み書きもできるということを知らない教師もいます。

　以上の5名のバイリンガルの生徒のスペイン語と英語の能力には広い幅があります。ステファニー先生は、個々の生徒が一人であるいは協力してスペイン語と英語でできることを理解したうえで、その理解をもとに教室活動を考えます。

7.1.2　教室活動の組み立て

　ここでは、まずステファニー先生の社会科の「環境保護主義：過去と現在」の単元を少し長めに引用しながら、彼女が（1）EMIのクラスでバイリンガルの生徒に公共広告というジャンルを紹介し、（2）この新しいジャンルに生徒が批判的視点を持って関わるように促し、そして（3）生徒にこの新しいジャンルを作り出す機会を提供する、というこの授業の3つの目的を達成するためにどのようにTLを戦略的に使っているのか見てみましょう。ステファニー先生が、いかに生徒のバイリンガリズムを推し進める［leverage］授業活動をクラス全体と小グループ活動を組み合わせて行ったのかを、特にエディ、ルイス、マリアナ、ノエミそしてテレシータに注目しながら見てみましょう。もっと広く言えば、この一連の活動は、先生の教室活動でTLの4つの目的をいかに実践しているかを示しています。ここで言うTLの4つの目的とは、①複雑な内容やテクストに挑む生徒を支援すること、②教科学習に関わる言語実践を発展させる機会を提供すること、③生徒のバイリンガリズムと知の方法［ways of knowing］を利用すること、④社会的情動の発達とバイリンガルとしてのアイデンティティをサポートし、社会的公正を推し進めることです。

　ステファニー先生は、まずアメリカの人身売買についての公共広告のモデル事例のビデオを英語で見せることから授業を始めました。

公共広告：アメリカ合衆国における人身売買（国土安全保障省、ブルーキャンペーン。英語版ビデオ（https://www.dhs.gov/video/out-shadows-psa-60-seconds）、スペイン語版ビデオ（https://www.dhs.gov/video/out-shadows-psa-spanish-60-second）より）

〈スクリーンショット〉（英語とスペイン語、各60秒のビデオ）

　ステファニー先生は、このビデオを生徒に見せるにあたり二回目はスペイン語のものを使用しました。これは、スペイン語を話す**萌芽的バイリンガル**の生徒たちが、この1分間の公共広告を理解するうえで彼らが持つすべての言語レパートリーを活用できるようにするためです。2回目の視聴は、特に二言語話者である英語話者の生徒にとって、（意味理解の）強化になるものでした。

　英語とスペイン語版のビデオを見たあと、ステファニー先生はクラスの生徒たちに、公共広告の次のような最後の部分について話しあうように促しました。ある男性が、女性につまずき、英語で（スペイン語版と英語版のビデオの両方でここは英語で話されています）"Sorry, I didn't even see you."（ごめん、見えてなかった）と言い、女性が "No one ever does."（誰も私の存在に気がつかないのよ）と言う場面です。先生は生徒たちに、スペイン語の公共広告の中で英語にシフトした意味は何なのか、なぜここが英語になったのか、問いかけました。言語使用についての深い考察を促すために、ステファニー先生はこれらの問いを考える話しあいは、スペイン語でも英語でもよいと言いました。こうすることで、スペイン語が強いグループはスペイン語を使いながら、問題を深く考えて、議論に参加することができたのです。

　ステファニー先生は、次に生徒たちに、公共広告のジャンルについての定義を考えさせ、みんなが見た公共広告は効果的だったと思うか、ま

たなぜそう思うかを議論するように言いました。先生は、公共広告に関するテクストを印刷してグループに渡しました。英語のみのグループもあれば、英語とスペイン語のグループもありました（今回注目しているエディ、ルイス、マリアナ、ノエミ、テレシータのグループは、英語とスペイン語のテクストをもらいました）。先生は、グループの生徒たちに公共広告についてネットで調べるように言いました。特にスペイン語を話す生徒にはスペイン語でも探すように言いました。このグループ学習の間、エディたちのグループは、議論とテクストの読みをスペイン語と英語の両方で行っていました。

　各グループの考えをクラス全体で英語で共有したあと、ステファニー先生は公共広告というジャンルについて生徒の定義やアイディアをまとめて取り込みながら、みんなに改めて課題である公共広告というジャンルの紹介をしました。それから、そのジャンルの特徴について、生徒のブレインストーミングを後押し（ファシリテート）しました。生徒の一人、マリアナは、効果的な公共広告というのは、「少しショッキング」でないといけないという意見を出しました。ステファニー先生は同意して、「確かにそうですね。公共広告はしばしば論争になっているトピックにフォーカスしますから」と言い換えました。ルイスは手を挙げて、"Pero todos los PSAs son videos así?" と質問しました。他の生徒が彼の質問を訳して「公共広告というのはいつもこんなふうにビデオで作られるものなんですか」と言うと、ステファニー先生は公共広告はラジオでも、印刷物でもビデオの形式もあり得ると答えました。ステファニー先生はそれから、公共広告においての説得表現や工夫について議論を進めました。英語とスペイン語が異なったオーディエンスに使われるのと同じように、異なった種類の説得力のある言葉と工夫が、オーディエンスに応じて使い分けられることを強調しました。

　次に、ステファニー先生は各グループに、それぞれ別の公共広告を渡して分析させました。この中には英語で書かれたものもあればスペイン語で書かれたものもあり、環境主義に焦点を当てたものもあれば、また別の、人の関心の高い、論争の的になるような社会問題に焦点を当てた

ものもありました。生徒たちはそれぞれの公共広告のモデルについて話しあって、その目的、メッセージ、オーディエンス、説得力のある言葉と工夫、そしてその公共広告が効果的かどうかについて考えるように言われました。生徒の作業を支援するために、ステファニー先生は各グループに異なった公共広告に対応するイメージを描いたプリントを配付しました。そのプリントには、グループの議論をサポートすることを意図した以下の 5 つの同じ質問が書かれていました。

1. この公共広告の目的は何ですか？　どんなメッセージを伝えようとしていますか？
2. これは誰に向けられた公共広告ですか？　どうしてそれがわかりますか？
3. この公共広告にはどんな説得力のある言葉や工夫が用いられていますか？
4. この公共広告はオーディエンスにどのような感情を引き起こすでしょうか？
5. この公共広告は効果的ですか？　どうしてそう／そうではないと思いますか？

それぞれのプリントには、ランゲージング[3] に関して、次の 3 つの選択肢が含まれていました。

1. あなたのグループの公共広告について英語で話しあい、答えも英語で書きなさい
2. あなたのグループの公共広告についてスペイン語と英語で話しあい、答えは英語で書きなさい
3. あなたのグループの公共広告についてスペイン語と英語で話しあい、答えも英語とスペイン語で書きなさい（例：単語か句を英語で書いて、それをスペイン語で詳しく説明しなさい）

3　第 1 章注 1 を参照。

生徒たちは、このタスクを完成させるために、個人としてまたグループとしてすべての言語資源を活用できるようなランゲージングオプション［言語使用の選択肢］を選べるようになっていました。

　エディ、ルイス、マリアナ、ノエミ、テレシータのグループは、シカゴの 10 代の若者の妊娠についての意識喚起のためのキャンペーンから次のような公共広告をもらいました。

〈Unexpected?〉と書かれた写真・ポスター
公共広告：10 代の妊娠に関わる啓発ポスター
（シカゴ公共衛生省、青少年・学校保健局（http://
d236bkdxj385sg.cloudfront.net/wp-content/
uploads/2015/07/pregnant-boy-post.jpg）より取得）

　このグループの生徒は、この公共広告の第一印象を共有しました。エディは、この公共広告は「クレージー」「変」「想定外［unexpected］」だと言いました。ルイスは「想定外［unexpected］」という言葉を知らなかったので、テレシータがスペイン語で"inesperado, que no se espera."と教えてあげました。意味がわかったルイスは、スペイン語で" OK, ahora entiendo. Es muy unexpected que el muchacho esté embarazado!"［オーケー、意味がわかった。男性が妊娠しているのは、本当にunexpectedだ！］と言いました。生徒はみんな協力して質問に答えていて、このグループの生徒たちは、自分たちの考えを話しあって最終的に回答を書くのにスペイン語になったり英語になったりしました。
　各グループが自分たちの公共広告について考えたことを共有したあとで、ステファニー先生はクラス全体に、何か加えたいことのある人はいないかと言って、議論を開始しました。別のグループの一人が、怒ったように尋ねました。「だけど、どうしてこれをラティーノにしないといけなかったんですか？」ルイスは、"Porque siempre los Latinos cargan con la culpa"［いつもラティーノが悪者扱いにされるからさ］と、即答しました。テレシータがそれに加えて、この公共広告はラティーノとティー

ンの妊娠についてのステレオタイプ（固定概念）に関して働きかけているのだと言いました。そこでステファニー先生が会話に加わって、この公共広告は、たとえそれがみんなに腹立たしく思われようと、そのステレオタイプに働きかけていることと、また問題提起のイメージと短くて直截なテクストで、とても効果的な公共広告になっているという意見を出しました。

　全部のグループが自分たちに課された公共広告を共有したあと、ステファニー先生はみんなに、今度は各グループで自分たちが選んだ社会的課題についての公共広告を作ってみようと言いました。みんなに公共広告の内容だけでなく、言葉やスタイルについても焦点を当てるように言いました。私たちが注目しているグループでは、ラティーノに特に影響を与える環境問題を選んだので、先生はその公共広告には英語とスペイン語を使って創作するように言いました。このことで、生徒は2つの異なったオーディエンスを心に描いて、適切な言語的な選択とスタイルの選択をしなければなりませんでした。

　このグループの生徒が二言語の公共広告の案を完成したときに、短いインフォーマルな発表をクラスのみんなにしました。ステファニー先生は、プレゼンテーションにはグループの全員が参加するように言いました。例えばノエミはグループの公共広告を紹介しました。先生は、ノエミに、できるだけ英語で発表するように、ただ説明を加えたり、考えを明確化するのにスペイン語を使ってもいい、と言いました。ノエミがスペイン語で話したところは、ノエミの貢献を十分に理解できるように、マリアナやテレシータらの生徒に通訳してくれるように頼みました。

　それから、各グループは、ピアグループ・アセスメントシート（付録A.6.3を参照）に記入しました。また、それぞれの生徒が生徒用自己アセスメントシート（付録A.6.2を参照）にも記入しました。ステファニー先生は、生徒たちに自分のグループで作った二言語の公共広告を家族にも見せるように言いました。家族には、「家族アセスメントシート：La conexión」（付録A.6.4を参照）に記入してもらって、生徒が学んだことや、それについて家族が考えたことについて評価してもらいました。こ

の家族からのアセスメントは、生徒と家族がアセスメントの過程に関わること、ステファニー先生が生徒の活動を包括的に評価するのに役立つものです。

　生徒がクラスで発表をしたあと、ステファニー先生は、生徒たちの公共広告を学校の周りに掲示することはできないかと校長先生に相談しました。校長先生は、その考えに賛成し、生徒たちが朝の連絡の時間にコミュニティに向かってそのプロジェクトを説明してはどうかとステファニー先生に提案しました。ステファニー先生は、マリアナとルイスに、次の週の広報（連絡）の時間にスペイン語と英語とで公共広告の課題を説明するために一緒に準備するように言いました。

　この内容の濃い場面描写はステファニー先生のクラスで、スタンス、デザイン、シフトといったTLの諸要素がどのように現れているかをじっくり観察する機会を与えてくれるものです。読者のみなさんがTL教育を実践する際に留意できるよう、TL教育論を形作る、3本の綱［strand］[4] それぞれで重要な原則を強調しておきたいと思います。

7.2　スタンス――生徒間、言語間、そして学習内容 すべてに関わるjuntos［統合・協働］の姿勢

TLスタンスは、私たちのすべての授業に生かされています。TLのスタンスにはそれぞれ少しずつ異なりますが、バイリンガルの生徒と関わる教師のスタンスに欠かせない3つの基本的な要素があります。第4章で述べたように、この3つのコアビリーフとは、次のようなものです。

1. 生徒の言語実践と文化的理解には、家庭や地域社会からもたらされるものと、学校で身につけるものとがある。これらの実践と理解は、**共に［juntos］**協力しあい、高めあうものである。

4　図2.5を参照。

2. 生徒の家族や地域社会は貴重な知識の源であり、教育の過程に共に［juntos］含まれるべきものである。

3. 教室は、教師と生徒が共に［juntos］知識を創造し、伝統的なヒエラルキーに対抗［challenge］し、より公正な社会を目指して努力する民主的な場である。

　ステファニー先生のTLスタンスは、前述の場面描写の多くの面に反映されています。例えば、ステファニー先生は、英語のパフォーマンスという観点から様々なレベルの生徒を戦略的に組み合わせてグループ分けすることを選択しましたが、これは、英語のオーラシー（口頭能力）やリテラシー（読み書き能力）に関係なく、すべての生徒が教室での作業に貢献できる重要で有意義な何かを持っているという彼女の信念を表しています。話を私たちが注目しているグループに戻すと、ノエミのスペイン語でのリテラシーは、エディのスペイン語での作文に役立ち、エディの英語でのオーラシーは、ルイスの英語での自信を深めるきっかけとなりました。ルイスはテクノロジーを使いこなし、インターネットで調べものをする能力が高いので、思い起こせばSIFEに分類されているにもかかわらず、リサーチの専門家として活躍しています。スペイン語と英語が得意なマリアナとテレシータは、両方の言語でグループにアイディアを説明するのが大好きです。

　この5人の生徒を同じ1つのグループにすることで、それぞれの異なる言語的な強みを生かすことができます。このような戦略的なグループ分けは、強い人間関係を育み、各生徒が自分の**言語レパートリー**全体を活用することを可能にします。また、この関係は、アメリカに来たばかりのラティーノの生徒とアメリカ滞在歴が長く英語をよく話すラティーノの生徒の間や、異なる国出身のラティーノの生徒の間に存在しがちな緊張感を解消するのにも役立つと考えられます。ステファニー先生は、新入生を英語話者の生徒から隔離するよりも、一緒にすることでグループ学習を豊かにし、彼らの知的な、また社会情動的な成長に貢献することを目指しているのです。それはまた、このようなEMIの教室で、生徒のバイリンガルとバイリテラシーを支援していく重要な方法でもあるのです。

ステファニー先生の授業実践において TL juntos のスタンスが表れている 2つ目のポイントは、先生がそれぞれの言語の使用をどのように見ているかということです。学校運営の面からは、ステファニー先生は英語で教えることになっています。しかし、ステファニー先生は、すべての生徒が自分の言語レパートリーをフルに使えるようになれば、より多くのことを学べると考えています。そこで彼女は、バイリンガルの生徒がトピックについてより深く学び、異なる言説やジャンルに親しめるように、2つの言語を juntos［共に］用いて公共広告を提示することにしたのです。生徒が自分の知っていることを表現するために異なる言語を選択できるようにすることは、言語実践の相互関係に対する彼女の信念を示すものです。このようにジャンル、オーディエンス、言語に焦点を当てることで、TLの大きな利点の1つであるメタ言語的な意識も向上します。

　ステファニー先生の授業実践において TL juntos のスタンスが表れている 3つ目のポイントは、コンテンツの選択にあります。公共広告に焦点を当てることで、生徒たちは自分の研究を本物の実社会のジャンルとして取り組むことができ、オーディエンスと言説の両方において批判的に考えるよう促されたのです。10代の妊娠に焦点を当てた公共広告のように、人々の関心が高く、議論を呼び、かつ身近なものとして捉えやすい公共広告の見本を生徒に見せ、生徒の関心を引き付けた［hook］ことで、ステファニー先生は、その単元に関連するトピックについて独自の公共広告を作成するように仕向けることができたのです。テクストの想定されるオーディエンス、目的、影響、その効果について生徒に質問することで、単なる「理解」のレベルを超えていきます。このような質問は、生徒に「言葉と世界を［より批判的に］読む」［read the word and the world］（Freire & Macedo, 1987）ことを求め、出会ったものすべてを批判的なレンズで評価させるものです。この種の課題は、現状を維持する構造を認識し、それに挑戦し、変革するための意識を育むために、生徒が自らの知の方法やランゲージングを使用するよう求めるものです。

　ステファニー先生の juntos［共同］のスタンスは、指導と同様に協働的なアセスメントの方法にも表れています。彼女は生徒の学習を自分で評価するだけでなく、生徒自身や仲間、家族にもアセスメントの機会を与えますから、

全員が共同学習者であり共同教師でもあるのです。先生のアセスメントの方法は、生徒が適度な支援を受けて課題を遂行できるか、独立して課題を遂行できるかを評価し、言語と内容の理解度を区別しています。あるときはスペイン語と英語の両方で、またあるときは英語のみでタスクを遂行させることで、生徒の**GLP**［言語総合パフォーマンス］と**LSP**［言語固有パフォーマンス］を区別しています。このようなTLの実践は、同級生からスペイン語を学んでいるアフロアメリカンの生徒にも大きなメリットをもたらします。また、彼らはもはや標準的な英語の特徴を使えるかどうかだけで判断されるのではなく、特定の**言語の特徴**に関係なく、どのような言語の使用者であるかということで判断されるのです。

7.3　デザイン──目的を持って戦略的に

　指導やアセスメントにTLを組み込むことは、バイリンガルの生徒の学習機会を強める強力な方法になります。なぜなら、TLによって生徒が複雑な学習内容やテクストに取り組み、学びの場に応じた言語運用能力を身につけることを可能にするからです。簡単に言えば、もし生徒が自分の言語レパートリーの一部しか使えないようにすれば、特に（教師が）弱いほうの言語とされる部分しか使えないように制限すると、生徒の学習能力も制限されることになるのです。教師はTLデザインを使うことで、バイリンガルの生徒の学校でのコンテンツや言語の学習を加速させるような方法で、TLコリエンテ［流れ］を積極的に活用［leverage］することができるのです。

　このセクションは3つのパートに分かれており、ステファニー先生の教室での場面描写をより詳しく見て、彼女のTLデザインを検証します。まず、ステファニー先生のTL単元計画の「環境保護主義：過去と現在」を紹介します。次に、単元計画のアクティビティを構成する、TL授業デザインサイクルのステージに注目します。最後に、ステファニー先生の教室を使って、日々の指導の中でTL評価を行う機会が無数にあることを説明します。これらの評価は、小規模で非公式なものもあれば、より正式なものもありますが、それらによってステファニー先生は、生徒たちが実際に学習内容と言語につ

いて何を知っていて、何ができるかを知ることができるし、またすべての生徒が単元の目標や目的を十分に、もしくは期待以上に達成できるように、生徒のランゲージングから学び、生徒の長所を伸ばすことを可能にするのです。

7.3.1　トランスランゲージング単元計画

　私たちはまず、**Box 7.1** に示されているステファニー先生のTL教育単元計画というレンズを通して、この授業実践を見ることから始めます。このユニークなデザインは、ステファニー先生が自分のTLスタンスと教授法を教室で実践するために使っている柔軟な構造になっています。ステファニー先生のスタンスは、社会科の内容を生徒の日常生活につなげ、現代の問題を歴史的背景に関連づけ、社会的公正の問題に取り組むことのできる4つの主発問に反映されています。

　ステファニー先生の単元計画は、州の基準に明確に沿ったもので、地区や学校の管理者が要求する通り、教科内容と言語の目標を合わせ備えています。ステファニー先生はこの単元の指導におけるTLを多角的な観点から計画しており、それは**TL到達目標**、成果プロジェクトのデザイン、そして評価に反映されています。この柔軟なデザインによってステファニー先生は、生徒のバイリンガリズムを学習に積極的に活用する［leverage］ために必要な構造と場を確保しているのです。

Box 7.1　ステファニー先生のTL単元計画：環境保護主義：過去と現在
主発問
・持続可能な生き方をするとはどういうことか ・環境は私たちの生活や行動にどのような影響を与えているのか ・歴史上、人々は自分の信じるもののためにどのように戦ってきたのか ・地域レベルで私たちはどのような変化をもたらすことができるのか
教科学習内容に関わるスタンダード（基準） New York State Social Studies Standards
・3.1.6：技術的変化が人々、場所、及び地域にどのような影響を与えるかを説明できる ・3.2.3：地図、グラフ、表、チャート、図、その他の視覚情報を選択し、デザインして地理的な情報を提示できる ・4.1.3：希少性の性質を理解し、世界の国々がどのようにして経済的・社会的なコストと利益を伴う選択を行うのかを理解する

- 5.3.4：代表制民主主義において市民がどのように公共政策に影響を与えるかを探求する
- 5.4.6：課題や問題を特定し、その解決策または解決につながる行動計画を作成し、それぞれの解決策や行動方針がもたらす結果を評価し、広く合意された基準に基づいて解決策に優先順位をつけ、問題に対処するための行動計画を提案できる

コモンコア（CCSS）
- CCSS.ELA-LITERACY.RH.11-12.2：一次資料や二次資料の中心となる考えや情報を導き出し、重要な情報や考えの関係を明確にして、正確に要約できる
- CCSS.ELA-LITERACY.RH.11-12.7：多様なフォーマットやメディア（言語情報だけでなく視覚的、定量的情報も含む）で提示された複数の情報源を統合し、評価して質問に答えたり、課題を解決したりできる
- CCSSELA-LITERACY.RH.11-12.9：一次資料と二次資料の両方を含む多様な資料から情報を統合し、それぞれの資料に見られる乖離に留意しながら一貫性のあるまとまった理解につなげる

教科学習内容と言語に関わる学習到達目標

教科学習内容に関わる到達目標
- 20世紀初頭から今日に至るまでのアメリカの環境保護運動の発展を辿る
- 環境保護運動と、アメリカの近・現代史におけるより大きな社会的出来事や発展との間の関連性を理解する
- 持続可能性などの概念を、都市環境に住む若者として自分の生活に関連づける
- 環境問題と持続可能性に関係する学校または地域コミュニティで起きている問題を解決するためにアクション・キャンペーンを行う

言語に関わる到達目標
GLP［言語総合パフォーマンス］
- 様々なテキストソースを読み、まとめあげて、関連性を持たせ、結論を導き出す
- 自分の考えを裏付けるために、適切で関連性のあるテキストの証拠を使用する
- 行動計画を作成し、その計画を支持するようにオーディエンスに対し、口頭及び文章の両方で説得力を持った発表をする

LSP［言語固有パフォーマンス］
（英語を教授言語とするクラスでは英語）*
- 自分の考えや内容との関連性を説明するために、口頭と文章の両方において、当該内容に特殊な語彙を使用する
- 説得力のある文章を書くために、序論、2つの支持段落、反対意見の段落、結論を含む構造化された作文の形式を使用する
- 自分の行動計画を英語で口頭発表する

TLに関わる到達目標
- スペイン語と英語の話し言葉や書き言葉を使って、二言語の公共広告の内容と表現の両方を分析し、それを批評する
- 様々なジャンルの二言語の公共広告のテクスト（告知、ポスター、説得文、口頭発表、寸劇など）を作成し、自らの言語的な選択の合理性を説明する

TLアセスメント

成果プロジェクト
学校や地域社会の環境持続性を向上させるためのアクションプランやプレゼンテーションを、多様なバイリンガルのオーディエンスに理解してもらえるように、二言語で作成する

その他のTLアセスメント**
教師のTLアセスメント：教師は生徒の内容理解と言語パフォーマンスを評価する。その際、生徒が援助を受けてできること、また、援助を受けずにできることに注意しつつ、自らのレパートリーのあらゆるものを使ってできること（GLP）及び言語固有の特長を使ってできること（LSP）に注目する

	生徒の自己アセスメント：この単元全体を通して、生徒は自分自身の学習、言語発達、そして教科内容に関わる英語による理解及び自分の家庭言語による理解について、口頭または文章で質問することでフィードバックと自己評価を行う。家庭言語での自己評価については、教師は技術的なリソース（翻訳アプリなど）や人的なリソース（バイリンガルの同僚、バイリンガルの生徒など）を活用して評価する **ピアグループ・アセスメント**：メンバーは、内容の学習及びランゲージング・パフォーマンスに関する質問や、単元のテーマに関するグループのさらなる疑問などを手掛かりに、グループとしての自分たちの学びを振り返る **家族のアセスメント：La conexión**：生徒とその家族は、生徒が学校でその単元のトピックについて学んだことや、家族がそのトピックについて生徒から聞いたことを評価する。また、家族は、クラスで共有できる関連知識［Funds of Knowledge］を特定する

テクスト

家庭言語で	英語で
• 11年生用アメリカ史の教科書（スペイン語版） • スペイン語字幕つきドキュメンタリー映画 • César Chávez と Farm Worker's Association に関するスペイン語の読み物 • 同じ教科内容のトピックについてのスペイン語の補助的な読み物（教師及び生徒がオンラインで調べて見つけたもの）	• 11年生用アメリカ史の教科書 • 新聞、雑誌、ブログ、ウェブサイトなど、この内容に関する様々な読み物 • ドキュメンタリー映画 • César Chávez と Farm Worker's Association に関する読み物 • ポッドキャストと音楽 • 内容に関連するフィクション／クリエイティブ・ノンフィクション

＊生徒の英語のオーラシー及びリテラシーの言語行動によって調整する
＊＊アセスメントシートについては付録A.6.1〜A.6.4をそれぞれ参照のこと

7.3.2　TL授業デザインサイクル

　ここからはステファニー先生の授業実践をTL授業デザインサイクルの視点から見ていきましょう。このサイクルは5章で見たように、探求、評価、想像、発表、実行という5つの段階を含んでいます。これらの段階は、能動的で、魅力的で、生徒の反応を引き出す単元を構想するのに役立ちます。ここでは、**図7.1**に示したTL授業デザインサイクルをフレームワークとして用いながら、ステファニー先生の「環境保護主義：過去と現在」における授業サイクルを検討します。もし生徒がこの単元を通してアクティブな学習者になることを目指すのであれば、生徒が常に教室の外で、すでにあるものに

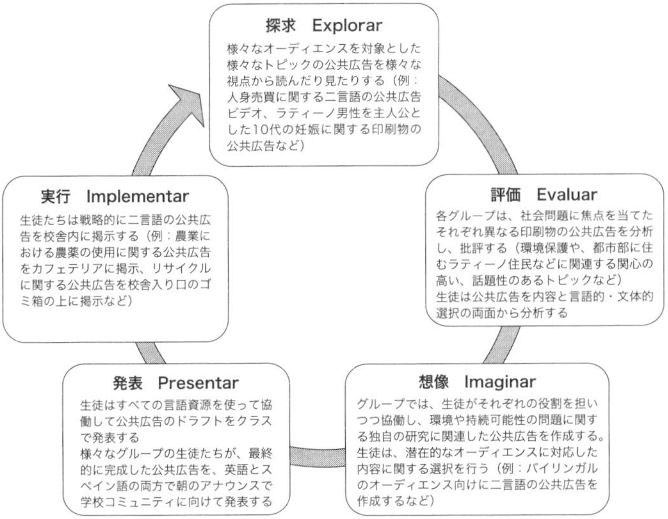

図7.1　ステファニー先生のTL授業デザインサイクル

ついて探求し評価し、新しいものを想像し、新しいアイディアを提示し実行するように指導をデザインしなければなりません。

　ここでは、TL授業デザインのサイクルの各段階を説明し、このサイクルの中のそれぞれの段階でステファニー先生と生徒がどのようにTLを使ったかについて説明します。このデザインサイクルを、単元の「全体像」と、単元内で週ごとに行われる小さな指導計画を立てるためのツールとして使用する方法を説明します。サイクルの各ステージで、ステファニー先生が生徒の学習を支援するために使用する具体的なTL教育方略を明らかにしていきましょう。

探求［Explorar］

　TLの授業デザインサイクルの最初のステージは探求［Explorar］で、生徒が新しいトピックやテーマを探求し、もともと持っていた興味や疑問に従い、背景知識を構築することを促す段階です。「環境保護主義：過去と現在」の単元全体を通して、多面的な探究が行われました。ステファニー先生は、様々なテクスト（スペイン語と英語、異なる視点からの記述）と多様な表現媒体

（映画、印刷物、インターネットなど）を使って、生徒たちに内容理解の入り口を複数提供することに努めました。このような設計は、あるテーマを理解するためには、複数の視点から見る必要があるという彼女の信念を反映したものです。また、すべての生徒、特に萌芽的バイリンガルを育てるには、テーマに沿った学際的で豊かな教育が有益だという彼女の考えも反映されています（Freeman & Freeman, 2007）。ステファニー先生は各単元を中心テーマに沿って構成し、様々な時代の社会科の出来事や考え方を取り入れました。これにより、生徒たちは歴史的な時代から現代までのつながりを理解し、トピックの幅をより深く理解することができるようになったのです。

　場面描写の中で描かれていた指導単元では公共広告という新しいジャンルを様々な方法で探求しています。ビデオと印刷物の両方で、公共広告のモデルや「メンターテクスト」[5]と呼ばれる見本が与えられました。彼らは、モデルを参考にしながらオーディエンスや目的、言語的・文体的特徴について考えを出しあい、協働してこのジャンルを定義しました。こうした探索に際しては、ステファニー先生とその生徒は、以下のように様々な方法でTLに取り組みました。

- ステファニー先生は、公共広告を英語とスペイン語で見せました。どちらの短いビデオにも字幕があり、生徒たちはテクストを読みながら見ることができました。
- 生徒たちは質問やコメントを英語とスペイン語で共有し、ステファニー先生はクラスのために英語でメモをとりました。
- グループ活動では、生徒たちはスペイン語と英語で印刷物の公共広告を分析しました。
- モデル（事例の）公共広告に関する5つの質問に答えるために、生徒たちは英語とスペイン語で議論し、討論し、分析し、英語で答えを導き出すために、TLオプションを含む3つの言語使用に関する選択肢

5　メンターテクスト：生徒たちに書かせる前に、質のよいモデル文を読ませ、分析してなぜそれがよい作品なのかディスカッションしてから書かせる、というアプローチが近年注目されている。メンターテクストは、そうした活動におけるモデル文を指す。

を与えられました。

評価［Evaluar］

　生徒たちは探求しながら、同時に自分たちの学びについても評価します。この授業デザインサイクルの第2ステージは、生徒がテクストを批判的に読む能力を強化するうえで重要です。ステファニー先生の教室では、生徒たちは公共広告の内容を理解することと、潜在的なオーディエンスの恐怖心や根深い偏見を克服するために公共広告の中で使われている工夫や言説を理解することに焦点を当てました。このように内容を評価することで、学習が深まり、生徒が批判的に考えることができるようになったのです。この授業で生徒たちは公共広告を評価していましたが、専門的な内容の読み物を評価することも簡単にできたのではないでしょうか。このようにテクストを批判的に評価することで、従来のカリキュラムを拡張し、身近なものにすることができ、より複雑で、よりバイリンガルの生徒の現実にあったものにする［localize］ことができます。ステファニー先生と生徒が評価するために使用したTL方略には、次のようなものがあります。

- グループ内で、生徒たちは英語とスペイン語を使って、自分の考えを表現し、公共広告を分析しました。萌芽的バイリンガルの生徒たちが英語のプリントでよく理解を示すことができたのは、複雑な内容や文章を理解するために先にスペイン語を使うことができたからです。
- ステファニー先生は、公共広告の中で使われている特定の言語的・文体的な選択肢に生徒の注意を向けさせました。これにより、生徒のメタ言語的な意識が高まり、他のテクストにあるこれらの選択を拾い上げることができるようになりました。
- ステファニー先生は、ラティーノバイリンガルの生徒が共感できるような状況や社会問題を描いた公共広告を選びました（例：ラティーノに直接関連するもの、都市部の若者たちに直接関連するもの）。これにより、生徒たちは自分たちの実生活に根ざした［local］知識をテクストの分析に取り入れることができ、批判的に考えることができるようになり

ました。

想像 [Imaginar]

　TLの授業デザインサイクルの第3ステージは想像 [Imaginar] で、言語を使った新しい学びの方法や考え方をサポートし、情報を提供します。生徒たちは、「探求」と「評価」のステージで学んだことを使って、新しいことを想像するよう奨励されています。ステファニー先生のクラスでは、「環境保護主義：過去と現在」の単元で、環境問題や持続可能性に関するグループの自主研究に関連した公共広告を想像するよう求められました。私たちのグループのメンバーは、10代の妊娠に関する公共広告やこの単元の他の活動で学んだことをもとに、協力して取り組んでいます。グループ内では、生徒たちはそれぞれの強みを生かして、様々なタスクを遂行し、様々な方法でTLを実践することができました。ノエミ、エディ、テレシータ、ルイス、マリアナの5人は、「想像」のステージでどのような貢献をしたのでしょうか。

- ノエミは、グループが作った二言語の公共広告にスペイン語で意見を述べ、スペイン語の文章を書く際には、グループの調査から最も説得力のある証拠を選び、主導的な役割を果たしました。
- エディは、主に英語ですが、スペイン語でもアイディアを出してくれました。エディは、読者の注意を引くような、短くて強力な「フック」（人の関心を引き付けるもの）を書くという課題に創造力を発揮しました。彼はこの下書きを英語で書き、グループと協力して最終稿を編集しました。
- テレシータは、強力なバイリンガル能力を駆使して、グループメンバーのコメントを英語とスペイン語で統合しました。彼女はルイスと密接に協力し、彼のアイディアをスペイン語から英語に翻訳しました。また、新聞記事からの引用を英語からスペイン語に翻訳しました。
- ルイスは、内容に関連した多くのアイディアをスペイン語で口頭で提供しました。彼は英語でもスペイン語でも文章を書くのは苦手でしたが、公共広告の視覚的な形式については創造的なアイディアを持って

いました。彼は図面を描き、自分のビジョンを説明し、グループ全体と協力して公共広告の外観についてブレインストーミングを行いました。

- マリアナは、英語とスペイン語のテクストを担当し、テレシータを補佐して調査した内容を英語からスペイン語に翻訳するのを手伝いました。二人は協力しあって、スペイン語話者と英語話者両方のオーディエンスに理解されるような公共広告を作るにはどうしたらよいかを一緒に考えたのです。

発表［Presentar］

　TL授業デザインサイクルの第4ステージは発表［Presentar］です。このステージでは、生徒は言語使用の選択に注意を払いながら、ピア・エディティング、カンファレンス、推敲、プレゼンテーションに参加します。ステファニー先生のTLデザインでは、生徒たちは言語資源をプールし、いくつかの方法で英語で口頭発表することができるようになりました。まず、ステファニー先生は、個人で発表するのではなく、グループで協働で発表させました。これは2つの理由から有益でした。まず、一部の生徒が感じていた発表への不安を軽減することができました。ノエミやルイスのような英語に不慣れな生徒にとっては、他の3人とも責任を分担することで、より安心して発表に参加することができました。第二に、すべての生徒が、真の言語実践に根ざした話し言葉を練習する機会を得たことです。これらのプレゼンテーションを成功させるために、ステファニー先生と生徒がとったステップの一部を以下に紹介します。

- ステファニー先生は、プレゼンテーションに使える具体的なセンテンスフレーム[6]を生徒たちに提供しました。ルイスのように、英語のパフォーマンスがまだ発達段階にある生徒は、まずスペイン語で表現し、

6　センテンスフレーム：単語などを入れ替えることで自分の言いたいことを言えるように作られた穴埋め式モデル文のようなもの。

次に英語のセンテンスフレームを使い、他のグループのメンバーの助けを借りながら、短い英語の回答を加えていきました。

- 発表の際、ノエミとルイスは用意された英語の回答を読みましたが、スペイン語で自分の考えを明確にし、広げていきました。
- テレシータ、マリアナ、エディは、ノエミとルイスのスペイン語のコメントを英語で要約して、それをもとに英語で発表しました。

　どのようなプレゼンテーションであっても、すべての生徒が様々なオーディエンス（モノリンガルのオーディエンス、2つの言語のモノリンガル話者が混在するバイリンガルのオーディエンス、バイリンガルのオーディエンス）に対して英語ともう一方の言語を口頭で練習する機会にすることが重要であることを強調しておきます。このような参加により、人前で話すことへの自信を高め、聞き手のニーズに合わせて言語を適応させる練習をすることができます。

　ステファニー先生は、この単元を通して、生徒のパフォーマンスを注意深く指導し、それぞれのタスクが公開プレゼンテーションのための基礎となるようにしました。まず、生徒たちはバイリンガルの仲間たちのために、それぞれの言語レパートリーをフルに使って、クラス内で非公式なプレゼンテーションを行いました。次に、朝の校内放送で英語とスペイン語を使い、よりフォーマルなプレゼンテーションを行いました。3つ目は、より大きな学校コミュニティのために、英語での正式なプレゼンテーションを準備しました。そして最後に、学校外の多様性に富む地域社会を巻き込むためにTLの実践を活用したプレゼンテーションを行いました。これらの異なるタイプのタスクベースのパフォーマンスを行うことで、バイリンガルの生徒たちは、多様なオーディエンスに対して「同じ」プレゼンテーションを行う機会を得ることができ、自分たちの言語資源を活用して、英語やスペイン語だけによるプレゼンテーションでは実現できない、より多くの、より多様なオーディエンスにアプローチすることができるのです。これらのプレゼンテーションやパフォーマンスは、単元全体を通して真の言語実践に根ざしたアセスメントを行う機会を提供します。

実行〔Implementar〕

　実行〔implementar〕ステージは、生徒の作品を教室からより大きなコミュニティへと移行させます。このアクションベースのステップは、大規模なものである必要はなく、単に生徒の作品を、真の言語実践に根ざした方法で応用することを意味します。この単元では、ステファニー先生と生徒たちは実行〔implementar〕のために例えば、二言語の公共広告を校舎内に掲示する、など様々なTL方略を用いました。生徒の公共広告は二言語で作られたものであり、かつ学校の地元の人々（生徒、教師、管理者）を対象としていたため、校舎の周りに設置することで学校の**マルチリンガル・エコロジー**に貢献し、地域住民に影響を与える重要な問題についての認識を高めることができました。さらに、マリアナとルイスは、学校の朝の放送で、公共広告のジャンルと自分たちの活動の目的について、スペイン語と英語の両方で説明しました。二人は自らのバイリンガリズムを活用して学校コミュニティに持続可能性と環境主義の重要な問題を伝えたのです。マリアナ、ルイス、そして彼らのクラスメイトは、単に社会科を学んでいるだけでなく、地域レベルで自分たちのコミュニティに情報を提供する「活動家」となったのです。ステファニー先生の授業デザインにおけるTL方略には、実行〔implementar〕の段階で以下のようなものが見受けられました。

- 校舎内に二言語の公共広告を掲示し、特定の場所に戦略的に配置しました（例えば、農業における農薬の使用と環境及び健康への危険性についての公共広告はカフェテリアに、リサイクルについての公共広告は校舎入り口のゴミ箱の上に貼りました）。
- マリアナとルイスは、公共広告というジャンルとそのジャンルを使ったクラスでの取り組みについて説明する二言語の文章を作成しました。二人は校内に掲示されていた公共広告の例を挙げ、自分たちのクラスが発表する大きな集大成のデザインを予告しました。

　ステファニー先生と同様に、TLCの教師も、TL授業デザインサイクルを使って、特定の単元内での週単位の指導を計画し、また、単元全体を計画・

実施することが可能なのです。

7.3.3　TL教育方略

　教師は、このサイクルの様々なステージで様々なTL方略を選択し、生徒が自分の言語と知識のす・べ・て・を使用して学習できるよう支援します。

探求［Explorar］段階のTL

- TLとすべての生徒の言語資源の使用を含む有意義な協働的対話に生徒を参加させることによって、背景知識を構築する。
- 英語と生徒の母語の字幕をつけた短いビデオクリップを見せる。
- 教室内にコンテンツに関連した写真を掲示し、ギャラリーウォーク[7]を行い、任意の言語でディスカッションを行う。
- 生徒のグループに、任意の言語で、このトピックに関する予備知識をブレインストーミングさせる。
- 生徒の関心を引きそうなディスカッションの質問をある特定の言語で用意し、生徒は、任意の言語で議論する。
- トピックについてすでに知っていることに関するグループでのブレインストーミングを任意の言語で行う。
- 調査するトピックに関連するフィクションやノンフィクションのテクスト、コミュニティメンバーの語り、ポッドキャスト、インタビュー、音楽からなる多言語リスニングセンターを設ける。
- トピックに関する学習状況を把握するためにグラフィック・オーガナイザー[8]（KWLチャート、セマンティック・マップ、ワード・ウォールなど）を使用し、すべての言語でその機会を提供する。

7　ギャラリーウォーク：それぞれの作品を壁に貼り、画廊を歩くように歩きながらそれらの作品を鑑賞しあう活動。

8　グラフィック・オーガナイザー：テクストに含まれる情報を視覚的に提示する様々な手法の総称。KWLチャートについては第4章注3を参照。セマンティック・マップは○や→などを使ってアイディアを図にまとめるもの。ワード・ウォールについては第5章注2を参照。

- 地域のリーダーを招き、地域の問題やトピックについて、それぞれの言語を使って話してもらう。

評価［Evaluar］段階のTL

- 1つのトピックに関する異なるテクストを比較させる。どのような視点が含まれ、除外されているか、どのような言語的・文体的選択がなされているか、読者はそれぞれのテクストから何を感じとっているか、といった点に焦点を当てて比較させる。
- 可能な限り、多言語版のリーディングテクストを提供し、必要に応じて使用したり、テクスト対照分析に使用したりする。
- トピックについて生徒に宿題として調査させる。関連するバイリンガルのウェブサイトを提供するか、生徒自身に探させる。教科書や読み物に書かれていることについて、自分の調べたことがどのように支持、反証、補足しているかについて発表させる。
- あるトピックについて、「カウンターストーリー（対立する話）」つまり別の視点を生徒に提供する。これは、テクストを読んだり、ゲストスピーカー、ポッドキャスト、ビデオクリップ、映画などのマルチメディアを通して、英語と生徒の家庭言語で行うことができる。
- 生徒があらゆる種類のテクストについて批判的に考えるのに役立つ一連の質問を考え出す。テクストやトピック全体にこれらの質問を使用することを日常的な習慣にする。

想像［Imaginar］段階のTL

- 生徒ができる内容や言語に応じて、生徒それぞれにあった活動を計画する。どのような活動においても、生徒全員が有意義に参加できるような工夫をする。
- グループ活動やペアワークを通じて課題、プロジェクト、作文などのブレインストーミング、計画、ドラフトを書いて、推敲させる。最終

的な成果物がどの言語で発表されるかにかかわらず、生徒は自分の言語レパートリーにあるすべての言語を使用して成果物を作成することができるようにする。

- 生徒に作成してもらいたいもののモデルを提供する。これは、メンターテクスト、教師が作成した資料、ポスターの見本など、生徒が目指すべきものの見本となるものであれば何でもよい。
- バイリンガルの登場人物や、他の言語を使わなければならない状況の物語を書かせる。
- 例えば、演劇や読者劇（朗読よりもっと登場人物の声音を使うなどの工夫のある音読・読書劇）など、バイリンガルの登場人物の〈声〉を表現するためのTLを含むパフォーマンス／作品などに取り組むよう、生徒に勧める。
- 文章の意味を確認するために、書かれた文章に使われているTL表現を仲間に確認してもらう。

発表［Presentar］段階のTL

- 生徒が、自分のすべての言語実践を使って、仲間同士で編集、推敲、書きなおしを行い、さらに、教師や仲間からもらったフィードバックに基づいて発表原稿を推敲する時間を生徒に確保する。
- 生徒が異なる役割を担いながら、協働で発表するようにする。このような役割は、生徒のオーラシー、リテラシー、内容に関する知識に応じて適切に区別されるべきである。
- 言語や文体の選択を生徒のプレゼンテーションの成績の一部にすることで、生徒のメタ言語的な認識を高めることができる。
- 英語と家庭言語で、プレゼンテーションのアウトライン、フォーマット、または適切なセンテンススターターのセットを生徒に提供する。
- 多言語の家族のために、TLによる意味の生成、画像やマルチモーダルなテクストによるサポートなどを使ってパワーポイントのプレゼンテーションを作成させる。

- 片方の言語（英語）で発表するよう生徒を励ますが、同時にもう片方の言語（スペイン語）で自分の考えを広げたり、明確にしたり、さらに説明を加えることも認める。

実行［Implementar］段階のTL

- 生徒の学習に何らかのアクションを添える。例えば、次のようなことをさせることで、授業を発展させることができる。
  - 学習テーマについて家族にインタビューし、その結果をクラスで発表する。
  - 自分の書いた文章を、様々なウェブサイト、ブログ、Facebookページ、その他のソーシャルメディアサイトで共有し、様々なオーディエンスに対する言葉の使い方に注意する。
  - 自分の学習内容について、適切な表現方法を用いて、電子メールを書いたり、ソーシャルメディアを使ったりして、教師や仲間に伝える。
- 生徒の学習を学校コミュニティに広げるには、
  - TLが用いられたテクストを使った生徒の作品を校内に掲示する。
  - 学校の新聞、雑誌、ウェブサイトにTLを用いた作品を投稿するよう生徒に促す。
  - 他の教室に行ったり、教師・管理者を招いたりして生徒がTLした作品について話しあう機会を設ける。
  - TLされた生徒の作品を製本し、学校の図書館や資料室で閲覧できるようにする。
- 生徒の学習をより広い地域社会に広げるには、
  - 教室のトピック／プロジェクト／科目に関連する活動を行う地元の組織と提携し、その活動に密着した言語実践を行う。
  - 生徒の作品を取り上げ、生徒の家族や他の地域住民にも公開するバイリンガルイベントを企画する。
  - 適切な言語資源を使用して、生徒が地元の新聞社、ウェブサイト、

ラジオ局、テレビ局、資金提供団体に作品を提出できるように支
援する。

　これらの方略は、TLCに必要な、教師、生徒、家族、コミュニティ間のつ
ながりを強化し、そして言語や文化的な慣習を超えたつながりを促進します。

7.4　多角的なアセスメント

　第6章で取り上げたカーラ先生のアセスメント方法のように、ステファ
ニー先生の教育法は、「様々な角度からの評価」に他の人の〈声〉を取り入
れています。ステファニー先生の生徒の学習に対する真の言語実践に根ざし
たアセスメントは、決して単独で行われるものではありません。ステファ
ニー先生は、生徒が何を学んでいるかという包括的なクラス評価の一環とし
て、生徒自身、グループ、そして家族を頼りにしているのです。彼女の指導
はグループでの実践的な協働パフォーマンスを積極的に活用［leverage］する
ので、生徒が支援なしで行っているのか、他の人やリソースから一部支援を
受けているのか、それとも全面支援が必要な段階にあるのかを評価すること
も可能です。

　冒頭の授業実践の描写で見たように、ステファニー先生のインフォーマル
なアセスメントは言語と内容の理解を区別し、特定の言語の特徴が生徒がコ
ンテンツについて何を知っているかを評価する際の障壁にならないようにし
ています。さらに言語能力を評価する際、ステファニー先生は、生徒が複雑
な考えを表現し、推論し、考えを関連づけ、説明し、説得するなどのために
言語を使用する方法、つまりGLPと、学校が認めた特定の英語能力の使用
を区別するように心がけているのです。ステファニー先生のクラスではスペ
イン語は正式な指導言語ではありませんが、彼女が考案した公式・非公式な
評価は、このEMIのクラスでの学習におけるTLの威力を反映しています。

　TL単元で教えたり、評価したりするとき、教師は自分のスタンスを生か
し、デザインを実行し、3番目の綱［strand］である「シフト」を使って、
DTPに沿って生徒の学習を進めるための強いロープを編み出します。

7.5　シフト——TLコリエンテ［流れ］に乗る

　TL授業デザインサイクルを通じて、ステファニー先生はクラスの探究と学習のファシリテーターとしての役割を果たしました。ステファニー先生は台本に沿った教師主導の授業を行うのではなく、生徒たちに情報（モデルとなる公共広告と、その公共広告について考えさせる質問）を与え、それを活用した学びを深めさせるようにしたのです。例えば、ある生徒が10代の妊娠に関する公共広告でラティーノの若者がイメージとして使われていることについて怒りの〈声〉を上げたとき、ステファニー先生はその怒りをベースにしてそこに理解を積み上げていく形で、このジャンルの目的をクラスに理解させました。ステファニー先生は、質問をそらしたり、難しい話を避けたりするのではなく、発表するグループに質問を投げかけ、イデオロギーが言説を通じてどのように伝達されるかについて重要な議論を促したのです。このような予定外のシフトは、ステファニー先生と彼女の生徒たちが、先生が言うように、「社会を動かし、揺さぶる」思想家たちの小さな緊密な共同体の一員であることを実感させるものとなりました。このようなシフトは、ステファニー先生のスタンスとも明確につながっています。「教室は、教師と生徒が共に［juntos］知識を創造し、伝統的なヒエラルキーに挑戦し、より公正な社会を目指す民主的な場である」と先生は考えているのです。

　第二のシフトは、ステファニー先生の言語的な柔軟性で、これももちろん彼女のスタンスと結びついているものです。ステファニー先生自身はスペイン語話者ではないため、学習内容についての授業中の議論に対する生徒たちの貢献を常に理解できているわけではありません。しかし、ステファニー先生は、生徒が意味を理解し、自分の考えを共有するために、常にすべての言語を駆使することがいかに重要かを知っていました。このため、ステファニー先生はしばしば、生徒がスペイン語を使って内容的な知識を表現することを促し、生徒のコメントを理解するためにクラスの他の生徒に助けてもらっていました。例えば、ノエミは自分のグループの公共広告を発表するとき、スペイン語で自分の考えを詳しく説明することがありました。ステファニー先生は、ノエミに英語のみで話すことを強制するような厳格な言語政策

を課すのではなく、彼女が自分の言葉で、2言語を使用して表現するのをじっと見守ったのです。このシフト、つまり生徒の言語的ニーズに応える柔軟性の受容によって、教室という共有スペースでは、すべての〈声〉が歓迎され、価値があるものという意識が芽生えました。

　ステファニー先生が考案したように、TLCにいる教師は、TLコリエンテ［流れ］に合わせた指導をしなければなりません。そのためには、教師が自分の教室を、自分たちの言葉で学習内容を探求する思考者が緊密に結ばれたコミュニティとして考えることが必要です。TLCの教師は、共に学ぶ者として生徒やテクノロジーなどの様々なリソースを活用してすべての生徒が確実に学習できるように工夫するのです。

7.6　あなたの教室でTL教育論を実践する

　ここまで、ステファニー先生のTL教育を、あなた自身のTL教育を開発するためのモデルとして、統合的視点から見てきました。自分のTL教育論を模索する過程をサポートするために、教師の振り返りとTL計画の一助となる白紙のフォームを付録A.7.1に示してあります。教師はこのフォームを使って、TLをどのように使っているか（あるいは使っていないか）を記録し、新しい使い方の具体的なアイディアを生み出すことができます。このシートは、あなたの教育論の様々な側面——あなた自身のスタンス、デザイン、シフト——を考慮し、それらの側面がTLコリエンテ［流れ］が流れるための場を作っているかどうかを批判的に考えるよう促します。具体的には、自分自身のスタンスを検討する際に、以下のような点を考慮してみるとよいでしょう。

- 生徒の言語や文化的習慣は、等しく価値があり、相互に関連しているとどのくらい強く考えるか。
- 生徒の家族や地域社会をどのくらい価値あるものとし、教育に参加させようと思うか。
- 教師と生徒、英語と付加言語、ネイティブとノンネイティブ、ELLと英語が堪能な学習者などの伝統的なヒエラルキーにどの程度挑戦し、

より公正な教室や社会の実現をどの程度目指しているか。

　自分自身のデザインを検討するとき、以下のような点を考慮してみるとよいでしょう。

- どの程度、教室の物理的空間を協働的な学びがしやすいようにデザインし、多言語でマルチモーダルな環境を創造しようとしているか。
- すべての学習がTLを促進するような指導のあり方（例：単元計画、活動、指導方法）をどの程度デザインしているか。
- GLPとLSPを区別したアセスメントを行おうと計画しているか。
- 生徒が課題を支援なしで行うか、一部支援を受けて行うか、あるいは全面支援を受けて行うかを評価するようなアセスメントをどの程度計画しているか。

　最後に、あなたの教室での瞬間瞬間のやりとりを検証するとき、生徒のニーズ、興味、言語実践に対応するために、どの程度、柔軟性やデザインの変更を許容するためにシフトを使用しているでしょうか？

　これらは簡単な質問ではありません。自分自身の実践について深く考えている先生方の専門的な学びのコミュニティの中で、これらを探求することをお勧めします。自分たちの教育論について問いかけることは、教育者としての成長を促し、教室にいるバイリンガルの生徒たちのためになることなのです。

7.7　まとめ

　この章では、ステファニー先生のTLの授業の一単元を紹介し、彼女のTL教育論（スタンス、デザイン、シフト）がいかに授業の成功に不可欠であるかを説明してきました。また、TL授業デザインサイクルの5つのステージにおいて、具体的にどのようなTL教育方略を用いているのかも探りました。そしてこうしたTL授業デザインとTL評価デザインが密接に関係しているこ

とも示しました。ステファニー先生の統合されたTL教育論によって、生徒たちは自分の言語的な強みを引き出し、新しい学びを自分の実生活に根ざした［local］知識と結びつけ、ラティーノのバイリンガルという独自の立場を利用して新しいジャンルを批評的な目で分析することができたのです。

　また、ステファニー先生の指導を踏まえて、TLCの教師が3本の綱［strands］において持つべきTL教育論の一般原則を導き出しました。

1. スタンス：生徒間、言語間、学習内容すべてに対してjuntos［寄り添い］の姿勢を持つこと
2. デザイン：単元計画、指導の段階、教室での活動、生徒のパフォーマンス評価に、意図的かつ戦略的にTLを取り入れること
3. シフト：生徒のニーズや興味に対応すること

　最後に、本章では自分自身の指導について深く考えるために教師が使える、振り返りと計画のためのフォームを提供しました。これらの反省や観察をもとに、自分の状況に合わせてTLコリエンテ［流れ］を使った指導の強化に前向きに取り組むことができます。

章末問題とアクティビティ

1. あなたのクラスでどのようにTLを実行できそうでしょうか？　どのような機会がありますか？　どのような課題がありますか？　これらの機会をどのように生かし、どのように課題に取り組めるでしょうか？
2. どのようなテクスト、ジャンル、資料がTLの実践に適していると思いますか？　これらをどのように単元や授業に取り入れることができるでしょうか？

やってみよう

1. TLを使ったレッスンをデザインしてみましょう。すでに使っている

レッスンプランの構成をもとに、指導の各側面でTLのための場を作ってみましょう。

2. 自分一人で、または同僚と一緒に、付録A.7.1「TL教育論のための振り返りと計画」に記入してみましょう。TL教育論の各項目（スタンス、デザイン、シフト）に目を通し、現在の状況、そして今後どのようにTLコリエンテ［流れ］のためのスペースを教室に作っていくかについて話しあってみましょう。

Part 3
トランスランゲージングを通した指導と学習の再考

8 | トランスランゲージング・クラスルームと 指導のスタンダード[1]

この章の学習目標

- 伝統的なモノリンガルやバイリンガルの教室における教師のスタンダードの使い方とTLCにおける教師のスタンダードの使い方の違いを理解する
- スタンダードに対するTLの視点が、TLの第一の目的、「複雑な教科学習内容やテクストに取り組む生徒をサポートする」上でどう役立つかを描く
- 生徒が州の教科学習内容と言語のスタンダードの期待値以上に到達するため、教師はどのようにTLスタンス・デザイン・シフトを活用できるかを説明する
- 慣れ親しんだ言語や文化的実践を活用することでスタンダードを拡張し、生徒の現実に合わせる［localize］[2] ための授業をデザインする

　よい教師は、自分の指導に焦点を合わせ整理するためにスタンダードを使用します。一連のスタンダードは、生徒がリテラシーや教科学習内容に深く、そして真の言語実践に根ざした方法で関わることができるようにするために、大きな視点で考え、それらの実践を強調するのに役立ちます。しかし最近では、私たちが「スタンダード」を利用しているのではなく、私たちがスタンダードに利用されていると感じることがあります。すべての教師、特に萌芽的バイリンガルの生徒を教える教師にとって、スタンダードを「取り戻す」こと、つまり優れた指導のためのツールキットの一部として取り戻すことが

1　この章で扱う「スタンダード」とは、日本の学習指導要領に相当する、アメリカの各州が設定する教科学習内容に関する指標を指す。第1章注12を参照。
2　この、"localize" という概念はこの章で特に重要となる。第5章の注8でも説明したように、Garciaらの理論はMollらの "Funds of Knowledge" に影響を受けており、生徒たちを取り巻く環境・家庭における文化や知の体系を生徒たちの学びの資源と見なし、そこに直接結びつける形での学びの重要性を説くうえで重要な概念である。詳しくはGonzález, N., Moll, L., & Amanti, C. (Eds.). (2005). *Funds of knowledge: Theorizing practices in households, communities, and classrooms.* Lawrence Erlbaum Associates. を参照。

重要です。ここでは、**トランスランゲージング・クラスルーム**［TLC］でス
タンダードをどのように使用するかを再考し、スタンダードを生徒の現状に
合わせ、かつ新たな理解への道を切り開いていくための方法として捉えてい
きます。

　この章では、第7章で紹介したステファニー先生の「環境保護主義：過去
と現在」に戻ります。ステファニー先生が教科内容に関わるスタンダードを
使って、どのように目標を設定し、継承文化の保持に関わる、魅力的で力強
いTL単元を作成したかに焦点を当てます。

　それでは、ステファニー先生がどのようにスタンダードを使い、どのよう
にTLスタンス、デザイン、シフトを使用し、TLの第一目的である複雑な内
容やテクストを理解するために生徒をサポートしているのか、授業実践を詳
しく見ていきましょう。ステファニー先生のスタンダードを使った授業計画
プロセスを読みながら、みなさん自身がTL単元を開発する際にスタンダー
ドをどのように使うのか、深く考えてみてください。

8.1　スタンス──共に語り、共に歩む
［juntos to "talk the talk" and "walk the walk"］

　スタンダードは、卒業認定試験から教師の評価まですべてに影響するため、
私たちは自然と、学業の成功の基準［benchmark］と見なすようになってしま
います。生徒がスタンダードを満たすことは重要ですが、これらのスタン
ダード、そしてスタンダードに照らして生徒のパフォーマンスを評価するた
めの標準化されたテストは、とりわけ**萌芽的バイリンガル**に関しては絶対で
はないということを再認識することが重要です。標準化されたテストのスコ
アを唯一の成功の尺度と考えると、私たちは生徒を、何かが欠けている、何
かが足りない、遅れている、あるいは劣っているといった欠陥レンズ［a def-
icit lens］を通して見ることになるかもしれません。言い換えれば、この標準
化されたテストのレンズは、生徒が知っていることやできることよりも、
持っていないものを強調します。このような状況が、特に英語が発達過程に
ある萌芽的バイリンガルの場合に見られます。彼らは、英語能力の欠如とい

う言葉で表現されることが多いのですが、スタンダードに支配された世界では、英語が発達していないことが彼らの学業上のアイデンティティの決定的な特徴となってしまいます。

TLスタンスをとるということは、この欠陥レンズを生徒の強みや知の方法［ways of knowing］に焦点を当てるものに交換することを意味します。それは、生徒の**ダイナミック・バイリンガリズム**を、解決すべき問題としてではなく、利点として捉えることです。また、生徒が確実に学べるように、そのダイナミック・バイリンガリズムを利用することです。そして、内容や目的と切り離してスタンダードそのものから始めるのではなく、スタンダードを意識しながら、挑戦的で関連性のある指導単元をデザインすることから始めることです。要するに、生徒をスタンダードに合わせるのではなく、スタンダードを生徒のために使うということです。

下の場面描写からは、ステファニー先生のスタンダードの使い方が、生徒の知っていることや興味を持っていることに対する彼女の理解や、生徒たちが思考力を持ち、主体的に情報を得ていく市民（informed citizens）[3]になるためには何が求められるのかを理解したうえで生まれたものであることがわかります。ステファニー先生のスタンダードに対するスタンスは、自分が誇りに思える人生を送りたいという彼女の情熱と個人的な目標を反映しているのです。

> ステファニー先生は、11年生の生徒たちがどの単元を教えても、学習内容と時事問題、家族から聞いた話、アメリカや母国の歴史的な出来事、音楽や映画、テレビ（英語のチャンネルと Univisión や Telemundo のようなスペイン語のチャンネルの両方）などのポップカルチャーを結びつける方法を見つけていることに気づきました。このような関連性を持ち出したときに彼らがどれほど興味を示したかを見て、ステファニー先生は、英語でどのような内容を紹介するにしても、生徒たちの既存の知識を土台と

3　主体的に情報を得ていく市民（informed citizens）：権利の主体としての市民であるためには自らを取り巻く社会環境や政治的状況などについての情報・理解を持っている必要がある、という理解にたっての表現。

していかなければならないと考えました。最近、ステファニー先生は、環境保護運動の物議を醸す側面についてのドキュメンタリーを見て感動し、社会科の授業では通常あまり時間を割かれない歴史の一部について議論する機会に生徒が飛びつくのではないかと思いました。ステファニー先生は、NYS SSS[4] では地理と公民の学習が取り上げられていることも知っていたので、持続可能性と環境保護主義をテーマにした単元は、これらの教科学習内容に関わるスタンダードを満たすのに役立つと考えたのです。しかし、教科書を見てみると、環境保護主義に関する項目が不足していることに気がつきました。環境保護運動の歴史について短い説明がありましたが、ステファニー先生はドキュメンタリーで見たような情熱や緊迫感は足りないことに気がつきました。そこでステファニー先生は、「環境保護主義：過去と現在」を学ぶことで、社会科のリテラシーに関するコモンコア（CCSS）とニューヨーク州の教科学習内容に関するスタンダードの両方に対応するように授業デザインをしました。この単元には、アクション・ベースの成果プロジェクトが含まれており、もちろん、TL教育のフレームワークも用いられています。

この単元の誕生について聞かれたステファニー先生は、こう語りました。

環境保護運動の歴史は、社会科のカリキュラムから取り残されていることが多いことを知っていたので、歴史を学びながら、今日の運動、つまり実際に地域のために何かをすることができる成果プロジェクトを通して、自分たちが「歩む［walking the walk］」ような単元をデザインしようと考えました。

この「歩む［walking the walk］」という考えは、ステファニー先生が生徒たちに「語る［talk the talk］」だけではなく、環境保護主義について学び、議論することでスタンダードを満たす以上のことをしてほしいということを意味

---

4 New York State Social Studies Standards：ニューヨーク州社会科スタンダード。

しています。ステファニー先生は、生徒の深い学びは「行動を起こす」ことから生まれると信じていました。批判的な目で新しい内容を見るように生徒を励まし、地域に対して直接働きかけるプロジェクトをデザインし、住民にとって受け入れやすいランゲージングをする［using local ways of languaging］ことで、生徒が勇気づけられ、真の変化について考えるようになることを期待していました。このように、ステファニー先生はTLを用いて、生徒のバイリンガル・アイデンティティと社会的公正への取り組みを支援したのです。

　ステファニー先生は、スタンダードそのものから始めたわけではありませんが、スタンダードは彼女の授業計画に欠かせないものでした。コモンコア（CCSS）と州の社会科スタンダードの両方を単元に取り入れることは、彼女にとっても生徒にとっても必要なことだとわかっていたからです。ステファニー先生は、タイムリーで重要な問題について批判的で創造的な単元をデザインすることで、生徒の興味を引き、スタンダードの要求を満たしつつ、スタンダードが単元を支配することは避けられる、という信念を貫きました。また、生徒がスペイン語と英語を関連づけて使用することやコミュニティや家族を含めることを強調することも同様の役割を果たすと考えていました。スペイン語と英語の両方にアクセスできなければ、ステファニー先生の生徒の多くは、ニューヨーク州のスタンダードとコモンコア（CCSS）の両方で定められた厳格なスタンダードを満たすための複雑な内容やテクストに取り組むことができないでしょう。そのため、ステファニー先生は教科学習内容を深く理解するためにTLを使用するのです。教科学習内容へのアクセスに加えて、生徒たちがすべての言語実践を使うことで、スタンダードを超えて、異なる〈声〉や物語を聞き、異なる視点を比較し、地元のバイリンガル・コミュニティに利益をもたらす行動を起こす機会を得ることができるのです。さらに、バイリンガルの生徒（彼女のクラスにいる2つの方言を話す［bidialectical］[5]アフロアメリカンの生徒たちも）が自分の言語レパートリー（**GLP**

5　アフロアメリカンが日常的に、インフォーマルな場で使用することが多いエボニクス（Ebonics）やAAVE（African American Vernacular English）と呼ばれる英語は、いわゆる標準英語とは異なる語彙や文法構造を持つ。こうした英語は、「ブロークン」であるとか、学術的な場にふさわしくない劣ったものであるという偏見は根強いが、近年、これは英語の変種であるという

[General Linguistic Performance：言語総合パフォーマンス]）をフルに活用できるようになると、英語（バイリンガルの生徒にはスペイン語）において、この場合「標準英語」の機能しか使えない場合よりも、より経験豊かなアカデミック・パフォーマンスを提供できるようになるのです。

　教師がTLスタンスを採用すると、州が定めたスタンダードだけに頼る場合よりも、もっと厳密な指導が可能になります。さらに、教師はスタンダードに沿ったクラスルームでTLを用いて、民主的な共同学習の場を築くことができます。TLCでの学習は、より深く、より真の言語実践に根ざしたものになり、バイリンガルの生徒たちは、(1) 州で定められたスタンダードを十分に満たし、それを超え、さらに学校で定められた課題をこなす（語る［talk the talk]）、(2) 知識や批判的視点を持ち、エンパワーされたコミュニティや家族の一員として、行動を起こす（歩む［walk the walk]）ことができるようになります。

8.2　デザイン──スタンダードの拡張とローカル化

　TLデザインにおけるスタンダードの役割を考えるうえで重要なのは、私たちがスタンダードを使うのであって、スタンダードが私たちを使うのではないということを改めて認識することです。指導やアセスメントをデザインする際には、この点をさらに一歩進めて、一見矛盾しているように見えることを受け入れなければなりません。つまり、スタンダードをうまく使うためには、スタンダードを拡張すると同時に、ローカル化しなければならないのです。スタンダードの範囲を拡張し、過去の単一言語、単一文化、文脈を無視した理解を超えて、ステファニー先生の言葉を借りれば、その理解を「家庭に持ち帰る」、つまり「ローカル化」しなければなりません。これは、スタンダードを慎重に選択し、生徒の言語実践、知識の宝庫［Funds of Knowl-

---

認識が強まり、アフロアメリカンの生徒を2つの方言を話すbidialectal話者として捉えなおすようになってきた。バイリンガルの生徒同様、アフロアメリカン児童生徒の学習上の困難は、こうした言語の違いについての適切な指導がなされていないことに起因する、という理解が広まりつつある。

edge]、コミュニティ、家族、関心事を活用した指導単元に「生徒自身の言語実践や状況に合わせること」を意味しています。

8.2.1　ローカルから始める TL 単元計画

　ステファニー先生は、すべての単元計画を、生徒についての知識を活用することから始めます。ステファニー先生は、「環境保護主義：過去と現在」の単元では環境保護運動を一般的に学ぶだけでは、生徒を引き付け、刺激するには十分ではないと考えました。彼女の言葉を借りれば、生徒が「問題を身近に感じられる」［bring the issues home］ようなレンズが必要だったのです。

> 　ステファニー先生は、同僚の教師と話しあったり、生徒のアイディアを聞いてみたり、さらに調べたりした結果、この単元では、そのような運動の歴史を学ぶことに加えて、大気汚染や水質汚染、農薬中毒など、ラティーノに偏って影響を与えている現在の環境問題や、生徒たちの住むニューヨーク市内のコミュニティに影響を与えている問題に焦点を当てることにしました。ステファニー先生は、生徒たちがすでにこのようなテーマと関係を持っていることを知っていたので、この単元は生徒たちがすでに知っていることとこれから学ぶことを結びつけるものだと考えました。また、この単元は、生徒たちが社会的公正への情熱を高め、コミュニティ・レベルでどのように変化を起こせるかを学ぶ機会になると考えました。

　また「ローカル」に新たな重点を置いたステファニー先生は、生徒に把握してもらいたい内容理解と、これらの重要なトピックに対する理解を表現するために必要な言語とリテラシーに目を向けました。

8.2.2　生徒のニーズに合わせたスタンダードの活用

　ステファニー先生のスタンダードに基づいた計画は、生徒たちにこの単元から得てほしい知識から自然に生まれたものでした。先生は焦点を決め、英語のメイン・テクストをいくつか見つけたあと、スペイン語の補助テクスト

を探し、バイリンガルの同僚や経験豊富なバイリンガルの生徒たちにチェックしてもらいました。彼女はまた、社会科の教科書の中で、そのテーマに関連する文章を探し、社会科のリテラシーに関するコモンコア（CCSS）を見直しました。

　ステファニー先生はリストに目を通すと、多くのスタンダードが、この単元で生徒にさせたいことにすでに当てはまっていることに気づきました。例えば、この単元目標の1つは、生徒が複数の情報源（ドキュメンタリー、教科書、公共広告、副読本、音楽など）から得た情報を総合的に判断して、トピックの全体像を把握することでした。先生は、この目標をコモンコア（CCSS）で明確に確認することができました。ELA-Literacy. RH.11-12.7[6] では、「質問に答えたり、問題を解決したりするために、多様な形式やメディア（例：視覚的、定量的、言葉）の複数の情報源を統合し評価する」としています。先生は、このユニットに適した他のコモンコア（CCSS）（例：CCSS.ELALiteracy.RH.11-12.2、CCSS.ELA-Literacy.RH.11-12.9）を見つけたあと NYS SSS も見てみることにしました。先生は、自分がすでに持っているリソース、また授業で理解させたい内容、生徒のニーズに合ったスタンダードを見つけることができました。例えば、環境保護主義と持続可能性についての理解を生かして、学校やコミュニティの問題を見つけ、可能な解決策を考えてほしいと考えていました。

　ステファニー先生は、生徒たちの実生活に根ざした［local］ニーズを明確に念頭に置きながら、「環境保護主義：過去と現在」の単元のため以下のNYS SSS を選択しました。

6　ELAはランゲージアーツの意（詳しくは第1章注21を参照）。RHはReading Standards for Literacy in History/Social Studiesを指す。他にリーディングに関わるものとしてはReading Standards for Literature（RL）、Reading Standards for Informational Text（RI）、Reading Standards for Literacy in Science and Technical Subjects（RST）がある。11-12.2という数字の前半部分（11-12）はこれが11年生から12年生（日本の高校2年から3年に相当）に対応することを示し、2はそのカテゴリーに提示されている10項目のうち2つ目の項目であることを示す。

3.1.6：技術的変化が人々、場所、及び地域にどのような影響を与えるか
を説明できる。

3.2.3：地図、グラフ、表、チャート、図、その他の視覚情報を選択し、
デザインして地理的な情報を提示できる。

4.1.3：希少性の性質を理解し、世界の国々がどのようにして経済的・社
会的なコストと利益を伴う選択を行うのかを理解する。

5.3.4：代表制民主主義において市民がどのように公共政策に影響を与え
るかを探求する。

5.4.6：課題や問題を特定し、その解決策または解決につながる行動計画
を作成し、それぞれの解決策や行動方針がもたらす結果を評価し、広
く合意された基準に基づいて解決策に優先順位をつけ、問題に対処す
るための行動計画を提案できる。

図 8.1 は、ステファニー先生がどのようにして教科学習内容のスタンダー
ドを拡張し、ローカル化［localize］したかを示しています。ここでは、NYS
SSSの１つに焦点化し、生徒の生活に結びつける活動を選択します。

ステファニー先生は、単元デザインの重要な要素であるテクストの選択を
通じて、スタンダードを拡張し、ローカル化しました。ステファニー先生は、
「環境保護主義：過去と現在」の単元で、英語の社会科教科書を使用しまし
た。しかし、彼女は、内容をローカル化するためには（また、生徒の英語での
リテラシーを高めるためには）、英語とスペイン語で書かれたマルチモーダル・
テクスト（映像、映画、音楽、表、グラフ、地図、ブログ、ウェブサイトなど）で
補う必要があると考えました。このため、ステファニー先生は、**図 8.2** に示
すように、様々なジャンル、様々な複雑さのレベルから興味を引くテクスト
を選んだのです。

8.2.3 コンテンツ・スタンダードを言語のレンズで見る

特定の言語固有の言語目標（英語、スペイン語など）を作成した経験がある
人は多いと思いますが、教室で見かける言語目標の多くは、生徒がアカデ
ミックな目的のために話し言葉や書き言葉に使用する言語実践に焦点を当て

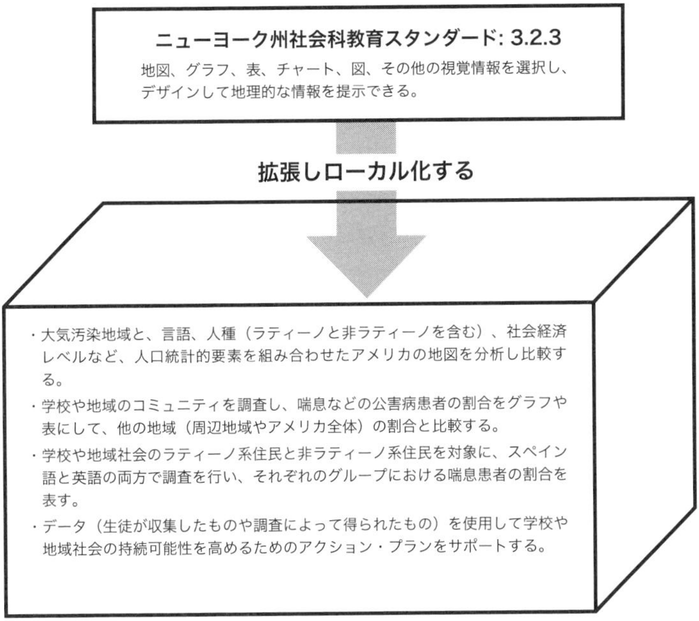

ニューヨーク州社会科教育スタンダード: 3.2.3
地図、グラフ、表、チャート、図、その他の視覚情報を選択し、デザインして地理的な情報を提示できる。

拡張しローカル化する

- 大気汚染地域と、言語、人種（ラティーノと非ラティーノを含む）、社会経済レベルなど、人口統計的要素を組み合わせたアメリカの地図を分析し比較する。
- 学校や地域のコミュニティを調査し、喘息などの公害病患者の割合をグラフや表にして、他の地域（周辺地域やアメリカ全体）の割合と比較する。
- 学校や地域社会のラティーノ系住民と非ラティーノ系住民を対象に、スペイン語と英語の両方で調査を行い、それぞれのグループにおける喘息患者の割合を表す。
- データ（生徒が収集したものや調査によって得られたもの）を使用して学校や地域社会の持続可能性を高めるためのアクション・プランをサポートする。

図 8.1　コンテンツ・スタンダードを生徒の生活に結びつける

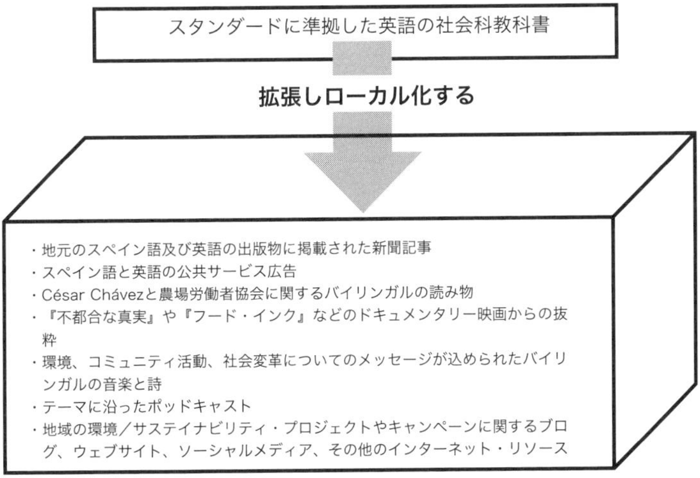

スタンダードに準拠した英語の社会科教科書

拡張しローカル化する

- 地元のスペイン語及び英語の出版物に掲載された新聞記事
- スペイン語と英語の公共サービス広告
- César Chávezと農場労働者協会に関するバイリンガルの読み物
- 『不都合な真実』や『フード・インク』などのドキュメンタリー映画からの抜粋
- 環境、コミュニティ活動、社会変革についてのメッセージが込められたバイリンガルの音楽と詩
- テーマに沿ったポッドキャスト
- 地域の環境／サステイナビリティ・プロジェクトやキャンペーンに関するブログ、ウェブサイト、ソーシャルメディア、その他のインターネット・リソース

図 8.2　スタンダードに準拠した教科書をマルチモーダルなバイリンガルテクストで補う

ていません。すべての教師は、すべての生徒がすべてのスタンダードをうま
く満たすために必要としている言語実践を特定できなくてはいけません。こ
れは必ずしも簡単なことではありません。Gibbons（2009）が書いているよう
に、「魚は自分が泳ぐ水を認識しない（p. 46）」のです。つまり、私たちの多
くは、日常的にコミュニケーションや意味を生成する［make meaning］ために
使っている特定の言語実践を指摘することができません。しかし、第3章で
見たように、バイリンガルの生徒、特に萌芽的バイリンガルの生徒を教える
教師は、教科学習内容とリテラシーのスタンダードをよく見て、**ダイナミッ
ク・トランスランゲージング・プログレッション**［Dynamic Translanguaging
Progressions：DTP］の様々な位置にいる生徒が、指導単元に含まれる複雑な
教科学習内容やテクストに関わり、理解するために必要となる言語実践の種
類を明らかにすることができるのです。

　ここでは、ステファニー先生がこの「環境保護主義：過去と現在」に含ま
れる教科学習内容に関するスタンダードをどのように言語のレンズを通して
見ているか明らかにします。

　　内容理解のアイディアを準備したステファニー先生は、スタンダード
を満たすために生徒が必要とする言語実践について深く考え始めました。
また、生徒たちが英語とスペイン語を異なる形で使い、評価したときに
DTPで様々なポイントのパフォーマンスを見せていたことについて考え
ました。例えば、エディはクラスでは自信を持って英語を使っていまし
たが、書くことには苦労していました。ノエミは、クラスではスペイン
語で書くのが上手な生徒の一人でしたが、彼女の英語リテラシーのパ
フォーマンスはまだ発展途上でした。他の生徒たちは、それぞれ異なる
強みを持っており、異なる種類の言語での練習が必要でした。ステファ
ニー先生は、こうした特定の生徒を念頭に置いて、自分が選んだ社会科
のスタンダードとコモンコア（CCSS）、使用する予定のテクストとリ
ソース、単元の終わりに生徒が行うプロジェクトを再度検討し、すべて
の生徒が成功するためにどんな言語実践が必要かブレインストーミング
しました。

ステファニー先生がTLの単元計画の中に取り入れたNYS SSSとコモンコア（CCSS）をもっと詳しく見てみましょう。すべての生徒が、情報を説明し、探求し、統合し、評価するために、話し言葉や書き言葉（図形を含む）での言語を使用する必要があること、また視覚表現を選択し、デザインすることを求められていることがわかります。NYS SSS 5.4.6で求められる言語の使用は特に複雑であることがわかります。先に述べたように、この教科学習内容のスタンダードを満たすためには、生徒は言語を使って以下のような行動計画を作成する必要があります。

- 課題や問題を特定する
- 代替案や行動方針を提案する
- それぞれの解決策や行動方針の結果を評価する
- （広く合意された）基準に基づいて解決策に優先順位をつける
- 課題に対処し、問題を解決するための行動計画を提案する。

　ステファニー先生は、特に萌芽的バイリンガルの生徒にとってはこのスタンダードが要求する複雑な言語パフォーマンスを実施することは難しいことをよくわかっています。例えば、エディ、ノエミ、マリアナ、ルイス、テレシータなど、何人かの生徒にとってはこれらの言語機能を同じレベルの専門性で実行できると期待することは非現実的であるとも感じています。

　　ステファニー先生は、生徒のGLPと、英語とスペイン語でのLSP[Language-Specific Performance：言語固有パフォーマンス]を考慮して、単元内の様々なアクティビティで、生徒にどのように指導とアセスメントを区別化する必要があるかを決めました。ただし、生徒それぞれに個別の言語目標を作ることは現実的ではありませんでした。そこで、生徒をDTPに沿った5つの大まかなグループ、すなわち、「準備期」「萌芽期」「形成期[7]」「伸長期」「熟達期」に分けました。このグループ分けをもと

7　原注1）DTPにおいてニューヨーク州の新しい言語と家庭言語の発達段階で用いられる「移行

に、生徒が教科学習内容にアクセスし、アイディアを出しあい、英語で
のオーラシー（口頭能力）やリテラシー（読み書き能力）の力を高められ
るよう、生徒の状況に合わせて、単元全体で使用する目標、生徒への足
場がけ、アセスメントを考えたのです。

第3章で述べたように、教師は、自分の州で使用されている教科学習内容
に関わるスタンダードに関連して、様々な発達段階にある生徒が英語（及び
その他の言語）でどんなことができるのか、という予備的なアイディアを得
るために、州で定められた英語発達システム（WIDA[8]、ELPA 21[9]、ニューヨーク
州の新しい言語と家庭言語の発達段階［NLAP及びHLAP］[10]など）にあるCan-Doの
記述文やモデルとなるパフォーマンス指標を使用することができます。ステ
ファニー先生は大枠としてはニューヨーク州のシステムを参考にしています
が、これはこのニューヨーク州の発達段階が新しい言語と家庭言語でのパ
フォーマンス指標のモデルを提供していることと、彼女がニューヨークで教
えていること[11]によります。

8.2.4　トランスランゲージング到達目標を創り出す

ニューヨーク州のNLAP（New Language Arts Progressions）とHLAP（Home Language Arts Progressions）は、生徒がそれぞれの言語で何ができるのかを教科学
習内容のスタンダードと関連づけて教師が考えるのに役立ちますが、それで

期［transitioning］」ではなく「形成期［developing］」という言葉を使っているのは、生徒があ
る言語から別の言語に移行することはなく、常に両方の言語を並行して伸ばしていくことを強調
するためである。
8　第1章注16を参照。
9　第3章注9を参照。
10　NLAP・HLAP：NYSED（ニューヨーク州教育委員会）は現在New Language Arts Progres-
sions（NLAP：新しい言語のランゲージアーツ発達段階）とHome Language Arts Progressions
（HLAP：家庭言語のランゲージアーツ発達段階）を、すべての学年のあらゆるニューヨーク州
コモンコアスタンダードに合う形になるよう準備している。
11　原注2）ニューヨーク州の発達段階はランゲージアーツにしか対応していないが、ステファ
ニー先生は、社会科のスタンダードに関連して、生徒が言語を使って何ができるかを判断する必
要があるという点に注意。完璧なシステムはないが、すべてのシステムが有益なガイダンスとな
る。

も新しい言語と家庭内言語を別々の独立したものとして捉えていると解釈されるかもしれません。しかし、TLCの教師は、バイリンガルの生徒がGLPとLSPを含む包括的な**言語レパートリー**を持っていること、そして生徒のGLPを学びに**積極的に活用** [leverage] できることを理解しています。そのため、スペイン語や英語といった特定の言語を対象とした言語の到達目標に加えて、**トランスランゲージング到達目標**も作成するのです。

> 　ステファニー先生は、生徒が自分の考えを伝えたり表現したりするのに役立つだけでなく、トピックを多角的に見たり、様々な読み手に向けて書いたり、環境保護主義や持続可能性を異文化間で比較したりするために、生徒がすべての言語実践を使う機会を探りました。そのために、生徒がすべての言語を使って内容を深く理解し、様々な（言語）レベルで（内容に）アクセスできるように、テクストを選び、授業やアクティビティを計画し、成果プロジェクトの詳細をデザインしました。生徒の言語実践を単元の中心に据えるために、ステファニー先生は単元の「TL到達目標」を作ることに挑戦しました。これは、教科学習内容に関わるスタンダードを満たし、学校で認められている英語の言語実践を学ぶために、どのように生徒の既存の言語実践を利用できるか考えることを意味します。例えば、生徒たちにバイリンガルの成果プロジェクトの作成を義務づけることを決定しました。学校や地域社会の環境持続性を向上させるための行動計画とそのプレゼンテーションを、多様でマルチリンガルなオーディエンスに伝え、理解してもらうためのプロジェクトです。

　先生は、生徒が英語で教科学習内容を理解するために必要な言語実践を特定することに加えて、生徒がすべての言語実践を使ってその内容に深く関わることがいかに重要かを実感しています。ステファニー先生は、モノリンガルの生徒よりも、バイリンガルの生徒のほうが、1つの概念を複数の言語的・文化的視点から理解できると考えています。つまり、バイリンガルの生徒は、自分の住む世界が複数あるために、問題に対して複数の側面から見る

能力があるのです。先生は、内容をより深く理解することは、生徒がスタンダードの基準を満たすのに役立つだけでなく、より意味のある方法で学習に取り組むことができると考えました。

　ステファニー先生のTL到達目標の使い方は、言語目標を拡張するものです。主に英語に焦点を当て、たまにスペイン語のような他の言語に焦点を当てます。TL到達目標は、生徒のGLPを活用し、1つの言語のみを使用した場合よりさらによくスタンダードの目標を達成するために、すべての言語実践を使用することを求めているのです。また、TL到達目標は、英語の経験の有無にかかわらず、すべての生徒が教科学習内容に意味のある形で参与する機会を提供しています。

　TLCにおいては、教科学習内容に関わるスタンダードとTL到達目標の間には密接な関係があります。教科学習内容に関わるスタンダードは指導の「何を」、TL到達目標「どのように」、つまり、その単元の指導の中で、生徒のGLPをどのように学習に活用するかということにあたります。例えば、**表8.1** に示すように、「環境保護主義：過去と現在」の単元の指導で対象としている教科学習内容に関わるスタンダードの1つは、CCSS ELA-Literacy.RH.11-12.7 です。先に述べたように、このスタンダードは、「多様なフォーマットやメディア（言語情報だけでなく視覚的、定量的情報も含む）で提示された複数の情報源を統合し、評価して質問に答えたり、課題を解決したりできる」ことを生徒に求めています。ステファニー先生は、このスタンダードを満たすために、バイリンガルの生徒がどのようにGLPを活用するかに焦点を当て、以下のTL目標を作成しました。

- スペイン語と英語の話し言葉や書き言葉を使って、二言語の公共広告の内容と表現の両方を分析し、それを批評する。
- 様々なジャンルの二言語の公共広告のテクスト（告知、ポスター、説得文、口頭発表、寸劇など）を作成し、自らの言語的な選択の合理性を説明する。

　第7章で見たように、ステファニー先生は印刷物とビデオの両方で、スペ

表8.1　教科学習内容に関わるスタンダードとトランスランゲージング到達目標の関連性

教科学習内容に関わるスタンダード：「何を」 ⇔ トランスランゲージング到達目標：「どのように」	
CCSS[12] ELA-Literacy.RH.11-12.7 ・多様なフォーマットやメディア（言語情報だけでなく視覚的、定量的情報も含む）で提示された複数の情報源を統合し、評価して質問に答えたり、課題を解決したりできる	・スペイン語と英語の話し言葉や書き言葉を使って、二言語の公共広告の内容と表現の両方を分析し、それを批評する ・様々なジャンルの二言語の公共広告のテクスト（告知、ポスター、説得文、口頭発表、寸劇など）を作成し、自らの言語的な選択の合理性を説明する

イン語と英語の公共広告をいくつか見つけました。

　生徒たちは最終的に自分たちで二言語の公共広告を作ることになるので、先生は生徒に、様々な種類の情報をかなり小さなスペース（1ページの紙の公共広告）にまとめ、説得力のある言葉を使ってオーディエンスに新たな視点から問題を考えさせるように指示しました。オーディエンス（学校と地域コミュニティ）がバイリンガルであることから、これらの異なるオーディエンスに対する説得力のある方策を分析するために、公共広告を両方の言語で見ることを生徒に求めました。テクスト上の証拠（つまり、両方の言語で書かれた公共広告）を使って、スペイン語を話すラティーノ住民に向けた公共広告と英語を話すラティーノ住民に向けた公共広告がどのように違うのかを示すように生徒に求めました。そして、テクストの中で見つけた具体的な違いを使って、あるオーディエンスが別の方策ではなく、ある方策によって心を動かされる理由を説明するよう求めたのです。（表現形式を批判的に見るという点で）両言語を利用することでステファニー先生は、このスタンダードの内容を発展させ、情報源を評価することや、多様な形式の情報を比較して見ることの意味を深めることができました。生徒たちは、様々なオーディエンスに対して最も説得力のある特徴を用いて、二言語の公共広告を作成する準備ができました。

12　原著ではCCLSと表記されているが正しくはCCSSであることをGarciaに確認して修正（2024/01/09）。

8.3 シフト──瞬間を摑む

　ここまでは、指導とアセスメントのためのTLデザインによって、教師が目的意識を持って戦略的に生徒のバイリンガリズムを活用し、スタンダードを満たしたり、上回ったりする方法を見てきました。このセクションでは、TLCの教師が、単元の指導の中でバイリンガルの生徒の言語実践がダイナミックに流れるのに対応して行う、瞬間ごとの**トランスランゲージング・シフト**について説明します。例えば、教師は次のような場合にコースをシフトします。

- 同僚及び生徒との会話を通じて、単元の計画や実施に関する非公式のフィードバックを得るとき
- 教室での活動において、アイディアの翻訳を頼むタイミングやクラス全体のブレインストーミングや参加を促すにあたって、言語使用についてその場に応じた選択をするとき
- 「専門家」の役割にこだわることをやめ、バイリンガルの生徒の助けを借りるとき
- 特定の言語や内容が転換する瞬間を摑むとき
- 計画や指導にあたって、生徒の質問やつながりを参考にするとき

　ここで注目するシフトは、ステファニー先生が教室での言語の使い方をどのように変えるのかということです。先生自身が、クラスの中で数少ないバイリンガルではない一人であること、それについて本人はよく考えるのですが、そのことを思い起こしてみます。先生は、生徒がスタンダードを満たし、複雑な内容やテクストに取り組めるような活動を計画するとき、一歩下がって、生徒が自分にとって最も有益な方法で言語を使えるようにする必要があることを知っています。他の教師や管理職は、教室での言語使用に対するステファニー先生のスタンスについていつも疑問を呈しています。このことについて質問されたとき、ステファニー先生はこう答えました。

> 　教師になったばかりの頃は、生徒の言うことを100%理解できないことをとても不安に感じていました。「この生徒たちを理解できないのに、どうやって教えればいいのだろう」と考えていました。しかし今では、生徒が盛り上がっているときはそのままにしておき、生徒が議論や討論に熱中していることがわかれば、ただ座って聞いています。しばらくしてから何か付け足す部分があると感じたら、テレシータやエディのような生徒に、私が聞き逃した部分は何か教えてもらうことにしています。

　ステファニー先生は、自分が柔軟に対応することが、生徒との強い関係、生徒同士の信頼関係、熱心な授業参加、そしてもちろん、生徒がタフで複雑な内容に取り組み、スタンダードに沿った方法で理解していることを示す能力に不可欠であると考えています。一歩下がって、生徒が自分のやり方で言語を使えるようにすることで、ステファニー先生はTLの瞬間を摑み［seizing a translanguaging moment］、生徒の真の言語実践を尊重するだけでなく、1つの言語だけを使うことを強制された場合よりもより深く、自分の考えと向きあい、新しい情報を理解するための場を作っているのです。

　スタンダードに合わせて指導することは重要です。しかし、TLCの教師は、**TLコリエンテ［流れ］**に逆らわず、それを活用できるように指導をシフトしなければならないことも知っています。TLCの教師は、バイリンガルの生徒がスタンダードを満たし、それ以上の成果を上げるために、その場に応じてTLシフトを使用することができるのです。

8.4　スタンダードとカリキュラム──注意事項

　スタンダードの導入に伴っては、多くの州で、できあいで規範的な、事前に計画された売り物のカリキュラムが採用される、という負の側面がありました。コモンコア（CCSS）に沿ったカリキュラムのほとんどは、小学校向けに開発されたものなのであることが幸いして、ステファニー先生は自分のカリキュラムや指導をスタンダードに合わせる方法について、まだ自由に考えることができます。しかし、友人のセーラ先生は、同学区の小学校で3年生

を教えていますが、そこでは学校の管理職の意向で既製のカリキュラムが採用され、すべての教師が同じように使用しなければならないことになっています。セーラ先生はEMIのクラスで教えていますが、ステファニー先生のクラスと同じように、生徒たちは非常に多様な言語を有しています。中には、家庭で英語しか話さない児童もいれば、英語以外の言語が家庭内言語として使用されている児童もいます。英語を上手に話したり書いたりする児童もいれば、英語を流暢に話すけれど読み書きは「萌芽期」や「準備期」の児童もいます。ELLとして、ESLプログラムでサポートを受けている児童もいます。このように多様性があるにもかかわらず、セーラ先生は、児童の個々の言語能力にかかわらず、すべての児童に対して決められたカリキュラムに同じように従うことが求められています。

　セーラ先生の同僚である<u>リナ先生</u>は、同じ学校でバイリンガルである3年生を教えています。リナ先生も地区のカリキュラムを使用することになっていますが、英語のカリキュラムのトピックにちょうど対応できるスペイン語のテクストを見つけられませんでした。また、このカリキュラムを2つの言語で教えるための、教育的に意味のある方法も見つけられていません。二言語で教えるために、リナ先生は英語のメイン・テクストをスペイン語に翻訳することになっていますが、当然のことながら、翻訳の際に何かが失われるので、二言語のテクストは同等のものとは決して言えません。リナ先生は、英語とスペイン語の両言語を使って教えるバイリンガル教室で、両言語のバランスをとるのに苦しんでいます。しかし、スペイン語の場は日に日に小さくなり、その一方で、生徒が英語だけでスタンダードを達成することに注力してしまっています。このようにがんじがらめに決められたカリキュラム［scripted curricula］は、バイリンガルの子どもたちがモノリンガルの子どもたちよりも負担が大きいだけでなく、バイリンガルの教師も負担を強いられています。バイリンガルの生徒の言語能力（GLPとLSP）のばらつきや、教師が生徒のダイナミック・バイリンガリズムを学習に活用する方法を考慮せずに、このようなカリキュラムが採用されると、教師は燃え尽き、カリキュラムが子どもたちを失敗させます。

　これはもちろん、生徒と教師の間に不平等を生み出します。萌芽的バイリ

ンガルを含むバイリンガル学習者が、大学やキャリアに対応できるスタンダードを満たすことは急務です。しかし、出版社が製造・販売しているスタンダードに沿ったカリキュラムを様々に改編しなければこれを実現することはできません。バイリンガル教師だけがこの重荷を背負うことを期待するのには無理があります。DTPの複雑さを認識し、単に外部のスタンダードに合わせるのではなく、バイリンガルの子どもたちが知っていること、できることに合わせたバイリンガル・カリキュラムを作ることは、出版社の責務です。また、地区の責任として、バイリンガルの生徒に関わるすべての教師に、どのようにTLを学習に活用するかを学ぶための専門的な能力を開発する機会を提供するべきです。

　ステファニー先生の教室で見られるような、スタンダードに基づいたTL指導を開発することは簡単ではありません。おそらく、TL指導について創造的かつ知識に富む教師を養成するよりも、スクリプト化されたカリキュラムを手に入れるほうが早くて安上がりでしょう。しかし、子どもたちや社会にとってのコストは非常に高くつくのです。バイリンガルの生徒がその言語実践を活用した学びを通して、コンテンツや言語のスタンダードで求められるレベルに達し、さらに超えていくのに対し、生徒の多様性を無視してスクリプト化されたカリキュラムに従う場合は、バイリンガルの子どもたちを置き去りにし、バイリンガルの教師も置き去りにすることになります。

8.5　まとめ

　スタンダードは教室内で行われることの多くに強い影響力を持ちます。しかし、ステファニー先生のTLCでは、スタンダードはTLコリエンテ［流れ］によって形成され、やみくもにそのまま採用されることはありません。スタンダードは使用されますが、その使用には常にTL「スタンス」が必要なのです。ステファニー先生は「語る（talks the talk）」だけでなく、「歩む（walks the walk）」こともしています。スタンダードを取り上げ、拡張し、ローカル化し、活動的、文化的、言語的に持続可能な働きに結びつける指導とアセスメントを「デザイン」することで、それらをTLコリエンテ［流れ］に適応さ

せています。この適応の一部には、ステファニー先生が学習の瞬間を掴むために行う「シフト」が含まれています。これらの瞬間は計画されたものではありませんが、生徒の学習と言語発達の機会を広げ、スタンダードで求められるレベルに到達できるようにするものです。ステファニー先生は、学習のためにTLコリエンテ［流れ］を活用することを常に意識しています。

　多くの人にとって、スタンダードとは、英語だけの指導を強調することであり、スタンダードに沿っている既製のカリキュラムに教師が盲目的に従うことを意味します。しかし、ステファニー先生が教えてくれたように、これは必ずしもそうである必要はありません。TLスタンス、デザイン、シフトを含むTL教育法は、スタンダードの力を実際に拡張することができます。なぜなら、教師は指導とアセスメントを用いて、生徒が重要な目標を達成するために、生徒の一部ではなく全言語レパートリーを活用するからです。

■ 章末問題とアクティビティ

1. ステファニー先生のTLスタンス、デザイン、シフトを、スタンダードに関連したあなたの教育法と比較してください。ステファニー先生がしていることはあなたがしていることと何が違いますか？　あなたはステファニー先生から何を学ぶことができますか（そして彼女はあなたから何を学ぶことができますか）？

2. 第7章で取り上げたTL教育デザイン・サイクルの各ステージにおけるTL教育方略を復習してみてください。ステファニー先生の生徒が5つのステージを通してスタンダードを満たすためには、どの方略が最も役立つと思いますか？

3. TLCは、州が定めたカリキュラムに対応できますか？　もしそうなら、どのようにしたら対応できると思いますか？

■ やってみよう

1. 自分で、あるいは同僚と共に、TLを使って特定のスタンダードを「拡張」したり、「ローカル化」したりするレッスンやアクティビティ

をデザインしてみましょう。可能であれば、本書を読みながら作成した TL 指導単元を使用してみましょう。デザイン・サイクルの様々な段階にいるあなたのクラスのバイリンガルの生徒に対して、どのように個別化する方略が必要になるでしょうか？

2. レッスンやアクティビティを実際にやってみましょう。スタンダードで求められる目標を達成するために TL をどのように活用したかを振り返ってみましょう。TL は、どのような方法で、バイリンガルの生徒の教科学習内容と言語の学びを促進し、彼らのバイリンガリズムを活用し、社会情動的なアイデンティティを強化し、社会的公正に向けて働きかけたでしょうか？

9 トランスランゲージング・クラスルームにおける教科学習内容に関わるリテラシー

この章の学習目標

・教科学習内容に関わるリテラシーを教えるうえで教師がトランスランゲージング（TL）をどのように利用できるか、特にスタンス、デザイン、シフトの点から説明する
・バイリンガル生徒のダイナミック・バイリンガリズムを活用し、アカデミックな目的のためのリテラシー実践を伸ばす活動をデザインする

　学校教育において、リテラシー（読み書き能力）は非常に重要な要素です。学びの場で要求されるような文章との付きあい方を学ぶのは、学校においてです。家庭でも、新聞を読んだり、ニュースについて話しあったり、非公式な目的で読み書きをしたり（メモ、リスト、個人的な日記、家族への手紙など）、Facebookに投稿したり、ツイートしたり、テクストを送ったりすることがあるでしょう。しかし、学校で遭遇するようなリテラシーを家庭で実践することはほとんどありません。例えば、テクストベースの証拠を使って自分の考えを評価すること、テクストがどのように構成されているかを分析すること、ある問題について競合する視点やアプローチを比較対照する説得力のある文書を書くことを家族から求められることはほとんどありません。しかし、このようなリテラシーの実践こそ、生徒が学校で求められるものなのです。
　すべての生徒が内容、言語、リテラシーにおいて同じように高い水準に達していなければならないのですが、私たちのクラスにいるバイリンガルの生徒たちは、英語と他の言語においてアカデミックな目的のためにオーラシー（口頭能力）とリテラシー（読み書き能力）を使う方法がかなり異なる可能性があります。その違いがどこから生ずるかと言えば、最も重要な要因は、その生徒が現在の学校に来るまでどのような質と量の学校教育を受けてきたかということで、これはもちろん文化によって異なります。Street（1984）が的確

に示しているように、リテラシーは自律的なものではなく、特定の文脈の中に位置づけられるものです。例えば、（アメリカや他の国の）優れたバイリンガルスクールで教育を受けたバイリンガルの生徒は、一般的に、2つの言語でアカデミックな目的のために読み書きができ、それぞれの言語で適切な談話規則を使用することができます。モノリンガルな学校（例：アメリカでは英語、メキシコではスペイン語）で教育を受けたバイリンガルの生徒は、以前の学校で使われていた言語でより強い読み書き能力を示すと思われます。新しい言語で読み書きを学ぶ**萌芽的バイリンガル**は、母語と新しい言語でのリテラシー実践における異文化間の違いに明確に注意を払う必要があります。また、**正規教育が未完／中断した生徒**（SIFE）は、一般的に言って、何の言語であれリテラシー（読み書き能力）の基礎を身につけ、学校教育における文化的規範を理解する必要があります。

　バイリンガルの生徒に公正な教育を与えるためには、生徒が学校に持ち込む特定の内容、言語、リテラシー、文化的な強みを特定し、それをもとに、彼らの**ダイナミック・バイリンガリズム**をアカデミックな目的に積極的に活用［leverage］する必要があります。本章では、ニューヨーク市にあるステファニー先生の11年生社会科の教室、これは英語を教室内の使用言語として採用するクラスですが、そこに焦点を当て、TLの第2の目的である、学びの場で用いられる言語とリテラシーを発達させる機会を生徒に与えることを取り上げます。多様な学習者が複雑なテクストとリテラシー実践に参加できるようにするために、先生がどのように活動を構成しているのかを見てみましょう。ここで、クラスの5人の生徒のバイリンガル・プロフィールに戻って、教師が教室で出会う可能性のあるいくつかのバリエーションを説明します。

- エディは、ドミニカ人の両親のもと、ニューヨーク市のドミニカ人居住区で生まれ育ちました。彼は優れた英語のオーラシーを持ち、スペイン語も話すことができます。英語のリテラシーは学年以下で、スペイン語のリテラシーは身につけ始めたところです。
- ルイスは昨年エルサルバドルからアメリカに来た生徒で、スペイン語を話します。ELL（英語学習者）として公式に指定され、正規教育が未

完／中断した生徒（SIFE）と認定され、英語とスペイン語のアカデミックな文章の読み書きに苦労しています。

- マリアナはメキシコ系で、アメリカで生まれ育ち、英語とスペイン語を同じように話すことができます。小学校に入学して以来、公式にELLと指定されており、英語とスペイン語でのリテラシーに課題のある**長期英語学習者**と考えられています。
- ノエミは、8年生でエクアドルからアメリカに移動してきました。スペイン語で読む力が強く、まだELLとして分類されます。英語のリテラシー、特に書くことに苦労しているものの、ノエミの英語オーラシーは、「伸長期［expanding］」にあります。
- テレシータは幼い頃にグアテマラからアメリカに移住し、英語とスペイン語のオーラシーとリテラシーは「熟達期［commanding］」です。彼女はどちらの言語でもよく本を読み、標準化されたテストではよい成績を収め、詩を書くのが好きです。

　この章では、ステファニー先生が「環境保護主義：過去と現在」の単元を通じて、どのように**TLスタンス**、**デザイン**、**シフト**を行い、すべての生徒、特に萌芽的バイリンガルの生徒が複雑なテクストに取り組み、読んだり書いたり［create］できるようにしたかを紹介します。この章を読みながら、生徒のバイリンガリズムをどのように**積極的に活用**［leverage］し、学習内容に関わるリテラシーを向上させることができるか、ぜひ考えてみてください。

9.1　スタンス——学習内容とリテラシーのjuntos［統合］

　トランスランゲージング・クラスルーム（TLC）の特徴は、教師の**juntos**［統合］スタンスです。このスタンスは、生徒や彼らの言語や文化的実践に対する教師の見方から、指導計画の立て方に至るまで、あらゆることに影響を与えています。ここでは、ステファニー先生のjuntos［統合］スタンスがどのように反映され、カリキュラムと指導の中で学習内容とリテラシーをどのように結びつけているかを見てみましょう。

環境運動の歴史という単元を通して、ステファニー先生は社会科の学習内容と生徒の生活や興味、関心事を常に結びつけていました。その中でも特に重要なのは、ラティーノをカリキュラムの中心に据えたことです。ラティーノに偏った影響を与える環境問題に焦点を当てただけでなく、スタンダード準拠の教科書ではほとんど扱われていないラテンアメリカの歴史上の人物についての読み物も取り入れました。例えば、社会科の教科書にはCésar Chávezの短い自伝が掲載され、労働者の権利のために戦った彼の役割が簡単に説明されていますが、闘争——生徒が言うところの「la lucha」——における重要な〈声〉の取り上げられ方があまりにも雑であるとステファニー先生は感じています。そこでステファニー先生は、Chávezの生涯と、環境運動と人権闘争の両方への貢献について、1単元を割いて学習することにしました。

　ステファニー先生のスタンスには、生徒のバイリンガルなラティーノとしてのアイデンティティを誇りに思う気持ちが含まれており、それが、指導計画においても、また生徒のテクストへの取り組ませ方においても強く影響していました。教科書の枠にとらわれず学習を展開させたのは、la lucha［闘争］の重要人物が十分に取り上げられていないという、彼女自身と生徒たちの考え方に応えるためでした。ラティーノの重要人物、特にラティーノではない生徒が聞いたことのない人物に焦点を当てて学習を展開することで、ステファニー先生は学習内容を「生徒の現実に合わせたものとする［localize］」することにも成功しました。これによって生徒たちは、自分自身と学習内容とを結びつけ、運動において重要な役割を果たすと同時に物議を醸した歴史上の人物について学ぶことができましたし、ラティーノとしてのアイデンティティを肯定することができたのです。Chávezはメキシコ系アメリカ人であり、ステファニー先生のラティーノの生徒のほとんどはドミニカ人で、その他はアフロアメリカンですが、すべての生徒が彼の足跡について学んだことをとても誇りに思いました。内容の拡大とローカル化を同時に行うというカリキュラムの変更は、すべての生徒の心に響き、より積極的に学びに取り組むようになりました。このように、ステファニー先生はTLを利用して、

生徒の知の方法［ways of knowing］のための場を作り、生徒の社会的情動の発達とバイリンガル・アイデンティティをサポートしたのです。彼女のスタンスは、教育内容に対する社会的公正のためのアプローチを反映しています。ステファニー先生は従来のカリキュラムに、あまり表に出てこないような〈声〉や物語を加えることで、自分自身や自分たちのような人々が社会を変える力を持っていると考えるよう、生徒たちに働きかけたのです。

　ステファニー先生のスタンスは、テキストへのアプローチの仕方にも影響を与えました。教科書を超えた［expand］指導を行うにあたり、生徒のChávezの学習を補うテキストについて重要な選択を行ったのです。生徒の言語とリテラシーのパフォーマンスは、DTP［Dynamic Translanguaging Progressions］の上で、それぞれ異なる位置にありましたが、ステファニー先生は、生徒一人ひとりが学年相応の複雑な内容に取り組むことができると信じていました。ここで、ステファニー先生がどのようにテキストを選んでいるのかを見てみましょう。

　ステファニー先生は授業のために下調べを行って、英語とスペイン語の両方でChávezに関する読み物が掲載されているウェブサイトをいくつか見つけました。例えば、United Farm Workersのウェブサイトはすべて英語とスペイン語の両方で書かれており、そこにはChávezの業績に関する多くの情報がありました。教科書に載っているような平板な表現ではなく、Chávezの全体像を生徒に知ってほしかったので、ステファニー先生は、Chávezの足跡を様々な角度から検証した記事も見つけました。運動におけるChávezの輝かしい役割についての記事もありました。また、Chávezに対する批判を取り上げ、彼の人生とその功績をめぐる論争に目を向けるものもありました。スペイン語で書かれたものもありましたが、多くは英語だけでした。そうした現状を踏まえ、ステファニー先生は、生徒たち、特にノエミやルイスのような萌芽的バイリンガルの生徒たちがテキストにアクセスできるように、様々な方略を用いなければならないと考えました。生徒たちはニュアンスに富んだ複雑なリーディングの内容を扱うことができるが、ただそのために言語の

サポートが必要であることを彼女は知っていたのです。

　ステファニー先生は、自分が選んだ内容やテクストを「薄める」ことはしません。その代わり、生徒の学習をサポートするために、戦略的に足場がけをします。このあとの節で説明するように、意図的に生徒をグループ分けし、様々なTL方略や活動を通して、生徒がどのような英語使用経験を持っているかにかかわらず、厳しい学習活動にうまく参加できるような環境を整えているのです。

　バイリンガリズムは創造力と批判力のための資源であるというステファニー先生の考えは、学習内容とリテラシーの指導についての彼女の考え方全般で光を放っています。先生は、生徒のランゲージングを解決されるべき課題と捉えるのではなく、生徒が自らのバイリンガルの力を生かして、英語だけでは理解できなかったことをより深く理解できるように、学習内容に関わるリテラシーの指導を計画しています。自分のバイリンガリズムや知の方法を使う機会があることによって、生徒たちは自らの言語的な強みや文化的な理解を発揮し、より意味のある形で英語のテクストと関わることができるようになるのです。

9.2　デザイン──教科学習内容に関わるテクストへの取り組み

　TLコリエンテ［流れ］を活用するために、ステファニー先生は、すべての生徒──バイリンガルの生徒もそうでない生徒も──全員が複雑な英語の文章に取り組み、英語で独自の文章を創造する方法を見つける必要がありました。学習目的のためにどのように英語を使ってきたかという生徒の経験は様々ですが、適切なデザインによってそれぞれの生徒の状況に対応できること、そして、全員が「環境保護主義：過去と現在」の単元において、言語能力面での要求を満たすことができることを、ステファニー先生は知っていたのです。

9.2.1　2つの言語を並行して使用することで理解力を高める

　ステファニー先生のTL単元計画は、生徒が多言語のテクストに触れる機会を提供するもので、彼女の学習内容とリテラシーをjuntos［統合］するスタンスを反映しています。

　　Chávezについて学習した初日、ステファニー先生はUnited Farm Workersのウェブサイトで見つけたChávezの伝記を生徒に読ませました。そのウェブサイトには英語とスペイン語の両方の略歴が掲載されていたので、ステファニー先生はその2つのバージョンを並べたプリントを作成しました。Chávezについての新しい映画の予告編を見て、どんなことでも生徒が彼について知っていることがあればそれについて短い話しあいをしたあと、ステファニー先生は、次の見開きに示すような、英語とスペイン語版の伝記を並べた注釈システムつきの読解プリント（右ページに邦訳）を配布しました。ステファニー先生は、ある生徒には英語版を、別の生徒にはスペイン語版を渡すのではなく、すべての生徒に両方のバージョンを渡し、どちらか一方、または両方を読むことを選択できることを伝えました。生徒がそれを読む前に、ステファニー先生は配布した読解プリントの使い方について特に、これまでクラスの中でも使ってきた注釈とメモのとり方について確認しました。この注釈とメモのとり方、というのは、生徒が自分の考えを記録するにはどちらの言語を使っても構わない、そして自分の考えを記録し、理解力を高めることができる、そういうものです。すなわち、未知の語彙に丸をつける、意味を英語またはスペイン語で調べて書く、主要なアイディアに下線を引く、重要な場面や興味深い場面に星印をつける、迷った場面や疑問に思った場面にクエスチョンマークをつけるなどです。また、ステファニー先生は、テクストの言語に関係なく、生徒のノートは英語でもスペイン語でも、またその両方でもよいことを強調しました。

　こうした（指導）デザイン上の選択は、どのような教師でも教科学習を目的とした英語での読みの促進のため生徒のバイリンガリズムを積極的に活用

［leverage］できることを明確に示しています。ステファニー先生はスペイン語を話せず、この社会科の教室では英語が正式な指導言語であることを思い出してください。ステファニー先生は同じトピックについて英語とスペイン語の読み物を持ち込み、テクストの記述言語に関係なく、生徒が自分の言語レパートリーをフルに活用できるような機会を設定しました。また、英語とスペイン語のテクストを並行して使用することで、すべての生徒が「批判的メタ言語認識」を養い、それを示す重要な機会を得られるようにしました。バイリンガルの生徒にとっては、2つの言語を並べることで、構文、語彙（スペイン語と英語の同根語を含む）、単語の選択、談話の構造などを比較することができます。モノリンガルの生徒にとっては、1つの文章を2つの言語で見ることで、言語に対する意識が高まり、これまで全く別のものと思っていた言語間にいかに多くの共通点があるかがわかるようになります。言語に注意を向けることは、バイリンガルの生徒であろうとなかろうと、すべての生徒がリテラシー実践との関連において言語についてより深く考える一助となるのです。

　ステファニー先生はまた、自分の考えに注釈をつけるという明確な方略を用いることで、生徒が単独で読解する際に、内なる［intrapersonal］トランスランゲージング・ヴォイス〈声〉と対話するように促しました。生徒たちは英語とスペイン語のテクストを読みながら、ある者は英語で、ある者はスペイン語で、またある者は両方の言語を用いて注釈をつけ、メモをとりました。

9.2.2　ジグソーリーディングを使った学習内容に関わる
　　　　リテラシー指導の差別化

　ステファニー先生は、すべての生徒に対して同じ高い基準、目標、目的を設定しています。しかし、バイリンガルの生徒がみな、英語とスペイン語で同じようにオーラシーとリテラシーの力を発揮するわけではありません。そのため、教師は学習内容、言語、リテラシーの指導を差別化し、生徒の現状に合わせ、すべての生徒に学習意欲を持たせる必要があります。ここでは、ステファニー先生がどのように戦略的に生徒をグループ分けし課題を差別化しているか見ていきましょう。それは、すべての生徒が複雑な学習内容やテ

Student name _____

Date _____

Directions

Read the biography of César Chávez independently. Make sure you *annotate* and *take notes* on what you read. Your annotations can include the following:

(Circling) unknown vocabulary words *or* Spanish/English cognates
Writing the *Meaning* of the word in English or Spanish
Underlining main ideas
Putting a ★star★ next to things you think are interesting or important
Putting a **?** next to your questions, wondering, or moments of confusion

Your note taking can include the following:

Noting and explaining things you agree or disagree with
Writing down your questions or wondering
Making connections
Making predictions
Summarizing or writing out the main ideas

You can make notes in English, Spanish, or both, regardless of the written language of the text!

The Story of César Chávez The Beginning	La historia de César Chávez El principio
The story of César Estrada Chávez begins near Yuma, Arizona. César was born on March 31, 1927. He was named after his grandfather, Cesario. Regrettably, the story of César Estrada Chávez also ends near Yuma, Arizona. He passed away on April 23, 1993, in San Luis, a small village near Yuma, Arizona.	La historia de César Estrada Chávez empieza cerca de Yuma, Arizona. César nació el 31 de marzo de 1927. Lo llamaron como su abuelo, Cesario. Lamentablemente, la historia de César Estrada Chávez también termina cerca de Yuma, Arizona. Falleció el 23 de abril de 1993, en San Luis, un pueblo pequeño cerca de Yuma, Arizona.
He learned about justice, or rather injustice, early in his life. César grew up in Arizona; the small adobe home where César was born was swindled from them by dishonest Anglos. César's father agreed to clear eighty acres of land, and in exchange he would receive the deed to forty acres of land that adjoined the home. The agreement was broken and the land sold to a man named Justus Jackson. César's dad went to a lawyer who advised him to borrow money and buy the land. Later, when César's father could not pay the interest on the loan, the lawyer bought back the land and sold it to the original owner. César learned a lesson about injustice that he would never forget. Later, he would say, "The love for justice that is in us is not only the best part of our being but it is also the most true to our nature."	Aprendió sobre la justicia o más bien la injusticia temprano en su vida. César creció en Arizona; unos Anglos deshonestos les quitaron la casa pequeña de adobe en dónde nació. El padre de César aceptó limpiar ochenta acres de terreno a cambio del título de propiedad de cuarenta acres de terreno que colindaban con su casa. El acuerdo no se cumplió y los Anglos vendieron la tierra a un hombre llamado Justus Jackson. El papá de César fue a un abogado que le aconsejó pedir un préstamo y comprar el terreno. Después, cuando el padre de César no pudo pagar el interés del préstamo, el abogado volvió a comprar el terreno y se la vendió al dueño original. César aprendió una lección sobre la injusticia de la cual nunca se olvidaría. Después diría, "El amor por la justicia que está dentro de nosotros no sólo es la parte mejor de nuestro ser pero también es la parte más verdadera de nuestra naturaleza."

Notes/Notas

生徒氏名 _____

日付 _____

やり方

César Chávez の伝記を自力で読みなさい。必ず注釈をつけ、メモをとりなさい。

注釈には以下のものが含まれます。

　　知らないことばやスペイン語と英語の同根語を○で囲む

　　ことばの**意味**を英語またはスペイン語で書く

　　主要なアイディアに下線を引く

　　興味深いもしくは重要だと思ったところに★印をつける

　　疑問点・わかりにくい点には　？　をつける

メモには次のものが含まれます。

　　賛成するところ、反対するところにメモ、または説明を書く

　　質問があるところ、疑問に思うところを書き出す

　　関係付けをする

　　予測をする

　　要約したり、メインアイディアを書き出したりする

<u>メモをとるときは、テクストの言語に関係なく、英語、スペイン語、または両方を使ってよい。</u>

セザール・チャベスの物語──はじまり

　セザール・チャベスの話はアリゾナ州のユマの近くで始まります。セザール・チャベスは 1927 年 3 月 31 日にアリゾナ州ユマ近郊で生まれ、祖父の名前セザーリオからとってセザールと名づけられました。惜しくもセザール・チャベスの物語が終わりを迎えたその場所もまたユマの近くでした。彼は、1993 年 4 月 23 日、アリゾナ州ユマ近郊のサン・ルイスという小さな村で息を引き取りました。

　彼は、人生の早いうちに正義について──むしろ不正義についてといったほうがいいでしょう──学びました。彼はアリゾナで育ちましたが、彼が生まれた小さな小屋は、不実なイギリス人に奪われてしまったのです。セザールの父は 80 エーカーの土地を開拓することに同意し、その代わりに家に隣接する 40 エーカーの土地の証書をもらう約束をしました。しかし、この約束は守られず、開拓した土地はジャスタス・ジャクソンという人物に売り渡されてしまいました。セザールの父が弁護士のところへ行くと、金を借りて土地を買うよう助言されました。後日、利息の支払いに行き詰まったとき、その弁護士は、土地を買い戻し、元の持ち主に売り払ったのです。不正義を学んだセザールは、このことを生涯忘れませんでした。あとになって、彼はこう言いました。「我々の中にある正義を愛する心は、我々の人生の最も優れた部分であるだけでなく、我々の本質に根ざすものなのだ」。

リーディング教材

（英語の教材は United Farm Workers www.ufw.org より引用。スペイン語訳は著者らによる。写真は ©Jocelyn Sherman の許可を得て掲載。）

クストに取り組み、学びの場における言語実践を行い、メタ言語認識を強化するのに役立つ方法なのです。

　その週の後半、ステファニー先生は英語の様々な読み物の「ジグソー」を組み立てました。まず、生徒たちのDTPについて考え、生徒たちを英語の発達度合いに応じて5つのグループ（「準備期」「萌芽期」「形成期」「伸長期」「熟達期」）に分けました。それぞれのグループに与えられた読み物のレベルは異なりますが、それぞれがChávezの残した足跡を扱い、答えなければならない3つの質問も同じものでした。このため、レベル混成グループに戻っても、議論や比較の方向性が一致するようになっていました。

　生徒が発達度合いに応じたグループに分かれたところで、ステファニー先生はリーディング活動のプリントを配付し、活動について説明しました。

グループワーク用読解活動プリント

生徒氏名

日付

やり方

自力で読み、いつも使っている注釈とメモを書いてから

1) 自分の考えたことや疑問に思ったことをグループ内でシェアしてください

2) グループで、与えられたリーディングに関する以下の3つの質問に答えてください（回答は、英語でもスペイン語でも、両方で書いてもよい）

　1　テクストの内容で最も重要なアイディアは何か

　2　César Chávezに対する筆者の意見は何か

---

3 あなたはその意見に賛成か反対か、その理由は何か

注意：新しいグループに移ったら、テクストについて説明できるのはあな
ただけです。きちんと説明できるようにしましょう。

ステファニー先生は、生徒たちに次のように伝えました。
- 今まで練習してきた注釈やメモの方法を用いて、課題文を個人個人
  で読む。
- グループ内で注釈やメモについて話しあう。
- 配布資料にある3つの質問に答える。

　また、ステファニー先生は、配付したプリントの質問を終えたら、新
しいグループに入って読んだ内容を報告することも伝えました。新しい
グループのメンバーは別の記事を読んでいるので、新しいグループに参
加したとき、自分だけが自分のテクストについて説明できるエキスパー
トの立場になることについて生徒に心構えをさせたのです。
　生徒たちは、指定されたChávezに関する英語の文章を単独で読んだ
あと、同じ文章を読んだグループのメンバーと読んだ内容について話し
あい、自分たちのリーディングについてエキスパートとして報告するた
めの準備をしました。英語とスペイン語の両方を使うグループもありま
したが、それぞれのグループでのTLコリエンテ［流れ］を反映し、異な
る方法で言語を使い分けていました。例えば、あるグループは英語のテ
クストを読んでスペイン語で注釈をつけ、メモをとりましたし、他のグ
ループはテクストに英語で注釈をつけ、メモをとりました。また、文章
と同じ言語で注釈をつけ、メモをとったあと、もう一方の言語で書いた

ことについて議論する生徒もいました。グループメンバーは、3つの質問に対して、英語とスペイン語の両方でメモをとり、新しいグループに英語で報告する準備をしました。生徒たちが作業を終えたところでベルが鳴ったので、ステファニー先生は、翌日のジグソーの第2部に備えて、読んだテキストとノートを見直しておくことを宿題にしました。

　翌日、生徒たちは教室に来ると、グループに戻って復習をし、全員が自分の考えを発表する準備ができていることを確認しました。ステファニー先生は、生徒たちが答えた3つの質問それぞれについて話しあうように指示しました。生徒たちは、他の生徒の発表を聞きながら、時には英語で、時にはスペイン語でメモをとりました。3つの質問についての話しあいが終わると、各グループは協力して英語でテキストの要約を書き（多くの場合、両言語で相談しました）、そのテキストのエキスパートとして報告できるように準備しました。

　その後、ステファニー先生は全生徒を、異なるテキストを読んだ異なる進度レベルの生徒で構成されるグループに送り込みました。このようにして、各グループには、Chávezの足跡という問題に関して、生徒たちが読んだ5種類のテキストを反映した5つの異なる視点が存在することになりました。

　ステファニー先生はジグソーの構造を意図的に活用［leverage］することでクラスでのTLコリエンテ［流れ］を活用し、複雑な学習内容や英語のテクストにすべての生徒、特に英語の発達段階初期の萌芽的バイリンガルの生徒を引き込みました。

　まず、ステファニー先生は、ジグソーパズル活動の中で生徒をグループ分けし、テクストやタスクを割り当てる際に戦略的な選択をしました。この活動の最初の目的は、生徒全員にCésar Chávezについて英語で書かれた文章を読ませ、読んだ文章について同じ3つの質問に答えさせることでした。ステファニー先生は通常、様々な力の生徒を1つのグループに入れることを好みますが、このタイプのタスクでの英語のリテラシー・パフォーマンスが「伸長期」にある生徒はより高いレベルのテクストに挑戦する必要があり、一方、

このタイプのタスクで英語のリテラシー・パフォーマンスが「準備期」や「萌芽期」にある生徒は言語的に複雑ではないテクストで練習する必要があることを理解していました。そこでステファニー先生は、この最初のアクティビティで、DTPに沿って英語リテラシーの段階が近い生徒を均質のグループに編成し、各グループに異なる言語的複雑さのレベルで書かれたテクストを与えました。このように、ステファニー先生は、あまり複雑ではない英文を必要とする生徒と、より言語的に難しいものに挑戦できる生徒をサポートし、すべての生徒が英語で、同じ複雑な学習内容に取り組むことができるようにしたのです。

　このアクティビティでは、TLコリエンテ［流れ］が存在することをはっきりと見てとることができます。このジグソーのテクストはすべて英語でしたが、ステファニー先生は生徒があらゆる言語資源を使ってノートをとり、テクストについて話しあい、分析し、ディスカッションの質問に答えるように促しました。すべての言語を駆使してテクストに取り組むことで、生徒たちはより高いレベルでテクストを理解し、分析することができました。ノエミやルイスのように、聡明で好奇心旺盛ですが英語で書かれた複雑な文章を理解する能力がまだない生徒も、取り残されることはなかったのです。取り残されるどころか、ステファニー先生の意図的なデザインと生徒のTLによって、彼らは、テクストとそのテクストにまつわる会話の両方にアクセスすることができたのです。

　その後、ステファニー先生は、生徒たちを、すべての進度段階にいる生徒が含まれる別のグループに送り、ジグソー活動のプリントを配付しました（Box 9.1）。そのグループでは、すべての生徒がすべてのテクストについて学習することができました。他の生徒には理解できないような複雑な英文を読んでいるグループもありましたが、グループメンバーの報告を聞くことで内容にアクセスすることができたのです。質問には、自分たちの持っている言語資源をフルに活用して答えていました。各グループは、5つのテクストから学んだことを英語で要約し、クラス全体の前で発表しました。

Box 9.1　ジグソー活動のためのプリント	
名前 日付	
ジグソー　グループワーク	
テクスト	メモ グループの他のメンバーが読んだテクストについて学んだことを書きなさい 英語でもスペイン語でも両方でもよい
1	
2	
3	
4	
5	
まとめ（英語で）	

9.2.3　TLによる英文テクストの再提示

　生徒が学習内容に関わる英語のテクストを理解することは非常に重要ですが、ステファニー先生は、生徒が学習内容に呼応する文章を産出する〔create〕ことも同様に重要だと考えていました。文章を読むことと創作することを組み合わせることで、生徒たちは内容について学び、それに対して「もの申す」ことができるようになり、能動的で積極的な学習者となるのです。ス

テファニー先生は、レポートのような文章を課すのではなく、生徒が読んだ文章を異なる言語運用と異なるジャンルで再提示する［re-present］機会を設けました。一次資料、教科書の一章、学術雑誌の記事など、複雑で言語的に難しいテクストを、寸劇、詩、物語、インタビュー、広告、新聞記事、電子メール、はがき（などなど！）として再提示することを生徒たちに望んだのです。Walqui（2006）は、テクストの再提示について以下のように書いています。

> 言語使用者がアカデミックなディスコースにおける様々なジャンルを使いこなす能力には発達段階がある（中略）と言われている。言語使用の観点から見ると、この連続体は、今起こっていること（演劇や対話の形で）を言わせることから始まり、次に、起こったこと（物語、報告）を、そして、ことの顛末（説明における一般化）、最後に、起こり得る事態（言い換えるとどうなるのか、理論化）を生徒に言わせるのである。このようにして、生徒はより難しいジャンルで提示されたものを、（中略）異なるジャンル、特により簡単に生み出せるジャンルに変換することで、その内容にアクセスすることができる。(p. 213)

　学習内容に関わるテクストを新しいジャンルで再提示し、新しい言語的実践を行うというステファニー先生のデザインによって、生徒は自分たちの学習を拡張し、同時に自らのバイリンガリズムと知の方法を活用することができたのです。

　　ステファニー先生は、生徒をペアにして、César Chávezと、その週に読んだテクストの中から選んだ他の登場人物との想像上の対話を作らせました。まず、生徒がジグソー活動のために読んだ、特に批判的な記事の筆者とCésar Chávezとの短い対話をステファニー先生自身がモデルとして作成しました。先生は、寸劇の対話を通して、自分が読んだものをどのように新しい方法で表現したか、生徒たちに見せました。ステファニー先生は、対話のセリフの中に、記事から引用して再提示したこ

とがはっきりわかる箇所を指摘してみせました。また、Chávezの妻、運動に参加した農場労働者、大規模農場の経営者など、登場人物を自由に選び、Chávezの業績の一面を表現したセリフを作るよう生徒に伝えました。先生は、ダイアログの中に、読んだテクストの中から、登場人物や場面に関連し、適切なものを最低2つ直接引用するよう指示しました。また、Chávezが話す相手によって、英語、スペイン語、あるいはその両方を使う可能性があることを生徒に伝えました。そのため、生徒はセリフをどちらかの言語、または両方の言語で書くことができます。生徒たちは二人一組になって対話を作り、その後クラスで披露しました。

César Chávezについて学んだことを寸劇の対話形式で再提示することで、生徒たちは自分の知識と理解を誰にでもわかりやすい魅力的な方法で示すことができました。

　これらの寸劇を演じることで、生徒たちはChávezや彼の業績について互いに教えあい、そしてそれがステファニー先生に重要な評価の機会を与えました。生徒が共同で作成したダイアログを読み、それを演じる姿を見ることで、ステファニー先生は、生徒にレポートのような言語的に複雑で脱文脈化されたジャンルを書く負担を強いることなしに、彼らが読んだテクストをどの程度理解したかを把握することができたのです。ステファニー先生は、生徒にあらゆるジャンルの書き方を教えることの重要性を認識していますが、英語のレポートだけに頼るよりもこうしたやり方のほうが、生徒のテクストの理解度をよりよく評価できると考えています。

　さらにステファニー先生は、Walquiの考えをさらに推し進め、生徒の再提示にTLを含める場を設けました。Chávez氏はラティーノで、家族や彼が組織した農場労働者の多くとスペイン語で交流していたため、彼らの想像上の対話は、生徒がバイリンガルでTLのテクストを作成する真の言語実践の機会となったのです。英語のテクストに触れながら、自分の言語をすべて使うように生徒に促すことには、多くの目的があります。まず、ノエミやルイスのような萌芽的バイリンガルの生徒に、最もよく知っている言語で自分の知識を表現する機会を与えます。また、英語しか話さない生徒も含め、すべて

の生徒が自分の**言語レパートリー**をフルに活用できるようになり、対話がより面白く、ニュアンスに富み、真の言語実践に根ざしたものになるのです。最後に、生徒がなぜそのような言語的選択をしたのかについて話すようステファニー先生が仕向ける［facilitate］ことで、生徒のメタ言語的な気づきを高め、それを示す機会ができました。生徒がある単語やフレーズを 1 つの言語またはもう 1 つの言語にした根拠を説明するとき、ステファニー先生は、スペイン語と英語をどのようなオーディエンスに向け、どのように使い分けるかについて生徒が知っていることを評価することができたのです。

　どのような学習内容においても、教科の担当教師がテクストを使ったTLコリエンテ［流れ］の授業を設定するために使える方略はたくさんあります。例えば、以下のようなものです。

- 意図的にグループやペアを組み、生徒が様々なテクストを読んだり、様々な言語実践を積んだり、若干異なりつつも類似するトピックに関する活動に取り組めるようにする。
- 生徒にとって言語的、文化的に適切なテクストでカリキュラムを補う。
- 英語のテクストについて、生徒の母語で書かれたバージョンを探したり、作ったりすること（逆もまた然り）。
- インターネットをリソースとして利用して、同じトピックで、できれば異なる視点から二言語で書かれたテクストを探す。
- 多言語の映像、音楽、その他のオーディオ、アート、ビジュアル資料やレアリアでテクストの読解をサポートする。
- テクストの言語に関係なく、自分が最も使いやすい言語でテクストに注釈をつけたり、メモをとったりする方法を明示する（例えば、英語のテクストにLOTE（英語以外の言語）で注釈をつける、その逆も可能）。
- テクストの言語に関係なく、読み書きの際に自分の内なる［intrapersonal］〈声〉と対話するように生徒を励ます。
- 複雑な文章を理解する［make meaning］ために、生徒がグループで協力し、あらゆる言語資源を駆使して対話するよう促す。
- 生徒のテクストに対する理解度を、異なる言語実践や異なるジャンル

で再提示させることによって評価する（例えば、英語の教科書の章をバイリンガルな寸劇として、英語の学術雑誌記事を英語またはLOTEによる詩として、再提示させる）。

　教師がTLデザインを通して学習内容とリテラシーを統合し、TLコリエンテ［流れ］を学習に積極的に活用［leverage］するjuntos［統合・協働］スタンスを実行すれば、英語を媒介言語とする教室のバイリンガル生徒は、複雑なテクストにもっと意味のある形で関わることができ、教科学習目的のためにリテラシーを実践できるようになるのです。

9.3　シフト――テクストをめぐる会話を深める

　ステファニー先生は、バイリンガルの生徒のリテラシー・パフォーマンスに焦点を当てながら、教室を流れるTLコリエンテ［流れ］に沿うように、いくつかのシフトを行いました。Chávezに関する学習の初日、ステファニー先生は彼の伝記からの抜粋をスペイン語と英語の両方でコピーしました。ステファニー先生は当初、生徒にまず英語のテクストに取り組ませ、理解するために追加の助けが必要な場合にのみスペイン語のテクストを参照させようと考えていました。しかし、このやり方はその意図に反してスペイン語を貶め、生徒が英語を使えない場合にのみスペイン語を使うという考えを支持することになると、すぐに気がついたのです。ステファニー先生は、スペイン語と英語は同等であるというスタンスで、教室での実践もこのスタンスを反映したものにしたいと考えました。最初は2つのテクストを別々の用紙にしたプリントを作ろうと考えていましたが、2つの言語を並べることにしました。また、授業の直前には、どちらのテクストを読むべきかを生徒に指示しないことにし、英語のパフォーマンスの如何にかかわらず、すべての生徒が常にスペイン語を利用してよいのだという感覚を持たせることに成功しました。

　ステファニー先生はまた、生徒のTLに対応してシフトする能力を示す重要な動きもしました。ステファニー先生の言語に対する柔軟性によって、す

べての生徒が意味のある形でリテラシー活動に参加することができたのです。

生徒たちが Chávez の短い伝記を単独で読んだあと、ステファニー先生は注釈とメモをグループごとに話しあうように言いました。生徒たちがテクストについて話しあっている間、先生は教室の中を歩き回り、話を聞き、アイディアを出し、質問に答え、クラス全体に伝えたいことを書き留めました。各グループが話し終えたあとクラスで共有するために、テクストについての質問とコメントを1つずつ出すよう求めました。ステファニー先生は、英語で発表する準備をするよう求めましたが、スペイン語でも自分の考えを説明する方法を知っておくようにと言いました。いよいよ発表の段になって、先生は、ルイスに自分のグループの答えを英語で話すように言いました。ルイスは正式な学校教育をあまり受けてこなかった萌芽的バイリンガルであり、どの言語でもリテラシーに課題がある生徒です。ルイスは自分のメモを見ながら、「César Chávez の父親は差別の犠牲者だった」と、グループの考えを英語で説明することができました。その後、ステファニー先生はルイスに、スペイン語で何か補足したいことはないかと尋ねました。ルイスは、「César の父親に起こったことは、今日も起こり続けています。私の友人にも起こったことです」とスペイン語で続けました。ステファニー先生はルイスが言ったことがほとんどわかりませんでしたが、多くの生徒が同意してうなずいているのを見ました。先生は、マリアナにルイスのコメントを翻訳してもらい、そのコメントを英語で大いに褒めました。

ステファニー先生は、ルイスが英語でのタスクを成功させたにもかかわらず、彼が英語で話したこと以上に言いたいことがあると感じていたのです。ルイスにスペイン語で何か言いたいことはないかと尋ね、彼が英語で話したことを、彼がより得意とする言語で展開できるような場を作りました。

このシフトは、ステファニー先生がいかに生徒と向きあっているかを示しています。ルイスのような萌芽的バイリンガルを、英語で表現できる範囲に限定するのではなく、英語での発言をさらに発展させるためにスペイン語を

使うよう一貫して生徒を後押ししています。常に生徒の発言を理解している
わけではありませんが、生徒のバイリンガリズムを学習に生かし、学習内容
に関わるテクストの理解と産出を促進するために、TLコリエンテ［流れ］を
許容しているのです。

　教師がリテラシーを高めながら学習内容を教えるために使えるシフトには、
次のような様々な種類があります。

- 生徒がテクストの意味を理解できるように、その場で翻訳や説明をす
  る（生徒の家庭言語とのバイリンガルでない場合は、翻訳アプリ、オンライ
  ンまたは紙の辞書、バイリンガルの生徒やスタッフなどを利用する）。
- 生徒が行き詰まっているようなときは、「ターン＆トーク（近くの生徒
  のほうを向いて助けを求める）」のような方略を用いて、ペアとなる生徒
  同士が個人間ですべての言語資源を使えるようにすることで混乱を解
  消し、テクストについての会話を弾ませる。
- 生徒が必要なときに、家庭言語での議論や作文をすることで、英語の
  テクストの理解を増やし深めるように促す。
- 必要に応じて、文化的に適切な例や比喩を提示したり、生徒にそれら
  を提供するよう求めたりして、生徒がテクストにつながれるように支
  援する。

9.4　まとめ

　この章での大切な学びは、すべての教師が多様な学習者の教科内容及びリ
テラシーの教師であろうとする必要があるということです。生徒が学年相応
の複雑な教科内容について学習する前に、テクストの言語に習熟している必
要があると主張する教師もいますが、そうではありません。ほとんどの教室
は多言語（環境）であり、バイリンガルの生徒は、英語とその他の言語では、
学習のための言語やリテラシーの実践において非常に異なる経験や専門性を
持っているのです。したがって、すべての教師は、複雑な教科内容やテクス
トに多様な学習者を引き込むために、生徒のダイナミック・バイリンガリズ

ムを積極的に活用［leverage］しなくてはならないのです。これは、すべて教科担当の教師がリテラシーの教師でなくてはならないことを意味しており、TLの枠組みがこれを可能にするのです。

　本章は、ある教科担当教師、ステファニー先生のTLCにおけるスタンス、デザイン、シフトについて紹介しました。ステファニー先生は、教科内容とリテラシーをjuntos［統合］して教え、11年生のEMIの教室で、生徒の学習のための言語及びリテラシーの実践を拡大するために、生徒の実生活に根ざした［local］興味関心と理解を大いに活用しています。ステファニー先生の指導の重要な特徴として、戦略的な生徒のグループ化、バイリンガルテクストの併用、様々な言語実践やジャンルの重視が挙げられます。ステファニー先生によるTLCの実践は、生徒の言語使用をテクストの言語に限定しないことで、学習内容に関わる生徒のリテラシーを効果的に向上させることができることを示しています。生徒が利用可能なあらゆる言語レパートリーを駆使できる場を確保することで、生徒たちはすべての言語で学びの場で用いられる言語やリテラシーを伸ばす機会が増えるのです。

■ 章末問題とアクティビティ

1. 本章で紹介したステファニー先生の授業実践の抜粋を見直してみましょう。生徒のリテラシー・パフォーマンスを高めるために、ステファニー先生は他にどのようなことができたでしょうか。

2. ステファニー先生はなぜラティーノの歴史的人物の伝記を取り入れたのでしょうか？　これは、ラティーノであろうとなかろうと、す゛べ゛て゛の生徒にとって有用だと思いますか？　あ゛な゛た゛な゛ら゛、自分が教えている学習内容をどのようにして生徒の現実に合わせたもの［localize］にできるでしょうか。

3. TLコリエンテ［流れ］に沿ってリテラシーを構築しながら学習内容を教えるために、どんなシフトを使用できるか話しあってみましょう。あなた自身はこれらのシフトを自分の指導の中で使っていますか。複雑な学習内容やテクストに生徒を引き込めるよう、また、生徒の言語

実践に寄り添うために、リストにある以外のどのようなシフトを使っ
ていますか。

やってみよう

1. TLのクラス用にジグソー活動またはテクスト再提示のアクティビ
   ティを設計してみましょう。できれば、この本を読みながらあなたが
   実践してきたTL単元デザインの一部としてのアクティビティがよい
   でしょう。どのようなリソースが必要でしょうか。ジグソーやテクス
   ト再提示を用いてどのような活動を構成し、あなたのクラスでのTL
   コリエンテ［流れ］を促しますか?

2. ジグソー活動を実施し、そのあとで以下のアクティビティについて、
   自分でまたは同僚と一緒に考えてみましょう。
   - あなたが実践した生徒のグループ化、テクストの差別化、タスク
     の構成などについて、それらがどのように複雑な学習内容やテク
     ストに取り組もうとする生徒たちを支えたと思いますか?
   - あなたの生徒たちは様々なアクティビティにおいてどのような
     TL方略を使っていましたか?
   - TLコリエンテ［流れ］に乗るため、あなたはどんなシフトを行い
     ましたか。

10 トランスランゲージング・クラスルームにおけるバイリテラシー

この章の学習目標

・バイリテラシーを推進するためにトランスランゲージング（TL）がどのように作用するかを描く
・これまでのバイリテラシーのモデルと、トランスランゲージング・クラスルーム（TLC）で使用される柔軟で多面的なバイリテラシーのモデルの違いを分析する
・TLのスタンス、デザイン、シフトを通して、教師がどのように柔軟なバイリテラシーのモデルを実行できるかを描く
・TLを使って、教室で生徒を複雑なバイリテラシーのテクストに主体的に関わらせる活動をデザインし、実践する

　すべての**トランスランゲージング・クラスルーム（TLC）**が、2つの言語の読み書きができるという従来の意味のバイリテラシーを明確な目標、期待される成果として目指しているわけではありません。しかし、Hornberger（1990）が述べているように、バイリテラシーは、バイリンガルの教室であれ、EMI［英語を教室内で使用言語として採用している授業］の教室であれ、あらゆるTLCにとって重要なのです。Hornbergerのバイリテラシーには、「書くことに関連して［in or around writing］、2つ以上の言語でコミュニケーションが行われるすべての事例」（p. 213、強調筆者）が含まれます。この本の中で、ステファニー先生とジャスティン先生がEMIの教室において、書くことに関連した生徒のバイリンガリズムをいかに**積極的に活用している**［leverage］か、多くの例を見てきました。この章では、カーラ先生が自身の**二重言語バイリンガル教育**［Dual-Language Bilingual Education：DLBE］の教室で、柔軟でダイナミックなバイリテラシーのモデルをどのように使っているか、さらに詳しく見ていきます。

　本章では、TLの第3の目的である、生徒のバイリンガリズムと知の方法

［ways of knowing］の場の創出に焦点を当てます。まず、今日、バイリンガルの学校で見られるバイリテラシーの様々なモデルを概観し、明確な指導目標及び言語実践としてのバイリテラシーがTLの観点からどのようなものであるかを捉えなおします。それから、カーラ先生のDLBEの教室に戻り、彼女がどのようにして**TLコリエンテ［流れ］**を用いてクラスのバイリテラシーを推進しているかを、彼女のスタンス、デザイン、シフトを通して見ていきます。読みながら、あなたなら自分のバイリンガルの教室でどのようにTLを使ってバイリテラシーを強化できるか考えてみてください。

10.1　ダイナミック・バイリテラシー

　バイリテラシーという目標は、ゆっくりですが、着実にアメリカで受け入れられています。DLBEのプログラムはかつてないほど人気があり、バイリテラシー認証制度［the Seal of Biliteracy］は多くの州で採用が続いています。しかし、ほとんどの政策論議はバイリテラシーをはっきりと定義することなしに進められ、バイリテラシーへの様々な道筋も明確には示されてはいません。

10.1.1　柔軟なモデル

　García（2009）は、様々なタイプの**バイリンガル教育**プログラムに見られる、リテラシーと実際の言語使用との関係を踏まえて、4つのモデルを提示しています。

1. **収束型モノリテラシーモデル**［Convergent monoliterate model］
　このモデルでは、英語及びLOTE（英語以外の言語）の2つの言語を使用して英語のテクストについて話しあいます。しかし、これは英語で書かれたテクストを理解することのみを目的とするものです。その意味では、これは真のバイリテラシー・モデルとは言えません。
　　　英語とLOTE　━━━━▶　英語のテクスト／リテラシー

2. **収束型バイリテラシーモデル**［Convergent biliterate model］

このモデルでは、英語でのリテラシーを目標にして、2つの言語で書かれたテクストを使用します。2つの言語で書かれたテクストを使用してはいますが、マイノリティのリテラシーの実践は、単にマジョリティのリテラシーの実践の翻訳借用にすぎません。例えば、英語、スペイン語のバイリンガル・プログラムの多くでは、スペイン語の初期のリテラシー［initial literacy］は、英語のデコーディング[1]を模倣する方法で教えられることが多く、そのため音素認識［phonemic awareness］に指導の重点があります。（Goldenberg, Tolar, Reese, Francis, Ray Bazán, & Mejía-Arauz, 2014）。

英語及び英語に翻訳借用されたLOTE
―――――> 英語のテクスト／リテラシー

3. **分離型バイリテラシーモデル**［Separation biliterate model］

ここでは、2つの言語のどちらかの言語で書かれたテクストと深く関わるために、どちらかの言語を使用しますが、そこにはテクストが表す様々な文化の社会文化的及び言説に関わるリテラシーの規範によって生じる深い分断があります。といっても実際には、スペイン語圏の文化の社会文化的及び言説に関わるリテラシーの規範がバイリンガルのクラスに反映されることはほとんどありません。

英語 ―――――> 英語のテクスト／リテラシー
LOTE ―――――>LOTEのテクスト／リテラシー

4. **柔軟で多面的なバイリテラシーモデル**［Flexible multiple model］

このモデルでは、統合と分離のどちらも可能にするバイリンガルの柔軟な規範に従って、両方の言語で書かれたテクストやその他のメディ

---

1 デコーディング（decoding）：書かれた文字を音と対応させること。英語はスペリングと音の対応が難しい言語であるため、デコーディングのスキルをシステマティックに教えるフォニックスと呼ばれる指導法が用いられることが少なくない。ただ、読解の指導がフォニックス指導のみに偏りがちになることについては多くの批判がある。

アと深く関わるために、2つの言語が共に使用されます。

EMIであろうとバイリンガルの教室であろうと、すべてのTLCでは、柔軟で多面的なバイリテラシーモデルを使用しています。指導とアセスメントにおけるTL教育論は、バイリンガルの生徒が自分の持つすべての言語レパートリーをフルに活用して、考え、議論し、対話（交流）するとともに、複数の言語でテクストを読み、複数の言語で書くことが期待されますが、1つの言語で読んだり書いたりするときもあります。

　従来のバイリンガル教育の教室ではほとんどの場合、収束型バイリテラシーモデルか分離型バイリテラシーモデルに従っています。収束型バイリテラシーモデルは一般的に**移行型バイリンガル教育**［transitional bilingual education］の教室で見られます。そこでは読み書きは2つの言語で行われますが、たいてい英語の読み書きの規範に従っています。分離型バイリテラシーモデルは一般的にDLBEの教室で見られ、リテラシーの活動での英語とスペイン語の使用はいつでも別々に行われます。生徒たちはどちらか1つの言語で読み、その言語で書きます。収束型バイリテラシーモデルや分離型バイリテラシーモデルとは対照的に、柔軟かつ多面的なモデルは、Escamilla, Hopewell, Butvilofsky, Sparrow, Soltero-González, Ruiz-Figeroa, & Escamilla が *Literacy Squared*（2014）で述べているバイリテラシーのタイプを反映したもので、ここではリテラシーのコンテクストやトピックが言語を超えて相互に関連し、結びついているのです。このモデルは、カーラ先生がバイリテラシーを教えるDLBEの教室でも見られます。

10.1.2　テクストとバイリテラシーの広い概念

　TLCで用いられる文章テクスト［written texts］[2] には無数の形式があります。

2　ここでは「テクスト」は様々なモダリティを取り得るという理解に立ち、「文章テクスト」は、「音声テクスト」や「映像テクスト」同様「テクスト」の下位概念として扱われている。

モノリンガルのテクストを用いつつ、テクストとは異なる言語を使用して議論する場合もあります。また、テクストがバイリンガルの場合もあります。この場合、翻訳はページの横や、一番上や下、最後のページにあったりします。「テクストがTLを使用して構成されているもの」もあります。この場合、2つの言語は、テクストを通して互いに関係しながら使用されています。例えば、物語の中の登場人物の会話は、違った言語で話されていたり、2つの言語と考えられる特徴を持って話されていたりします。2つの自律した言語に属すると従来考えられていた特徴がいわば、sin fronteras［国境を越えて］用いられ、それによってバイリンガルの〈声〉が生まれるのです。

　ここではテクストというのは印刷物だけでないということを強調しておきたいと思います。それは、口頭のやりとりの形にあるように音声ベースであったり、ビデオや映画のように視覚的であったりします。ほとんどの場合、テクストにおいては多様なコミュニケーション様式を用いた情報伝達が同時に起きます。例えば、協働読みの実践を通じて、生徒はテクストを見、［クラスメイトが読む声を］聞き、それについて話しあうことが同時にできるようになります。また、ビデオクリップを見て、字幕を読み、その字幕の言語やビデオの言語でテクストを聞くこともできます。私たちが文章を書くとき、黙読しつつ、頭の中でテクストが何を言っているか、またどう聞こえるかに耳を傾け、テクストを読みながら心の中で対話をしたり、メモをとったりすることはよくあります。そのため、テクストに深く関わるにあたっては、テクストの意味を生成し、さらに新しい意味を作り出すために生徒が持っているすべてのリソースを活用することが求められるのです。バイリンガルの生徒の場合、これは複雑なテクストに深く関わり、かつそうしたテクスト［の意味］を生成するために、彼らの言語や記号論的なリソース、言い換えると意味生成［meaning-making］に関わるリソースをあますことなく積極的に活用する［leverage］ということを意味します。

　TLはバイリテラシーを発達させるのに重要です。というのは、バイリンガルの生徒の内なる［intrapersonal］〈声〉は、従来は2つの言語と考えられていましたが、バイリンガルの生徒にとっては1つの、完全な**言語レパートリー**であるからです。つまり、1つの言語で書かれたテクストであっても、

バイリンガルの生徒は自分自身、自分たちの世界、そして自分たちが住む世界のテクストとつながりを持つために、常に「二言語で意味を構築している」のです。このようなバイリンガルの生徒が対人及び個人内でテクストに関わる際に〔engage with texts inter- and intrapersonally〕、ただ1つの言語を使うように教師が要求することは、生徒の学ぶ機会を制限することになります。

Hornberger（2003）の**バイリテラシー連続体〔Continua of Biliteracy〕**[3]は、第一言語と第二言語の連続性を示すもので、二言語間の複雑な関係を説明するものです。Hornberger（2005）は、さらに、「バイリンガル、マルチリンガルの学びは、モノリンガルの指導や実践で前提とされてきたものによって制約されたり禁止されたりするのではなく、むしろ、既存の言語スキル（2つ以上の言語での）を活用することを許され、認められたときに最大限の力を発揮する」と述べています（p. 607）。TLによって生徒は、Hornbergerのバイリテラシー連続体の様々な側面を活用できるようになるのです。TLCでは、生徒が自分の言語レパートリーをすべて使って、ダイナミックなバイリテラシー、つまりテクストがどのように、そしてなぜ使われるのかを意識的に捉えるようなテクストとの関わり方を身につけることができます。教師の役割は、生徒のバイリテラシーの実践を促し高めることで、思考、表現、そして創造性を生み出すTLの様々な方法を維持し形作ることにあるのです。

リテラシーとは、単にテクストの文字と音の関係を理解するだけではありません。それも重要ではあるのですが。Freire（1970）に従えば、リテラシーには言葉を読む〔reading the word〕だけでなく世界を読む〔reading the world〕ことも含まれます。私たちは、el texto〔テクスト〕を読んでその意味を解読し、テクスト自体についてよく考えることで、またテクストが存在し作成されている社会的、政治的、そして経済的なel contexto〔文脈〕について批判的な対

3　バイリテラシー連続体（Continua of biliteracy）：多言語環境における言語政策・言語教育・言語学習について理解するための生態学的枠組みとしてHornbergerによって提示されたモデル。コンテクスト、発達、内容、媒体の4つの次元（さらにそれぞれに3つの軸がある）のどこに位置しているかで複合的にバイリテラシーを理解する。詳しくはHornberger, N. (2003). *Continua of biliteracy: An ecological framework for educational policy, research, and practice in multilingual settings.* Multilingual Matters. を参照。

話に発展させることでバイリテラシーを実践しているのです。

10.1.3　複数の道筋

　萌芽的バイリンガルや経験豊かなバイリンガルの生徒に、バイリテラシー指導を行うこれまでのバイリンガルの教室では、多くの場合、家庭言語から新しい言語への道筋が家庭から学校へと移動する直線的で一方向のものとして表されます。スペイン語のリテラシーを目標とするDLBEのプログラムにおいても、学校では、アメリカのスペイン語コミュニティで使用されている生活に密着した［vernacular］タイプのスペイン語とはかけ離れた、より「標準的な」スペイン語を使えるようになるよう指導されます。どんな種類のプログラムにあっても、新しい言語の習得は、一般的に、「準備期」から「萌芽期」「形成期」を経て「伸長期」「成熟期」に至る、というような直線的で段階的なプロセスとして表されます。この見方からすると、新しい言語発達のある特定のステージにいる生徒は、言語を使って一定のことができることが期待されますが、他のことはできない、というように理解され、そのため教師は生徒がレベル以上のテクストを使うことは認めないのです。学習者の学びは、多かれ少なかれ直接的、直線的に示されるため、読みの指導における教師と生徒の役割は多くの場合、教師主導（教師が生徒に読み聞かせる）、責任の共有（教師が生徒と読む）、そして自主的な産出（生徒がテクストを読む）の3つの段階で示されます。つまり、教師が最初に行動をリードし、それから生徒に任せるのです。

　TLCでの動きはこれとはかなり異なります。生徒はある発達段階に達するまで、自分で行動するのを待っている必要はありません。指導とアセスメントのための**TLデザイン**では、教師は3つの役割（生徒に読む、生徒と読む、生徒が読む）を途切れることなく移動していくことができます。TLCでは、英語に初めて接する生徒であっても常に積極的にタスクを行うためです。教師は、TL方略やシフトを活用して、教室のエコロジー、目の前のタスク、それぞれの生徒がTLの発達のどの段階にあるのかという点に合わせて調整します。教師は、生徒やその家族が学習内容、言語、そしてリテラシーについて何を知っていて、何ができるか常に確認し、生徒の家庭言語、リテラシー

の実践、そして学校で必要とされる言語固有の実践が結びつくように生徒を助けます。というのは、生徒の言語やリテラシーの実践は非常に多様であり、TLコリエンテ［流れ］は、文脈により異なるので、TLCの教師は（バイ）リテラシーに至るには複数の道筋があることを強く意識しています。

10.2　スタンス──リテラシーの協働的な リ・メディエーション [4]

　「落ちこぼれ防止法」（2001）が制定されて以来、萌芽的バイリンガルの教育はますます補習的［remedial］で規範的になり、基本的なスキルを教えることばかりに重点を置くようになっています。つまり、教師は「問題を抱えている生徒」の学習を補うために作られたお仕着せのカリキュラムに従うことを求められています。しかし、カーラ先生のスタンスは、リテラシーの「リ・メディエーション」［remediation］に焦点を当てています。Gutiérrez, Morales, and Martínez（2009）は、リ・メディエーションの概念を「すべての生徒が実践のレパートリーを広げることができる豊かな学習環境［learning ecologies］を開発するためのフレームワーク」としています（p. 227）。カーラ先生は、リテラシーは自律的なスキルではなく、社会的、文化的、政治的、経済的な要因によって媒介［mediate］される（Street, 1984）ものであると理解しています。カーラ先生の**TLスタンス**に従えば、リテラシーの実践への文化の影響を認めながら、学ぶために読む場合、当然**juntos**［共に］行う必要があるのです。生徒の言語実践を総動員し、他の人々やテクノロジーの助けを得て行わなければなりません。同時に、リテラシーの実践における文化の影響についての認識も必要でしょう。

　カーラ先生はニューメキシコ州でDLBEのプログラムで教えていますが、

4　リ・メディエーション（Re-Mediating Literacy Juntos）：メディエーションとはもともとはヴィゴツキーの理論において主要な位置を占める用語（詳しくは第1章注26を参照）。リテラシーの発達をJuntos（協働的な）学びによって再び媒介させていくことをここでは表現している。この表現は、「補習」という意味のremedialと、音的には非常に似ているにもかかわらず概念的には全く異なるre-mediationという言葉を使用することでその違いを際立たせている。

このプログラムでは、すでに触れた通り、ニューメキシコ州や全米で行われているプログラムのように学習目標でスペイン語と英語の分離を強調しています。しかし、カーラ先生は、自分と生徒たちがスペイン語と英語を持ち寄り、生徒のバイリンガリズムと知の方法を活用するTLの場を教室の一角に創出しました。この場をカーラ先生はCuéntame algo［教えてください］と呼んでいます。この指導の時間に、カーラ先生と生徒たちは、家庭、学校、コミュニティの言語とリテラシーの実践を結びつけながらリテラシー、文化的レパートリーをフルに活用するのです。

　カーラ先生のTLスタンスは、アカデミック言語そのものや、英語やスペイン語そのものというものなどそもそもない、という彼女の考えを反映したものです（アカデミックな目的のために言語を特殊な方法で使用することや、一般的に英語かスペイン語と呼ばれるものをある特定の状況下で使用することがないというわけではありませんが）。バイリンガルである自分の生徒たちは、家庭、学校、その他の日常生活で重要な場面を行き来しながら、彼らの言語実践と文化実践を進化させていることをよく理解しています。そのため、バイリンガルの生徒たちが学校で学習目的のために英語やスペイン語を使用する際、一般的に家庭やコミュニティの状況に関連する**言語の特徴**が見られることが普通です。同様に、家庭やコミュニティで特定の目的のために言語を使用する際には、学習場面に関連する言語の特徴を見いだすこともあるでしょう。これは家庭と学校が2つの個別の分離可能なコンテクストではないことを考えると納得できるでしょう。教師は、TLコリエンテ［流れ］を推進することで、家庭、学校、そしてコミュニティのつながりを強化することができるのです。

　カーラ先生の指導には、バイリテラシーの実践は書くことを中心に、2つあるいはそれ以上の言語を使ったコミュニケーション活動の中で他の人々と協働で構築される、という彼女のスタンスが反映されています。例えば、先生は、バイリンガルでマルチモーダルのテクスト（フィクションとノンフィクションの両方）を与えます。これは、出版されているものもあれば、コミュニティの中で見つけられるものもあります。またカーラ先生は、2つの言語のどちらかで書かれた教科学習的なテクストと、バイリンガルのコミュニティで実際に使われている言語を統合し、生徒たちが自分の言語レパート

リーを包括的に捉え、様々な言語の特徴を活用してリテラシーの実践を強化し、自分の〈声〉を育てるよう促します。

　カーラ先生の考え方の方向性は、彼女が自らの教育学において、家庭とコミュニティにおける言語及びリテラシーの実践をリソースと見なし、どのようにTLコリエンテ［流れ］が自由に流れるように導いているかという点です。彼女の教室では、学校だけでなく家庭からも知識が引き出されています。例えば、*Cuentos de la terra y del barrio*［土地とコミュニティのお話］というTL単元では、教師と生徒が協働して、家庭、コミュニティ、学校のcuentos［物語］をまとめあげます。フィクションの作品は、単にcuentos de hadas［おとぎ話］として体験されるだけではありません。むしろ、家族やコミュニティの人々のオーラルヒストリーを含むノンフィクションのテクストの延長と捉えることで、フィクションを人生を映す鏡として捉えることができ、同時に、ノンフィクションをもう1つの物語として理解することができるのです。このように、カーラ先生は、家庭、学校、コミュニティでの実践とjuntos［一緒に］教室でのバイリテラシーを構築しているのです。

　カーラ先生個人のことに目を向ければ、カーラ先生はバイリンガル、バイカルチュラルな教育者で、英語だけでもスペイン語だけでもなく、また、話し言葉だけでも書き言葉だけでもなく、生徒たちの家庭での言語実践を理解しています。カーラ先生は、生徒たちのリテラシーの実践がメールやソーシャル・メディアへの投稿、インターネットの閲覧、iPhoneや他のスクリーンを読むことなど多岐にわたっており、彼らの言語レパートリーを総動員して行われていることを知っています。Cuéntame algo［教えてください］を通じて提供される場によって、生徒たちはcomo la corriente［コリエンテに沿った］バイリテラシーの学びを価値あるものと見なし、支え、実行することができるのです。そうすることで、生徒たちはバイリンガリズムと知の方法を獲得しつつ、自らのバイリンガル・アイデンティティを育むのです。

10.3　デザイン──バイリテラシーの伴走[5]

　従来の**ESL（第二言語としての英語）**では、**入り込み**であれ、**取り出し**であれ、**構造化された英語イマージョン**［structured English immersion］であれ、生徒たちは英語のテクストが与えられ、英語でそれらを理解する（そして産出する）よう求められます。従来のバイリンガルの教室では、バイリテラシーの指導は順を追って行われます。つまり、生徒はまず１つの言語（普通は家庭言語）で読み書きを学び、そのあとに付加言語［additional language］の読み書きの活動が導入されます。したがって、生徒たちが学習したばかりの言語で読んでいるとき（すなわち「準備期」または「萌芽期」にあるとき）は、複雑な内容やテクストの理解を示すために、指さす、絵を描く、絵を順に並べるなどの低レベルの活動しか期待されていません。このような場合、教師は人為的で不自然に見える足場がけを考え出さなければならないことが多いのです。

　TLCでは、生徒たちは自分の言語的レパートリーを総動員して分析したり、推論したり、総括したり、証拠を提示したりするなど、高次の活動［higher order activities］を行うことを期待されます。生徒たちは、モノリンガルのテクストを読んだり作成したりしているときでも、別の言語を含むすべての言語リソースを活用して意味を生成して［make meaning］います。TLCでは、バイリンガルの生徒たちは最初から以下のような幅広い**GLP**［General Linguistic Performance：**言語総合パフォーマンス**］を示すことができるのです。

- テクストで提起された問題について、テクストの言語にかかわらず、意見を述べること。
- テクストの言語にかかわらず、テクストについて質問すること。
- バイリンガルのテクストにある考えの関係について議論すること。
- バイリンガルのテクストの様々な言語的特徴を評価し、その意味を説

5　原著では「Biliteracy Acompañamiento」と、見出し自体がTLされた用語となっている（後ろの単語がスペイン語）。

明すること。
- バイリンガルのテクストの言語的特徴と談話構造を比較対照すること。
- コミュニティのメンバーが作成したテクストと結びつけることにより、出版されたテクストとより深く関わること。

　生徒たちはGLP及び**LSP**［Language-Specific Performance：**言語固有パフォーマンス**］で自分たちにできることを示すために自分のバイリンガリズム及び知の方法を活用しますが、これはメタ言語的な認識を深め文化的な理解を深める機会にもなります。

　カーラ先生の教室では、生徒たちは、意味のある対話に参加したり、調べ学習をしたり、翻訳者や言語のエキスパートとしての重要なリテラシーのタスクを行ったり、独自のcuentos［物語］や原稿を作成したり、マルチメディアを使ったプレゼンテーションを行ったり、さらには洗練された意見文を書いたりする中で、それぞれの言語レパートリーのすべての特徴を活用しています。私たちが取り上げている4人の様々なプロフィールを再確認しましょう。

- エリカはニューメキシコ州で生まれました。両親はプエルトリコ生まれです。エリカは、家庭ではだいたい英語で話します。スペイン語と英語で、話す、読む、書く、理解することができます。スペイン語と英語の読み書きはちょうど学年相当レベルですが、スペイン語より英語のほうが話すのはずっと楽なようです。
- ジェニファーはアメリカ生まれのメキシコ系で、学校でスペイン語を習っています。家庭では、母親やきょうだいには英語で話し、祖母にはスペイン語で話します。スペイン語は学年レベル、英語は学年レベル以上の読みの力があります。
- モーセは2年前にメキシコから移住してきました。スペイン語では学年レベルの読み書きができ、ELL（英語学習者）に正式に指定されています。両親は英語をあまり話さないので、家庭で両親とはほとんどスペイン語で話していますが、きょうだいとはよく両言語でやりとりし

たり遊んだりしています。

- リカルドは昨年メキシコ（オアハカの学校でスペイン語とミクステコ語を通して学んだ）から移住してきて、ELLに正式に指定されました。スペイン語と英語の読みの力は学年レベル以下です。家族とはミクステコ語とスペイン語でコミュニケーションをとり、年下の弟や妹とは少し英語を使います。

　従来のDLBEプログラムではジェニファーとエリカは二人とも英語が優勢で、モーセとリカルドの二人はスペイン語が優勢なELLと考えられただろうということを忘れてはなりません。カーラ先生はバイリンガル個票を使うことで、従来のネーミングでは見えなくなってしまうようなバイリンガルの言語資源をそれぞれの生徒の中に見いだすことができるのです。

　第6章のカーラ先生のTL単元計画、*Cuentos de la tierra y del barrio*［土地と地域の物語］で見たように、カーラ先生はリテラシーの指導の中で、フィクション、ノンフィクションのテクストを多面的なコミュニケーション様式を活用して教えました。この単元には、農業や土壌保全についての英語とスペイン語の二か国語の本が多数含まれていました。カーラ先生が選んだスペイン語のテクストには以下のようなものがありました。

- Rudolfo Anayaの『サンテロの奇跡』
- 地元のリーダーが書いたガーデニングについての文献
- ウェブサイトや雑誌からとった地元の農業／グローバルな農業についての読み物
- 地元の農業実践／グローバルな農業実践についてのビデオ

英語では次のものを選びました。

- 4年生の社会科の教科書
- 4年生の理科の教科書
- ウェブサイトや雑誌からとった地元の農業／グローバルな農業につい

ての読み物

- 地元の農業実践／グローバルな農業実践についてのビデオ

次に、カーラ先生がどのように巧みに**バイリテラシーの伴走**（Biliteracy acompañaminento）を行い、生徒たちがテクストに深く関わるための支援をしているのか見てみましょう。

10.3.1 読み聞かせ——言語と文化的実践を結びつける

Cuéntame algo［教えてください］のTLの場の間、カーラ先生はニューメキシコ州の地元の作家、Rudolfo Anayaが書いたバイリンガルcuento［物語］の『サンテロの奇跡』をen voz alta読み［音読］しました。物語の中で、Don Jacoboと孫は、農民のsanto patrón［守護聖人］であるSan Isidro Labradorの木彫りを仕上げているところでした。そのとき、大雪がニューメキシコ州を襲ったのですが、San IsidroはDon Jacoboのために奇跡を起こし、救急車が病気のvecino［隣人］のところにたどり着けるように、そして彼の子どもたちがクリスマスに家に帰れるように、道路の雪を溶かしたのです。

本の中で、Anayaの英語のテクストはスペイン語に翻訳され、英語、スペイン語のテクストはそれぞれ隣り合わせに、または上下に並べられています。カーラ先生はある段落は英語で読み、また別の段落をスペイン語で読みます。生徒たちは先生がどちらの言語で読んだとしても同じように、そこから生じる協働の対話に参加します。生徒たちはel cuento［そのお話］をen voz alta読み［音読］しながら、テクストで起きたことをチャートに描きました（**図 10.1**）。本は2つの言語で書かれていて、カーラ先生はあるところは英語で、他のところはスペイン語で読みましたが、対話はほとんどスペイン語だったので、チャートの紙にはスペイン語でテクストの出来事を描くことにしました。

次の場面描写では、生徒たちのスペイン語の使い方についての質問が、スペイン語と英語の違いや翻訳の難しさについてのメタ言語的な議論にどうつながっていったか注目してください。

「m'ijoってそもそもちゃんとした単語なの？」とジェニファーが尋ねた。リカルドは、オアハカ語の単語だと答えた。二人は辞書で調べてみたが、見つけられなかった。モーセは、それはmi ijoという意味だと言ったが、それでも辞書でijoの語は見つからなかった。そこでジェニファーは、hijitoにはhがついていると指し示した。みんなはそのために見つからなかったのかと思った。hijoで探してみると、見つかった。ジェニファーが「スペイン語のせいだよね。英語ではhの音が聞こえるから、混乱しないけど」と言った。ジェニファーの意見に多くの反対意見が出たあとで、みんなでhijitoの意味を話しあった。リカルドは、家族からよくRicarditoと呼ばれると言った。すると、ジェニファーも同じく「私はうちのおばあちゃんをabuelitaと呼ぶよ」と言った。みんなはカーラ先生になぜスペイン語ではito/itaが使われるのか尋ね、みんなで考えた結果、それにはlittleの意味があると判断した。そこでカーラ

図10.1　読み聞かせのためのcuento［物語］での出来事

先生は、これは小さいものを指す「指小辞」と呼ばれている、と説明した。

　カーラ先生は生徒たちにそのcuento［物語］から「Don Jacobo se bajó de la cama, se vistió y a la ventana para ver pueblo entero」という文を抜き出し、つけられるところすべてに接尾辞ito/itaをつけて、それが文の意味をどう変えるか話しあわせた。それから、生徒たちに「英語で同じ文を作るには何が必要ですか」と尋ねた。クラスのみんなで訳を考え付いたが、どうしてもしっくりこなかった。例えば、ジェニファーは、「小さい村は、pueblitoと同じではないよね。pueblitoが好きっていう気持ちがあるからitoをつけるんだよね。サイズとは関係ないよね！」と言った。そこでカーラ先生は翻訳の複雑さについて話し、この本を翻訳した人がいることを指摘した。みんなは、翻訳者という尊敬される（高給な）職業について話しあった。エリカはいつも家族のために翻訳をしているけれど、お金はもらってない！と言った。笑いながらもみんな、家族のために翻訳をすることはよくあるし、翻訳は大切なスキルであるということで意見が一致した。

　それから、カーラ先生は生徒たちに、バイリンガルの作家が表現したいことに対してどのように言語をどのように選択するのかという点についてメタ言語的な話しあいをさせた。生徒たちはバイリテラシーの重要性についても話しあった。カーラ先生は、cuento［物語］に話を戻して、Don Jacoboと孫が1日中San Isidroの木彫りをしていて、正しい色合いを見つけるために色を選び混ぜ合わせることに多くの時間を費やしたことを思い出させた。それから、みんなに「物語の中で『1日中、木彫りに色を塗っていた』とあります。作家は言葉でも同じことをしなければなりません」と言った。エリカは、「そうだよね、でも私たちはバイリンガルだから、もっとたくさんの色を塗ることができるんだ。持っている色を全部使わなくちゃ！」と大声で言った。

　この場面描写に見られるように、ここでは子どもたちは「読む」「書く」「聞く」「話す」をjuntos［統合して］経験し、かつ、2つの言語の特徴をあま

すことなく経験します。カーラ先生がバイリンガルの生徒への読み聞かせに続くディスカッションで用いたTLの用法は、メタ言語学的な分析のための多くの機会を生徒たちに提供しています。従来のDLBEプログラムでは2つの言語を厳密に分離していたため、このような機会は得られませんでした。

　次の抜粋は、同じクラスでのディスカッションからとったものですが、そこでは生徒たちのテクストに対する問いかけがどのように文化実践の探究につながったか、これもTLにより可能となったわけですが、それを見てみましょう。

> 　物語を読んでいる間、エリカはsanteroという言葉を聞いた。彼女は、飛び上がって、クラスのみんなに、自分の出身地であるプエルトリコではsanteroはsantosの像を彫る人ではなく、自分はあまりよく知らない宗教の教えを実践する人で、白い服を着た人のことだと言った。モーセはとても興奮して、「Mentira. Mi mamá es católica, y ella siempre la reza a sus santos, y no se viste de blanco.」（嘘だ。うちのママはカトリックで、いつも聖人に祈っているけど、白い服なんか着ていない）と言った。カーラ先生は、モーセにスペイン語で答えなければならないと思った。そして、これはsanterosとsantosの意味を深く調べるのによいトピックだと判断し、クラスのみんなにスペイン語で課題を出した。家に帰って、家族にsantosとsanteroという言葉をどう理解しているかインタビューし、家族が言ったことをメモし、クラスで、口頭で報告できるようにするというものだ。

　カーラ先生は、生徒がテクストにしっかり関われるような方法を常に探しています。特にどうしたら生徒がテクストに対する問いを持ったり、生徒同士で質問しあったりするか、考えているのです。カーラ先生は、TLコリエンテ［流れ］に沿って、この単元に、家族へのインタビューという新しい活動を加えました。これは、生徒たちがsantosとsanterosの意味の違いを理解し、それと関連した文化的実践について深い理解を得られるようにするためです。

次の場面描写にあるように、読み聞かせによって生徒たちの背景にある経験や知識が共有され、生徒同士やテクストに深く関わらせることができるのです。

> 　カーラ先生は、物語の中でおじいさんが San Isidro に有名な祈りを何度も捧げる場面では必ずスペイン語で韻を踏んで読むことにしていた。即座にモーセが「No es lo que digo.」(ぼくの言い方とは違う)と言い、「San Isidro Labrador, quita el agua y pon el sol (農夫 San Isidro よ、雨を降らせないで、晴れにして!)」と言った。すると、エリカが大きな声で「うちでも雨がやんでほしいときにその言葉を言う!」と言った。それから、みんなで農業における雨と太陽の役割について話しあった。

　この場面では、モーセは、自分が知っている祈りがテクストに書かれているものではなかったのでテクストに疑問を持ちました。モーセがこのようにテクストと関わったことで、モーセとエリカの仲が近づいたのです。というのも、二人の家族(一方は、メキシコ人で、家庭では主にスペイン語を使い、もう一方はプエルトリコ人で家庭では主に英語を使います)は太陽のために同じ祈りをするからです。
　主にテクストの意味に焦点を当て話しあったあと、カーラ先生はこの本の作者が本の中でどのように TL を使用しようとしたのかを考えさせました。Anaya の英語のテクストには「スペイン語」と呼ばれる言葉が散りばめられています。しかし、多くのバイリンガルにとってそうした言葉は彼らの語彙の一部にすぎません。カーラ先生はそのことを生徒たちに指摘し、一緒にそれらの言葉のリストを作りました。その後、4 人グループで、なぜこれらの単語はスペイン語で書かれ、他の言葉はそうされなかったのか話しあいました。それぞれのグループは、クラスで報告し、カーラ先生の助けを借りて次のようなカテゴリーを考え出しました。

- インフォーマルな挨拶や交流:"Buenos días" "Vamos" "Gracias" "Entre" "¿Qué pasa?"

- 人間関係や愛情の用語：“abuelo/a” “hijito” “compadre” “m'ijo” “mujer” “amor”
- 食べ物：“tortillas” “posole” “biscochitos”
- 他の文化的慣習：“santero” “santo”

　カーラ先生と生徒たちは作家たちが、自ら創作したテクストの中で、ある特定の読み手を巻き込むために、この場合は、アメリカのラティーノの家庭で行われている本物の文化的慣習を思い起こさせるために、どのように言語を使うかについて話しあいました。

学習を評価する──研究レポートを書く

　カーラ先生は、指導だけでなく生徒たちがどうテクストに関わり、記述、説明、報告等々するために言語（GLP及びLSPの両方について）を使っているか、綿密に評価することにも注意を払っています。カーラ先生は、教員用アセスメントシート（付録A.6.1参照）を使って、DTPのどこに生徒がいるのかを特定し、それを他のアセスメントでさらに補強することで、生徒たちが指導のTLユニットの単元の様々なタスクで教科学習、リテラシー、そして言語で何ができるか、その全体像を捉えます。例えば、カーラ先生はある成果プロジェクトにおいて、生徒たちに地元の農業慣行についてテクストベースのエビデンス、地元の情報源、そして、人的資源を使ってそれぞれでレポートを書くよう求めています。生徒たちはまず自分の主張を仲間に発表し、その後恒例の学校の参観日の間、地域のコミュニティの人々にも発表します。

　まず、カーラ先生は生徒たちに家に帰って家族アセスメントシート：La conexión（付録A.6.4参照）を使って、物語について学んだことを家族と共有するように言った。特に農業やSan Isidroの伝説について家族に尋ねるように指示した。

　先生は、それから、生徒たちを4人のグループに分け、それぞれのグループで農業と農業に関わる文化実践、そしてSan Isidroについて家族に聞いてわかったことをまとめるよう求めた。その際、英語とスペイン

語のサイトを使い、インターネットでも調べるよう伝えた。カーラ先生
は、あるグループにはスペイン語でレポートを書くよう指示し、別のグ
ループには英語で書くよう指導した。しかし、友達や家族、インター
ネットから集めたテクストを、見聞きした言語と関係なく直接そのまま
引用するようにとも言った。カーラ先生は生徒たちに、Rudolf Anaya が
いくつかの語をわざわざスペイン語で書いていたことを思い出させ、生
徒たちにも同じようにすることができると言った。生徒たちの研究レ
ポートは地域のコミュニティの前で、プレゼンテーションをするのに使
うからだと説明した。

　単元のこの部分の成果研究レポートには、カーラ先生の juntos［協働・統
合］のスタンスが反映されています。カーラ先生と生徒たちにとって、『サ
ンテロの奇跡』を読むことは TL リテラシーのイベントであって、生徒たち
は口頭で、また書く際にスペイン語と英語を戦略的に使用したのです。カー
ラ先生の TL デザインによってバイリンガルの生徒たちは、自分たちの言語
資源と文化資源を juntos［共に］活用することができたし、家庭と学校での
経験を juntos［統合する］こともできたのです。こうした TL の実践により生
徒たちは複雑なコンテンツやテクストに取り組むことができ、同時にモノリ
ンガルやバイリンガルのテクストを読み書きする経験を深めることができま
した。各グループが書いた研究レポートを含むそれまでの様々なタスクを通
して、生徒たちは自分たちのパフォーマンスを示すことができたのです。

10.3.2　精読──生徒の言語レパートリーの特徴をフルに活用する

　単元の後半で、カーラ先生はスペイン語と英語で、DTP の様々なステー
ジにある 4 人を集めたレベル混成グループを作りました。それぞれのグルー
プが、農業と土壌保全について異なる物語を読みました。英語で読むグルー
プもあれば、スペイン語で読むグループもありましたが、どのグループも通
訳のできる仲間や iPad、バイリンガル辞書など活用しながら、両言語のリ
ソースにアクセスすることができました。この場合、カーラ先生は、英語の
リテラシーのパフォーマンスはまだ形成期にあるモーセとリカルドと、経験

豊かなバイリンガル二人を一緒のグループにして、英語で複雑なテクストを読むとき助けてもらえるようにしました。カーラ先生はモーセとリカルドには英語で書かれた複雑なテクストに正面から取り組めるようにしつつ、同じトピックについてのスペイン語のテクストをさらに提供することで、生徒たちの作業をサポートしました。カーラ先生はジェニファーとエリカの二人をスペイン語で読むグループに入れました。というのは、二人は英語で読むほうがずっと楽でしたし、かつ、スペイン語で読むことについてさらに頑張る必要があることがカーラ先生にはわかっていたからです。ジェニファーとエリカはスペイン語でのリテラシーの経験の豊かな仲間やその他のリソースによって支えられたわけです。生徒たちはグループ内で、自分たちに課せられたテクストの精読の作業をしました。

　グループの生徒たちは、英語かスペイン語のどちらかでテクストを読んでいたが、意味を生成するためには、自分たちの言語資源をあますことなく活用していた。つまり、生徒たちは読んでいるテクストについて話しあったり、戦略的に質問をしたり、答えを出したりする中で主体的にTLを使っていたのだ。また、あとで行うディスカッションのために自分たちの言語資源をすべて使ってメモをとることもしていた。

　カーラ先生はこの精読の活動を通して、英語やスペイン語でそれぞれのグループと協力しながら、教室の大きなポスターに表示されている一般的な質問を使うように促した。英語とスペイン語で書かれたこれらの質問には次のようなものがあった。

- このテクストを理解するのにどんな絵や図が役に立ちますか？
- 視覚化してみましょう。何を感じますか？　どんなにおいがしますか？　何の音がしますか？　説明してください。
- このテクストを読むと何を思い出しますか？　あなたの生活、経験の中では？　今まで読んだ他のテクストでは？
- このテクストは何についてですか？

カーラ先生は、生徒たちに、トピックについて読んだりメモをとった
りするときには、お互いに助けあうように促した。同時に、先生に助け
を求めることも大切だと伝えた。カーラ先生は教室の中を歩きながら、
必要に応じてスペイン語や英語で考えを言い換えたり、iPadや辞書を
使うように促したりした。

　農業と土壌保全のcuentos［物語］についての二言語で出版されたテクスト
を精読する他に、カーラ先生と生徒たちは、ニューメキシコ州における農業
慣行の歴史についてのコミュニティや家族のcuentos［物語］を参考にしまし
た。カーラ先生は、生徒たちにla tierra y los barrios［土地と地域コミュニティ］
は変遷していくことを理解してほしいと思いました。宿題として生徒たちは、
家族やコミュニティの人たちにニューメキシコ州（またはメキシコや他の国）
でのcuentos de la tierra［土地の物語］のことを尋ね、様々な人が、様々な方法
や言語実践を通じて語ったcuentos［物語］についてメモをとるよう言われま
した。カーラ先生は、読むということは、学校で読む出版されたフィクショ
ンやノンフィクションのテクストだけでなく、家庭やコミュニティから得ら
れる口承の語りに取り組むことも含むのだ、ということを生徒たちに理解さ
せたかったのです。

学習のアセスメント——意見文を書く

　出版されたテクストやコミュニティのメンバーにより作成されたテクスト
を吟味することで得られた深い知識を身につけたことで、生徒たちはこの単
元の授業の成果プロジェクト、つまり自分の主張を述べる意見文を書く準備
ができました。

　　生徒たちはグループの中でcuentos［物語］を共有し、自分たちの両
親や祖父母の時代と比べてel jardín del barrio［近所の庭］の農業や土壌
がよくなっているのか悪くなっているのかという点について協働で書く
意見文において、どういう立場をとるべきかブレインストーミングを
行った。生徒たちは、このトピックについて議論し、意見文の中でとる

べき立場について合意に達する中で、自分たちの立場の論拠をテクスト
から提示するように指示された。

　カーラ先生はクラスのみんなに、以前の４年生が英語とスペイン語で
それぞれ書いた２つの意見文の例を貼ったバイリンガル掲示板を紹介し
た。先生は、この２つの意見文を読み、生徒たちにわからないところを
質問したり、議論をさらに発展させるにはどうしたらよいか提案する機
会を与えた。

　それから生徒たちは、1 つの言語を選んで、最終的にその 1 つの言語
だけで意見文を書くように求められた。この決定を下すために、カーラ
先生はそれぞれのグループに質問した。「誰に向けて書いていますか」
「誰に対して自分の意見を表明したいのですか」。続けて、生徒たちにこ
う言った。「これらの質問に答えることで、自分が意見文で使いたい言
語や言語実践を決められますよ」。それぞれのグループが、どの言語で
自分たちの意見文を発表するか決めるとカーラ先生は、もっと現実に即
した形で書くために、もう 1 つの言語を使うこともできる、Rudolfo
Anaya もそうしていた、ということを生徒たちに思い出させた。

　それから生徒たちは一人ひとり自分で選んだ言語でプレライティン
グ[6]をした。例えば、予想されたように、モーセとリカルドはスペイン
語で、エリカとジェニファーは英語でプレライティングをした。グルー
プの中で、互いのプレライティングを読み、どう議論を発展させ、どの
ように論拠を使うか意見を述べあった。そして、自分たちが設定した読
み手のために、自分たちが選んだ言語で、グループとしての意見文を書
き始めた。

　カーラ先生の教室では、書くことは常に協働で考えること、話すこと、聞
くこと、読むことを伴います。そのため、読んだ資料の中から論拠を見いだ
して互いに議論するために、集団としての言語実践、リテラシー実践に多く

6　プレライティング：プロセスアプローチのライティング指導の第一段階。詳しくは第 5 章注 11
　を参照。

の時間が費やされるのです。カーラ先生のバイリテラシーの伴走［acompaña-miento］アプローチにより、生徒自身の内省やピア・グループの内省を促し、また家族に貢献を呼びかけながら、生徒が知っていることは何か、を継続的に評価することができます。

10.3.3 テクストに深く関わるための方略

教師のTL単元計画及び**TL授業デザインサイクル**は、質問を考えたり、テクストについて深く考えたり、テクストと意味ある形で深く関わったり、特定の目的のためにテクストをデザインしたりする生徒の努力をサポートする仕組みを提供します。これらのリテラシーの実践は学業の成功の鍵となるものです。

カーラ先生は、単元デザインサイクル全体を通して、生徒たちがこのような方略を学び、使う機会を提供しています。例えば、バイリンガルの読み聞かせやマルチモーダルのテクストを用いて、授業のために選ばれたテクストだけではなく、自分たちの〈声〉や言語実践を使いながら自分たちが読んだテクストについて話しあいをさせています。カーラ先生は、テクストに深く関わるために生徒たちが用いる具体的な方略を観察し記録しています。

- モーセ：精読したり、英語とスペイン語で余白にメモや疑問を書き留めたりして、テクストを理解した。テクストの主旨や概念をよりよく理解するため、仲間に助けを求めたり、iPadを使って翻訳した。
- エリカ：グループに割り当てられたスペイン語のテクストを読んだが、英語でメモや質問を書いた。
- ジェニファー：モーセがスペイン語で書いたテクストの主旨や概念を確認するなど、モーセとよく協力した。ジェニファーは、モーセが書いたことが自分自身理解できているか確かめるため、英語とスペイン語で確認をした。
- リカルド：自分が読んでいるテクストの中の重要な用語を英語からスペイン語に翻訳した。頻繁に仲間に質問をしたり、教師に助けを求めたりiPadで他のリソースを探したりした。

これは、教師がTLデザインを使って、バイリンガル教室でバイリンガルのリテラシーの伴走［acompañamiento］を実現する方法のほんの一例です。2つの言語を厳密に分けて教えているときには不可能なことを、このようなアプローチでは達成できるのです。カーラ先生のTLデザインによるバイリテラシーの指導と評価は、生徒の現状を把握し、家庭と学校の言語・文化的実践を結びつけ、生徒のGLP及びLSPの能力を特定し、それに基づいて、生徒のメタ言語的認識と文化的理解を強化し、生徒の教科内容、言語、リテラシーの学習を前に進めさせるのです。

10.4　シフト──動かせないテクストを動かす

　カーラ先生は、自分の言語実践を生徒の実践に戦略的に合わせながら、指導とアセスメントを刻々とシフトさせています。これは、カーラ先生がどちらかの言語をランダムに使ったということではありません。むしろ、カーラ先生は生徒が読んだり書いたりするテクストの言語をどうするかきちんと計画していました。しかし、先生は、TLコリエンテ［流れ］に自在に乗るため、頻繁に計画していたデザインから外れました。例えば、モーセがエリカのsantosの意味にスペイン語で反応したとき、カーラ先生はもともとデザインにはなかったことではありましたが、すぐにこの点についてスペイン語で議論し、フォローする必要があると理解したのです。

　文章テクストは「動かせない」もので、どちらかの言語で固定されているとよく考えられますが、TLCの教師は、そのような考え方をひっくり返そうとします。TLにより、教師は指導とアセスメントの流れを方略的にシフトして、（単にテクストの著者ばかりではなく）読み手をテクストの主体とすることができるのです。さらに、TLにより、読者は文章テクストを頭の中で自分たちの言語実践をa través de［通して］「聞く」ことができます。テクストとの親密な関係を築くことによってのみ、読み手は深い意味を生成し、新しいテクストを作ることができるのです。教師は、生徒のテクストへのすべての反応を予測することはできないため、これらの瞬間ごとのシフトに取り組まなければなりません。

10.5 まとめ

　TLによって、バイリンガルの生徒は2つの言語でよりよい読み手、書き手になることができます。それはまさに、生徒自身の〈声〉でテクストを構築するために彼らの言語資源すべてが状況に見合った形で投入されるからです。これは、使われるテクストがモノリンガルで書かれている場合でも同じです。従来のバイリンガルの教室と異なり、TLCでは柔軟で多面的なバイリテラシーモデルを取り上げています。生徒がテクストの言語を自分のものにしたとき、それがたとえ「頭の中」だけであっても、2つの言語でより優れた読み手と書き手になることができます。

　時には、TLCでは、テクストを構築するにあたって、2つの異なる言語と見なされる言語の特徴の使用を促すこともあります。同じテクストの中でバイリンガルの言語実践を提示することで、TLは生徒の**ダイナミック・バイリンガリズム**を正統化するのです。TLは、片方の言語の足場がけになるだけではありません。TLで書かれたテクストを読んだり書いたりすることは、学業と家庭の両方で役立つバイリンガル・レパートリーの可能性を示すことです。また、それによって生徒は自分の〈声〉、バイリンガルとしての〈声〉、el texto y el contexto［テクストとコンテクスト］を理解するための多様性のあるダイナミックな方法を表現できる〈声〉で書くことができるようになるのです。

章末問題とアクティビティ

1. García（2009）によって提唱され、この章で検討されたバイリテラシーの4つのモデルについて考えてください。あなたはどのモデルを目にしたことがありますか。または使ってみたことがありますか。

2. TLを用いたテクストの種類を特定し、クラスでそれらをどのように使用できるかを検討してください。

3. あなたはTLを付加言語でのリテラシーへの単なる足場がけとして考えますか、それとも追加の言語または2つの言語でよりよい読み手及

び書き手になるためのリソースとして考えますか？　その理由を説明
してください。

やってみよう

1. この章で説明されているバイリテラシーの4つのモデルを検討して
   ください。あなたのコンテクストで実践されているバイリテラシーの
   モデルはどれですか？　柔軟かつ多面性のあるモデルに移行するには、
   どのようなステップが必要ですか？
2. 理想的には、この本を読んで、作成中の単元計画の場面・文脈内で
   授業をデザインし、その授業を実践してください。できれば、授業を
   ビデオに録画し、それをよく見て、次の質問について考えてください。
   - あなたの授業には、柔軟で多面的なバイリテラシーモデルがどの
     ように反映されていますか？
   - あなたの生徒たちのダイナミック・バイリンガリズムを強化する
     ために、TL方略をどのように使用しますか？
   - あなたの生徒はこれらの機会にどのように向きあっていますか？

11 社会的情動面におけるウェルビーイングと社会的公正

この章の学習目標

・Valorización［価値づけ］を通して、トランスランゲージング（TL）がいかにバイリンガルの生徒の社会的情動面［socioemotional］のウェルビーイングを支えるものであるかを描く
・TLCがいかに社会的公正を促進するものであるかを説明する
・生徒の社会情動面のウェルビーイングと批判的意識を育むために、どのようにTLを活用することができるかを明らかにする

トランスランゲージング・コリエンテ［流れ］は、**トランスランゲージング・クラスルーム（TLC）**において重要な鍵となります。TLコリエンテ［流れ］を感じるためには、日常のルーティンから一歩引いて物事を聞いたり見たりすればいいのです。自分の生徒が、あなたに対して、生徒の間で、また教室内、廊下、カフェテリアや校庭で何を言っているか、注意深く耳を傾けましょう。よく傾聴することで、生徒の内なる［intrapersonal］〈声〉（生徒が頭の中で言っていることや、自己との対話、あるいは友達との想像上の対話）をキャッチすることができるでしょう。さらに、生徒の家族や仲間がいるところでの会話にも耳を傾け、どんなことがどのように話されているか、そして何が話されていないのか、それはなぜかについてもよく聞いてみてください。そうすることによって生徒の〈声〉を改めて聞くことができ、たとえTLコリエンテ［流れ］が教室の中ではっきりと表面化されていなくても、その流れに絡むことが可能になります。

　自分の生徒をTLレンズを通して見てみてください。Carini（2000）が指摘するように子どもをまるごと捉えられるようにしっかり見てください。生徒が言語を使って何をしているかを完璧に描写できるようにじっと観察してください。生徒はいつ、誰と、どこで、どんな方法でランゲージングを行って

いるでしょうか。生徒が、目の前にあるタスクのコントロールを自分ででき
るようにし、他者と自由にやりとりできる状況に生徒を置き、生徒が自分の
言語実践を開花させることができるようにしてください。教室の生徒たちの
ことばに深く耳を傾け、彼らを総体として捉えられるようになれば、彼らが
どのようにランゲージングを行っているかに気がつくでしょう。そして、も
し生徒がバイリンガルであれば、あなたはそのときTLコリエンテ［流れ］に
触れることができるでしょう。あなたの教室の中にTLコリエンテ［流れ］を
起こしてください。そうしたらどんなことが起きると思いますか。TLコリ
エンテ［流れ］はあなたの［教師としての］指導や生徒の学びに何をもたらし
てくれるのでしょうか。

　TLコリエンテ［流れ］を一度感じたら、それを素通りせずにはいられず、
TL教育論を意図的、戦略的に使用するようになるでしょう。

1. 児童生徒が複雑な教科学習内容やテクストを理解できるようにサ
   ポートする
2. 児童生徒が学びの場［academic context］での言語実践を身につける機
   会を提供する
3. 児童生徒のバイリンガリズムと知の方法［ways of knowing］のための
   特別な場を作る
4. 児童生徒のバイリンガル・アイデンティティと社会的情動［socioemo-
   tional］の発達を支援する

　このようなTL教育論を取り入れると、あなたの実践は社会的公正を促進
するといった高度な目標に合ったものになり、特に言語的マイノリティのグ
ループを出自に持つバイリンガルの生徒が公平で公正な指導を受け、評価さ
れることを保障するものとなるでしょう。

　本最終章では、教育の本質的な2つの目的、つまり生徒の社会的情動面の
力を守り、支援することと、社会全体をよくするために社会的公正を促進す
ることに光を当てます。これら2つの目標を並べることで、バイリンガルの
生徒の教育が行われている社会政治的・経済的な文脈を考慮しないで個々の

生徒の社会的情動面の力を守り、支援することはできないということを強調したいと思います。

11.1　スタンス──敬意を持つこと、愛を持つこと、家族のようであること、そして伴走すること[1]

　生徒の社会的情動面のウェルビーイングが促進されることは、指導において重要な部分です。というのも、生徒は自身のアイデンティティやパフォーマンスに関して安心感を得ることなしに学ぶことはできないからです。TLCは、バイリンガルの生徒に、豊かな言語的・文化的資源を学びに活用する価値ある参加者となることができる絶好の機会を与えてくれます。したがって、TLCは、生徒がアカデミックなアイデンティティを形成することも可能にしてくれるのです。

　TLCの教師は、カーラ先生が言うように「la enseñanza y el aprendizaje comienzan valorizando a nuestros estudiantes［指導と学習は、生徒を価値あるものを見なすことから始まります］」。このvalorización［価値づけ］は、自分の生徒は何ができるかということに関する教師の理解、そしてTLが生徒の資源をいかに見いだして強化してくれるかということから始まります。ここでは、生徒の社会的情動面を支援するためにTLCに求められるのは、次の4つの要素、con respeto［敬意を持つこと］、con cariño［愛を持つこと］、como familia［家族のようであること］、そして con acompañamiento［伴走すること］、です。

1. 「Con respeto［敬意を持つこと］」とは、バイリンガル・コミュニティが抱える苦悩や生き方に敬意を表するという意味です。この言葉は、アメリカとメキシコの国境にある町におけるメキシコ系アメリカ人の10家族、とりわけ母親に関する研究である Valdés（1996）のタイトルになっていました。TLは con respeto［敬意を持つこと］で教える手法で

1　「敬意を持つこと」「愛を持つこと」「家族のようであること」「伴走すること」これらの用語は原著ではすべて Con Respeto、Con Cariño、Como Familia、Con Acompañamiento のようにスペイン語で提示されている。

す。TL教育法では生徒の言語的・文化的な実践が価値のあるものと見なされ、積極的に活用され、強化されていくものだからです。

2. 「Con cariño［愛を持つこと］」とは、ラティーノ・バイリンガルの生徒の成功した教育の核心部分にある教師と生徒の間の真の思いやりのことです[2]。しかしながら、con cariñoは思いやり［care］を超えるものでもあります。このスタンスは、教師、生徒、学校、コミュニティ、そして英語や他の言語をjuntos［統合する］愛の上に成り立つものなのです。Con cariño［愛を持つこと］はTLCの核心的な要素であり、TLCではバイリンガルの生徒の言語はもはやバラバラなものではなく共に［juntos］働いているものと捉えられているのです。また、TLCでは、調和のとれた愛［cariño］だけでなく、「戦ったり、非難したり、宣言したりするため」（Freire 2008, p. 209）の「武装された愛」[3]も認められています。バイリンガルの言語実践は、言語をそれぞれ独立したものと見なし、バイリンガルの言語実践を「非正統的」なものとする言説に対抗するために、Con cariño［愛のある気持ちを持った］スタンスで働きかけるのです。

3. 「Como familia［家族のようであること］」とは、TLCは常にみんながより幸福になるために共に活動するのですが、時に個人的な争いごとが起こったりもする、家族のようなものだということです。また、TLCの言語実践は、家族のように、juntos［共に］行動することもあれば、別々に個人で行動することもある、ということも示しています。さらに、教室内のpláticasつまり会話は、学習内容や言語にとどまらず、内的な真実をみんなで共有し、互いに深くつながるためのものでなくてはならない（Flores-Dueñas 1999; Johnson, 2013）ということも示唆して

---

2 原注1) 特にValenzuela（1999）を参照。その他Barlett and Garcia（2011）; Bartolomé（2008）; Garcia, Woodley, Flores and Chu（2013）; Johnson（2013）も参照。

3 Armed love：フレイレは教師は生徒に対する愛だけではなく教育そのものに対する愛も持っていなくてはならない、と説き、しかもその「愛」は「武装された愛」であることも必要な場合があると指摘している。教育における義務を果たすためには、教師が自らの正当な権利を主張することを放棄してはならない、と呼びかけるのである。

いるのです。

4. 「Con acompañamiento［伴走すること］」(Sepúlveda 2011) とは、TLCの教師は生徒の物語や経験を共有しながら生徒と伴走することを意味します。さらに、伴走するように教える［teaching con acompañamiento］という行為は、他者と共存したり［being］、他者と共に感じたり［feeling］することだけでなく、他者と共に何かをする［doing］ことまでを含む (Goizuenta 2001, p. 206) のです。TLCにおける教師は、教師と生徒が常に juntos［共に］ランゲージングし、juntos［共に］学ぶことができるように指導をするのです。生徒の〈声〉は、英語やスペイン語といった言語の中にだけあるのではなく、experienced con acompañamiento［生徒と共に伴走することで共有される経験の中にもある］のです。

TLスタンスは、自分の生徒が持つ複数の言語レパートリーの**言語の特徴**［language features］は常に juntos［統合的に］機能するという理解のもとに成り立っており、TLCを作る際に必要な最初のステップです。このようなスタンスをとることが、言語、リテラシー、学習内容を生徒が juntos［統合的に］学ぶということ、生徒の家庭と学校での経験が juntos［統合されている］ということ、批判的意識が意味のある学びと juntos［共に］育まれるという理解につながっていくのです。

11.1.1 生徒の経験の valorización［価値づけ］

Con respeto, con cariño, como familia y con acompañamiento［敬意と愛の気持ちを持って、家族のように、そして伴走者として］生徒の社会的情動における位置を支援するということは、生徒の言語的・文化的実践を学ぶ際の強みと見なすことになります。以下のカーラ先生のTL単元 *Cuentos de la tierra y del barrio*［土地とコミュニティのお話］における場面描写から、カーラ先生が評価実践を通してバイリンガリズムやバイリンガルの生徒に対してどのようなスタンスで valorización［価値づけ］を行っているかが見えてきます。

el jardín の授業でカーラ先生とソニアは「valorar el conocimiento y

apresamiento que tenían los estudiantes hacia el jardín de su vecindad
[自身のコミュニティ・ガーデンに関する知識とコミュニティ・ガーデンに対する感謝の気持ちを検証] したい」と考えました。TL単元デザインサイクルを通じてカーラ先生は生徒たちに真の言語実践に根ざした活動をさせ、彼らのパフォーマンスについて共にディスカッションし、自分が知っていることを披露するチャンスをさらに与えるなどして、生徒が習ったことを新たな方法で披露するサポートを行いました。カーラ先生は、自分自身が行った生徒のパフォーマンスの協働アセスメントと生徒の自己アセスメント及び一緒に活動したグループでのピアアセスメントを並べて提示しました。そのあとで生徒たちに、家族に自分が学んだことやできるようになったことを披露してフィードバックをもらうように促しました。

　カーラ先生は、生徒の学びにおいては、TL授業デザインサイクルの各ステージ、特にアセスメントのステージで、社会的情動の状態が重要な意味を持つことを知っていました。先生は、生徒の提出物を評価して彼らの弱点を特定するというようなアセスメントをデザインするだけでは不十分であることを認識していました。むしろ、生徒が何を知っていて、何ができるかを教師がきちんと理解していることを伝えるようなダイナミックで柔軟なアセスメントをデザインしており、これは生徒の社会的情動面のウェルビーイングに寄与するものでした。先生は生徒を最優先しており、アセスメントの主要な目的は彼女が教師として自分のために行うものでもなく、学校や国のためでもありませんでした。もちろん、これらが重要でないわけではありませんが。アセスメントにおける彼女の主要な目的は、生徒に学ばせることにありました。生徒が自身のバイリンガル・アイデンティティを肯定的に捉え、学校の内外で自身の人生をポジティブに感じられることが大切であるということを先生は知っていたのです。

　カーラ先生のアセスメントは自身の指導と密に関係しています。例えば、生徒が自己を投影できるような物語とコンテクストを選択しました。生徒のバイリンガルとしての〈声〉と実践を尊重していました。あらゆる指導と評

価は、生徒の学びの中心には社会的情動面のウェルビーイングがあり、TLC
は生徒たちにバイリンガル・アイデンティティを形成する場を与えてくれる、
という教師のスタンスに端を発しています。

　Valorización［価値づけ］のスタンスにおいては、まずは自身が教育者とし
て「自分は生徒の家庭言語と文化的実践をどのように見ているか」「自分は
生徒のバイリンガリズムを問題として見ているか、あるいは資源として見て
いるか」と問いかけなければなりません。TLCの教師は、目の前にいる生徒
がどういう人物で、教室コミュニティにどんなものを持ち込んでいるのかと
いった質問に敬意を持って答えなければなりません。

11.2　デザイン──テクストとコンテクストの価値づけ [4]

　TLCをデザインするときは、バイリンガルの生徒の社会的情動面の状態を
サポートできるように教室における場のデザイン及び指導とアセスメントの
デザインにも注意を払わなければなりません。Valorizatión［価値づけ］のデ
ザインをすることで、バイリンガルの生徒が家庭やコミュニティを通して形
成されてきた社会的情動面の特質を維持、強化し、生徒の教育的な経験を改
善することができます。ここで、カーラ先生とステファニー先生の教室の例
に戻りましょう。

　カーラ先生は自分の生徒に敬意と愛の気持ちを持って、家族のように、そ
して伴走者として接しており、生徒にとって意味があり関連性の高いマルチ
リンガルでマルチモーダルなテクストから学ぶ機会を与えることによって、
生徒たちが自分を取り巻く世界と本のページに書かれている言葉をよりよく
理解できるようにしました。カーラ先生のTL単元計画は、生徒にバイリン
ガルのラティーノ・ラティーナのtextos［テクスト］とcontextos［コンテクス
ト］を読んで、書いて、ディスカッションさせることで生徒がこれまで二言
語を用いて読み書きしながら生活の中で体験してきたこと［biliterately lived
experiences］を確認し、サポートするものでした。これは、ラティーノ・バ

4　この副題は原著ではスペイン語でValorizatión del texto y contextoと表記されている。

イリンガル生徒としての生徒の社会的情動面の強みを肯定するものでした。

　　カーラ先生は（バイ）リテラシーの授業をデザインするにあたり、ま
　ず有名なラティーノ・ラティーナ作家による物語で、textos bilingües
　［バイリンガル・テクスト］を活用するものを選びました。Sara Poot Her-
　rera による *Lluvia de plata*［銀の雨］、Sandra Cisneros による *Three Wise
　Guys: Un cuento de Navidad*［3 人の賢者：クリスマスキャロル］、そして
　Rudolfo Anaya の *The Santero's Miracle*［サンテロの奇跡］です。カーラ
　先生がリテラシーの授業で行う活動の 1 つに Cuéntame algo［教えてくだ
　さい］があります。まずカーラ先生がバイリンガル・テクストを en voz
　alta［音読］して生徒に聞かせます。また、家族のメンバーやコミュニ
　ティのリーダーなどをゲストスピーカーとして招待し、自身の文化的実
　践について platicar［おしゃべり］してもらい、contexto［コンテクスト］
　を広げてもらいます。そこから発展させて、生徒に TL を使って barrio
　［地域］における自身の cuentos［物語］を書き、その物語をコミュニ
　ティの参加者と一緒に演じます。

　カーラ先生は、生徒が関連する textos［テクスト］や contextos［コンテクス
ト］について自身の考えをカーラ先生に伝えられるように TL の機会を与え
る場［space］を開設しました。それにより、生徒は社会的情動面で常にサ
ポートされていると感じることができるのです。
　カーラ先生は、それぞれのテクストはより広いコンテクストの中に位置づ
けられて読まれなければならないということを理解したうえで、リテラシー
活動をデザインしていました。*Lluvia de plata*［銀の雨］を読むと、生徒たち
とのディスカッションが生まれることはわかっていました。というのも、多
くの生徒がメキシコのチワワ州出身だったからです。Cuéntame algo［教えて
ください］のリテラシー活動をしている間、生徒たちは自身のバイリンガル
の〈声〉とアイデンティティを発揮してやりとりを行っており、それによっ
て生徒は社会的情動面のウェルビーイングを感じることができました。生徒
が自身の考えや想像、そして好奇心を伝えられるように TL することを奨励

することで、カーラ先生は生徒のラティーノ・バイリンガルとしての強固な
アイデンティティを育む手助けをしており、これは生徒を「母語話者」の水
準にまだ達していない人として、つまり**ESL（第二言語としての英語）話者**や
継承語としてのスペイン語話者と見なすものとは一線を画します。このよう
なひどく単純化された減算的で時代遅れのラベリング（例：第二、継承）をし
て認識されるようなものではなく、カーラ先生の生徒はバイリンガルのアメ
リカ人としての自分のあり方を形作っているのです。彼らは、バイリンガル
のランゲージングこそ真の言語実践に根ざしたもので、どちらか一方の言語
によるモノリンガルのパフォーマンスよりも豊かであるという見方をし始め
ています。カーラ先生のデザインは、生徒の**ダイナミック・バイリンガリズ
ム**を資源として大切に育まれるべきものと認識して、それを引き出し、活用
するものです。

　ステファニー先生はスペイン語ができませんが、TLCでは常にvalorización
［価値づけ］を伴った教え方がなされていました。先生は生徒たちが学ぶ際に
お互いに社会的情動面をサポートしあえるように、愛と敬意を持って生徒に
伴走していました。すでに見たように、学校コミュニティ向けの公共広告を
作成するにあたり、生徒のオーラシーやリテラシーのレベルに関係なく生徒
全員を巻き込んで取り組みました。

　　ステファニー先生はグループのすべての生徒に協働で作り上げた公共
　広告の発表に参加するように言いました。この作業に入りやすくするた
　めに、準備の手助けをするべく各グループにセンテンスフレーム[5]を与
　えました。ノエミには、グループの選択については何とか英語で説明を
　してほしいが、考えを広げたり、わかりにくいところをはっきりさせた
　りするときはスペイン語を使ってもいいと説明しました。
　　クラス内での発表が終わってから、先生は公共広告をコピーし、生徒
　が学校周辺に貼ってもいいか学校長に尋ねました。学校長は賛同したう
　えに、二人の生徒に学校の朝礼の時間にコミュニティに対してプロジェ

5　第7章注5を参照。

クトの説明をしてほしいと言いました。そこで、先生は<u>マリアナとルイ</u><u>ス</u>にスペイン語と英語の両言語で翌週の朝礼の時間に公共広告の役割に関する説明を一緒にするように頼みました。

　ステファニー先生の授業デザインには、他者や他の教材リソースを使った適切な足場がけ［scaffolding］と媒介［mediation］が取り入れられており、常にacompañamiento［伴走］があるのです。ステファニー先生は、サポート体制が作れるようにグループ分けをしました。そして生徒、特にノエミのような**萌芽的バイリンガル**の生徒には必要に応じて文の書き出しや文の枠組み、そして翻訳といった支援を与えるようにしました。先生はバイリンガルの生徒に自分の考えが表現できるように自身が持つ言語レパートリーの特性をフルに活用するように促しました。先の場面描写の最後で、acompañarse［伴走］するというのはどういうことか生徒自身が示しています。マリアナとルイスは学校コミュニティに自分たちの作った公共広告を英語とスペイン語両方で紹介するにあたって互いに支えあっているのです。生徒は、誰も自身のアイデンティティや理解、言語使用に関して不安な気持ちのまま放置されることはありません。いつもacompañados［伴走してもらっている］のです。

　指導及び評価のデザインをするにあたり、バイリンガルの生徒の社会的情動面におけるウェルビーイングを築き、強めるためのTLコリエンテ［流れ］を生み出す方法はたくさんあります。

- 生徒たちがfamilia［家族］のような関係を持てるようcon aompaña-miento［伴走しながら］、そしてそれぞれ異なる強みや洞察力を育てるよう励ますためにcon cariño y respeto［愛と敬意を持って］グループを作る。
- 教室内外で教師と生徒が自身の考えや経験についてあらゆる言語的リソースを使ってディスカッションをする対話の場を広げる。
- マルチリンガル・マルチモーダルなテクストを使用したり、家族のメンバーを教室のfamilia［家族］として招待するなどして、授業の中にコミュニティや家族のバイリンガルの〈声〉を積極的に取り入れ

ていく。

- 学校で生徒にバイリンガルの言語実践の活用を促すことで、生徒を学びや指導の中心に据える。
- 生徒に自身の言語的・文化的実践に加えて、そのバイリンガルとしての理解を学校コミュニティ全体と共有させる。

　これらのTL方略は、valorizatión［価値づけ］を行う授業デザインの文脈においてのみ、その効果を発揮するのです。

　TLCでは、指導と評価のための**トランスランゲージング・デザイン**が核となります。これがこれまでのモノリンガルやバイリンガルの教室と一線を画すところなのです。TLコリエンテ［流れ］を生み出すために指導をデザインするにあたっては、その構成要素、つまり、生徒のグループ分け、計画の要素（キー概念と主発問、内容面の到達目標、言語面の到達目標、**TL到達目標**、テクスト、成果プロジェクト）、デザイン・サイクル（explorar［探求］、evaluar［評価］、imaginar［想像］、presentar［発表］、implementar［実行］）、そして教育方略について注意深く計画する必要があります。それはまた、他者の〈声〉を取り入れることであり、学習内容と言語の違い及び**GLP（言語総合パフォーマンス）**と**LSP（言語固有パフォーマンス）**の違いを考慮することであり、必要に応じて他者や他のリソースによるサポートを受けながら課題に取り組めるような機会を生徒に与えることでもあります。TLデザインは、TLCを目的のはっきりした、戦略的なものにしてくれるのです。

11.3　シフト──Valorar［価値づけ］のために向きを変える

　よい指導はすべてが事前に計画されたものとは限りません。同様に、よいTLCは厳密に計画されたTLデザインの通りにいくものではありません。教師が行うその瞬間瞬間のシフトのほとんどは、TLコリエンテ［流れ］に沿ったものです。このようなその場その場での動きは、生徒が学べるように社会的情動面のウェルビーイングを保障することに関係しているのです。例えば、カーラ先生が *Lluvia de plata*［銀の雨］を読んでいたときのことを思い出して

みましょう。モーセはこんなことを言っていました。

> Esta parte que leí me gusta porque los trabajadores que construyeron el ferrocarriil le llamanban al tren que venía de Kansas a Chihuahua "si te cansas." Yo creo que no sabían cómo decir Kansas entonces para recordar cómo decirlo solamente mencionaban "si te cansas." ぼくが読んだこの部分だけど、鉄道を建設していた労働者がカンザスからチワワに来る列車を「si te cansas［もし疲れたら］」と呼んでいたことが気に入っている。彼らはカンザスという言い方を知らなかったので、その言い方を覚えるために「si te cansas」と言っていたのだと思う。

　カーラ先生はこのやりとりの中で生まれてきた大きなcontexto［コンテクスト］を先に計画していたわけではありませんでした。しかしながら彼女は、このような言葉遊びは生徒にとってコミュニティという広いcontexto［コンテクスト］においてはなじみのあるものであることがわかりました。カーラ先生の生徒は、「si te cansas」という表現を聞いたときにvalorados（自分が少し高く評価されたような気持ち）を感じました。ある生徒がスペイン語で「es como mi familia habla［私の家族が話しているみたいだ］」と言ったとき、カーラ先生はその瞬間その流れに乗りました。予定していた授業計画にすぐに戻そうとせず、テクストとは異なるストーリーを取り込んだのです。その後続いたやりとりは、生徒のバイリンガルの社会的情動面のアイデンティティを肯定するものであっただけでなく、それによってバイリンガルの生徒とその家族がどのように（バイ）リテラシーの実践を行っているのか、カーラ先生がより深く理解することにつながったのです。

　言語を分け、アイデンティティを分けることは、バイリンガルの生徒を「他者」として区別し、隔離することにつながります。カーラ先生のシフトは、彼女のvalorización［価値づけ］のスタンスによって促され、生徒の社会的情動面の強みを深く理解し、TLCで生徒の味方として活動することにつながりました。

　TLの教師は、TLコリエンテ［流れ］に反応し、バイリンガルの生徒の社

会的情動面のウェルビーイングを肯定するために様々な種類の計画外の動き
を活用することができます。

- 生徒があらゆる言語的実践を活用して話すcuentos［物語］に耳を傾け
  る。
- どんな言語の実践であっても、生徒がすることと密接につながる形で
  生徒のパフォーマンスに応える。
- 必要があれば教師の授業計画（そして言語使用計画）から外れても、ど
  うしても生徒や家族が言わなければならないこと（そしてそれをどのよ
  うに言うか）を価値あるものとする。
- 生徒と家族のcuentos［物語］が他の視点や言語選択を必要とする場合
  は、教師の授業デザインの進行を喜んで変更する。

　TLコリエンテ［流れ］に応じて行う「シフト」は重要です。シフトは、例
えば生徒の経験をvalorizar［価値づけ］たり、テクストを活性化[6]［mobilize］し
たり、重要な学びの瞬間を摑んだりするために、意図的、戦略的に利用する
といいでしょう。

11.4　トランスランゲージングと社会的公正

　社会的公正の実現に向けて教えるというのは、より公正でよい世界を作る
ために生徒に伴走するということです。つまり、生徒、特に歴史的に周縁化
されてきたようなルーツを持つ生徒が、言葉を読むことと世界を読むこと
［read the word and the world］（Freire & Macedo 1987）だけでなく、自らの〈声〉と
独自の知の方法を用いて書き、書きなおすことができるようになるというこ
とです。このように読んだり、書き（なおし）たりする行為は、もちろん言
語と密接な関係があります。だからこそ私たちはTLが社会的公正のための

6　"mobilize texts" とは、生徒たちにとってよりわかりやすくなるように教師がテクストを柔軟に
　調整することを指す（2023/08/02 Garcíaに確認）。

教育と深く関わりあっていると考えているのです。萌芽的バイリンガルの生徒にとって、自身の経験を共有したり、社会政治的な会話に貢献するアカデミックな作品を生み出したりすることは、生徒がすべての言語資源にアクセスできるようになって初めて実現できることなのです。英語が堪能なバイリンガルの生徒は、TLによって、ステファニー先生の生徒が la lucha［闘争］と呼んでいたもの、それは TLC での作業を通して実行された正義を求める闘いのことですが、そこに自分自身のすべてを投入することができるのです。

　私たちは、言語を単に独自の構造システムを持つものとして見なしておらず、「社会的関係性のネットワークの中に埋め込まれた一連の社会的実践や行為」(García & Leiva, 2014, p. 201) であると捉えています。したがって、私たちがランゲージングを行っているときは一連の社会的実践を行っているのであり、それは自分が望んでいることや自分が何者であるかという私たち自身の認識につながっているのです。TLはこの「ランゲージング」の考えよりさらに一歩進んでおり、こうした社会的実践の中に話者の社会的地位によってもたらされる不平等があることを認めています。そのため、生徒が柔軟に「ランゲージング」ができるように学びの場を広げることは、学校と社会において社会集団の中の権力関係をめぐる議論を行う場を広げることも意味しているのです。英語やスペイン語といったように社会が作り上げた言語の境界線を突破することは、現状を打破することになり、それによって教師は新たなバイリンガルの現実及び社会的な現実を取り入れることが可能になるのです。これは、よりオーセンティックな学習へとつながるだけでなく、生徒と教師の変容及びエンパワーメントにもつながりうるのです。

　心の中で正義の観点から世界を見ることを生徒に教えるには、学習内容への「中立的な」アプローチなど存在せず、従来の教科書の説明には不十分なことがよくあるという事実を認識できる新しいレンズが必要です。社会的公正を目指す教育者は生徒と共に「常識」と現状を問いなおす作業を行っています。この種の教育は生徒を静かな抑圧者［hegemony］に対して目を開かせ、そこに従属する地位を与えられることに抵抗するよう準備させ、生徒が教育的、社会的な変革を起こせるよう後押ししています。この深くて意味のある教育は、すべての生徒に必要であり、すべての生徒がそうした教育を受ける

権利を持ちますが、社会的公正を目指す教育は歴史的に周縁化されてきた生徒にとって特に重要なものです。バイリンガルの生徒が自分たちの言語、そしてその言語が学校コミュニティや社会全体からどのように見られているかに注意を向けることは、彼らの目を開かせ、Freire（1970）がconscientização、つまり批判的意識と呼んだものを呼び起こすことになります。Darder（1991）は次のように書いています。

> 言語は、公立学校における文化的民主主義を求める私たちの闘いにおいて最も重要な教育的手段の1つです。それは〈声〉を求める闘いと密接につながっており、自由を勝ちとる私たちの闘いにおいて必要不可欠なものなのです。言語を通して私たちは社会における自分の立場を定義するだけでなく、その言語を使って自分自身を世界の主体として定義するのです。（p. 107）

　ラティーノ・バイリンガルの生徒に行動を起こさせるためには、生徒が批判的意識に目覚めるまでの長い道のりを勇気づけてサポートする教育者のアプローチ（とランゲージング）が必要です。あなたの教室にTLスタンス、TLデザイン、TLシフトを取り入れることによって、この目標に向かって活動する手段が得られるのです。

　社会的公正のために教育をする教師は真正性、批判性、行動を引き起こすエネルギーといったものをフルに取り入れて教えています。このような指導のために特別な時間を確保するというより、教師は社会的公正の実現に向けて努力すると同時にTLコリエンテ［流れ］を起こしていけばよいのです。

11.4.1　学びと批判的意識

　TLCでは、教師は生徒のconscientização、つまり批判的意識（Freire, 1970）が高まるように様々な機会を与えて育てていきます。教師は、このようなレンズを手に入れるためには、生徒がいかなるときも自分が持っているすべての言語実践を活用しなければならないということを知っているのです。ここでは、教師自身の批判的意識が教師のスタンスの重要な部分であり、それが

TLコリエンテ［流れ］に乗り、社会的公正を実現する道を作る手助けとなります。9章に続き、それぞれの生徒がla lucha［闘争］に参加するのに必要な意識らしいものを育むには、生徒をどのようにサポートできるかということを考えるために、ステファニー先生の教室をもう一度見てみましょう。

ステファニー先生は「環境保護主義：過去と現在」の単元でスタンダード準拠の教科書ではあまり取り上げられていない歴史上のラティーノの人物に関して読む活動を取り入れました。例えば、教科書にはCésar Chávezの短い自叙伝があり、彼が労働者の権利のために戦ったという概要が書かれていましたが、ステファニー先生も生徒もla lucha［闘争］におけるそのような重要な〈声〉を知るにはその概要では十分ではないと感じました。そこで、ステファニー先生はChávezの人生と環境運動及び人権を守る戦いとの関わりについて学ぶ時間を数日確保することにしました。

ステファニー先生は自分で調べてChávezに関する英語とスペイン語とのテクストが掲載されているウェブサイトを見つけました。先生は生徒たちに、教科書にあるような表面的な記述ではなくChávezの全体像を捉えてほしいと思っていたので、Chávezが残したものを異なる角度から検証したいくつかの記事を選びました。ある記事は運動の中での彼の役割についての輝かしい記録であり、またある記事はChávezに批判的で、彼の人生や功績をめぐる論争に着目していました。スペイン語で書かれたものもありましたが、多くは英語だけで書かれたテクストでした。そのため、特にノエミやルイスのような萌芽的バイリンガル生徒が、これらのテクストにアクセスするにあたって、様々な方略を使って支援しなければならないと考えました。ステファニー先生は、言語的なサポートさえあれば、生徒たちはこのような複雑で微妙な意味を含むリーディングのテクストの内容を扱うことができると考えていました。

ステファニー先生は新しいトピックへのアプローチを考えるにあたって、明らかに社会的公正のスタンスの影響を受けています。ステファニー先生は

生徒たち——先生はいつも彼らの意見や考えを参考にするのですが——と共に、教科書の内容に大きな穴があることを明らかにしました。César Chávez がほとんど取り上げられていなかったのです。ステファニー先生はすぐに他の内容の課題に移るのではなく、たまたま自分たちと同じラティーノである César Chávez という重要な人物について生徒に学ばせることで、公平さに欠けている事実を強調したかったのです。ステファニー先生は、César Chávez に関するさらなる情報を生徒に与えることは、この単元のトピックに関する知識を広げるだけでなく、なぜ社会科の教科書で特定の人が周辺的立場に位置づけられ、中心的に扱われていないのかを批判的に考える手助けになると信じていました。

　ステファニー先生にとっては「何（César Chávez についての様々な読み物）を読むのか」ということと同時に「どう読むのか」ということも同じぐらい重要でした。それで彼女は生徒に英語とスペイン語の複数のテクストを提供し、TL を使ってこれらのテクストをより深く読み込むように促したのです。TL スタンス自体が社会的公正のスタンスでもあるわけですが、このトピックに対して TL スタンスのアプローチをとることで、ステファニー先生は生徒のために様々なテクスト、〈声〉、意見そして考えにアクセスし、より意味のある方法で歴史に触れることができるような学びの場を作ったのです。このようなアクセスが可能になったことで、教室が魅力的になったばかりでなく、生徒、特に萌芽的バイリンガルの生徒が自分もアカデミックなディスコースに歓迎され、そこで自分は重要な存在であると感じることができるような世界への扉が開けられることになったのです。

11.4.2　社会的公正をデザインする

　物理的な学びの場から指導、そしてアセスメントまで、あらゆる教室デザインに社会的公正の実現を目指した TL を取り入れることができます。もしあなたのスタンスを教室のデザインに反映するのであれば、生徒が物事の変革を起こす主体となるために、いかなるときも自分自身のすべての言語実践を取り入れ、コミュニティとして共に作業をする機会を生徒に与えるといいでしょう。

社会的公正のレンズの指導にどうアプローチするか

　ここでは、ステファニー先生が新しい指導単元を始める際のプランニングのプロセスを見てみましょう。ある教師のデザインといった内側からの視点は、社会的公正の実現に向けたTL単元を生み出す考えに対する洞察を与えてくれます。

　ステファニー先生は、まずコモンコア（CCSS）のこの単元に関する部分を調べてから、New York State Social Studies Standards に目を向けました。ステファニー先生は自分がすでに持っているリソースと教室の生徒に理解してもらいたい内容について考え、そのうえで生徒のニーズに合うスタンダードを見つけました。例えば、先生は生徒たちに環境主義や持続可能性についての理解を生かして、学校やコミュニティにおける問題を突き止め、可能な解決方法を提案してほしいと考えていました。そこで見つけたスタンダードが、課題や問題を見いだし、代替の解決策や行動方針を提案し、それぞれの代替の解決策や行動方針の結果を評価し、既存の基準に基づいてその解決策に優先順位をつけ、課題や問題に取り組む、あるいは解決するための行動計画の作成を生徒に求めるものでした。このスタンダードは、技術の進歩が人々や場所、地域にどのような影響を与えるかを説明すること、何かが不足することの本質とその経済との関連性を理解すること、市民が公共政策にどのような影響を与えるかを探ることなどを、生徒に求める他のスタンダードと併せて、生徒の学習を成り立たせる助けとなるこれらのスタンダードにステファニー先生自身のビジョンを重ね合わせていくのに役立つものでした。

　TLCで教えるということは、教師であるあなたがスタンダードを利用するということであり、その逆ではありません。これは社会的公正の実現に向けた教育実践にまでつながります。ステファニー先生は、この単元では、最終的に生徒がより持続可能で環境に優しいコミュニティを作っていくための行動ベースのプロジェクトにつなげたいと思っていました。教科書やスタンダードから始めるのではなく、ステファニー先生は自身が持つ社会的公正の

ビジョンからスタートし、そのあとで自身のビジョンを支えてくれるスタンダードを見つけたのです。スタンダードが、ステファニー先生が指導を調整し、整理していく一助となったのです。スタンダードがステファニー先生の教える内容を規定したのではなかったのです。生徒がスタンダードの基準を満たし、自身の言語実践をフルに活用してカリキュラムの内容に関わることを奨励し、そして生徒が批判的にランゲージングする機会を提供することで、教師であるあなたは、アカデミックな成功体験を得るきっかけや機会を増やし、既存の理解を新たな学びの経験へと拡張させる機会を生徒に与えているのです。

包括的で真の言語実践に根ざした豊かなアセスメント

アセスメントにも社会的公正の方向性が反映されていなければなりません。私たちの生徒たちの教育的経験は、パフォーマンスの測定と結びついていることがあまりにも多いため、生徒が何を知っていて、何ができるかが真の言語実践に根ざした形で示されることが大切です。生徒が教室での作業や自分自身の学習に積極的に取り組むには、教師（や他の人）が自分の可能性を見てくれていると感じなければなりません。私たちが自分の生徒を包括的に評価できれば、そして生徒の学びを抑える方法ではなく豊かにする方法で評価できれば、それは社会的公正の実現を目指した行為に携わっていることになるのです。カーラ先生の教室では、アセスメントのプロセスに家族、生徒自身、ピアグループを巻き込んだところにこのビリーフが現れています。次の場面描写は、家族アセスメントシート：La conexión（付録A.6.4 を参照）の使用に関するものです。

カーラ先生は、生徒の公正な潜在力の全体像を掴むために、教師自身のアセスメント、生徒の自己アセスメント、そして生徒の家族のアセスメントといった複数のアセスメントツールを使用して評価します。家族のメンバーや生徒の〈声〉を取り入れることで生徒のデータフォルダを豊かにするために、家族アセスメントシート：La conexión を使用しました。La conexión では、家族からカーラ先生に、様々な指導上のト

ピックに関して自分たちが子どもから何を学んだかというフィードバックを出すことになっています。例えば、生徒が「put a jardín to sleep」の方法を学ぶ活動に取り組んだあとで、家族は子どもたちにその日習ったことを見せたり話したりするように言います。両親は子どもたちがスペイン語や英語を使って表現したことを書き留め、子どもたちは翌日そのアセスメントシートをカーラ先生に返却しました。

La conexiónは、学校で習ったことと家庭に披露することをつなげるだけでなく、家と学校での学び、実践、理解をつなげて統合するものです。このタイプの評価実践は、知識は単に生徒の中に蓄積され、統一テストで測られるものではないという考えを反映しています。真の言語実践に根ざしたアセスメントというものは、学校、家、そしてコミュニティにおける生徒のパフォーマンスに基づくものなのです。

このタイプのアセスメントでは、子どもの発達や成長に関する話しあいに、おそらく子どもたちの一番身近な「査定者」である家族も巻き込むことになります。La conexiónや類似のツールは、生徒や生徒の家族からアセスメントを遠ざけることでそれをわかりにくくするのではなく、すべての人が生徒の成長に責任を持ち、様々な人によって様々な方法で測れるのだというメッセージを送っています。このタイプのアセスメントは、学校でのアセスメントと家庭での学習の間に見られがちなギャップを埋めることに加えて、生徒が知っていることを実証する機会を何度も与えてくれます。英語のみのアセスメントツールを使用し、生徒の知識を細かく測定するのではなく、TLのアセスメントデザインは、子ども全体に対する洞察が得られ、アセスメントをより公正なものにしてくれます。

社会的公正に取り組む、そして社会的公正の実現に向けたコース設計

　社会的公正に取り組む、そして社会的公正の実現を目指したTLコリエンテ［流れ］のコースを教師が設計する方法はたくさんあります。

- カリキュラム作成、言語選択、教室における日々の作業に関する決定

に生徒を巻き込む。

- 生徒の学びを見える化する［demonstrate］ための方法として複数の選択肢を提供し、彼らの選択を正当化する場を用意する（例：文章でどのような言葉を使うかは生徒自身が決め、その選択について自分なりに説明させる）。

- プロジェクトと評価を可能な限り真の言語実践に根ざした［authentic］もの、かつ生徒の実生活に根ざした［local］ものとし、生徒が自分の学びを見える化することができるように、生徒の多様な知の方法をすべての教室での作業に取り込んでいく（例：意味生成のための柔軟な言語使用、文化的に関連性のある［culturally relevant］課題、生徒がコミュニティに参加することを奨励するプロジェクト）。

民主的な教室を体現する

　ESL教師の<u>ジャスティン先生</u>が共同授業を行っている科学の授業において、生徒はかなりの数の異なる言語を使用していますが、ジャスティン先生はそれらのほとんどを話すことができません。これはかなり大きな壁であり、ジャスティン先生にはそれを乗り越えるために創造性と柔軟性が求められ、ジャスティン先生の**TLシフト**にはまさにこの2つの特徴が反映されています。5章で議論したように、ジャスティン先生は生徒の理解力と参加度を評価し、生徒のパフォーマンスに応じて即座にシフトを行うことに加えて、TLを取り入れた会話で、生徒が新しい学習内容を理解できるよう手助けをしています。

　ジャスティン先生は科学の授業の宿題をチェックしていました。遺伝のテーマについて話しているとき、最近来たばかりの<u>ファトゥマタ</u>と<u>イシェン</u>たち何人かの生徒がジャスティン先生の説明を理解できていない様に見えました。ぼうっとした顔をしていたり、関係ないことをしていたりして、ほとんど授業に参加していませんでした。そこで、ジャスティン先生は授業の内容を先に進めるのを止めて、生徒同士でスペイン語、中国語、フランス語、ベトナム語、タガログ語やその他の言語を

使って「自分の家族と自分が似ているか、似ていないか」について話すように促しました。ジャスティン先生はこれらの言葉はほとんどできませんが、教室の活気の変化や生徒の白熱した会話から、生徒たちが熱心に取り組んでいることがわかりました。生徒同士の話しあいのあとで、ジャスティン先生は生徒に自分たちの考えを英語でシェアするように頼みました。ダニーロはタガログ語が話せるクラスメイトに助けられながら、自分は暗い色の肌をしているが、妹は白い肌でそばかすまである、と言いました。ある生徒はファトゥマタのために通訳をし、両親はどちらも茶色の目をしており、自分は緑の目をしているが、その理由は誰も知らないと伝えました。何人かの生徒はスペイン語の肌の色の様々な名称について話題をシフトしていました。こうしたコメントをテンポよく取り上げながらジャスティン先生は家族と似ているところ（や似ていないところ）についての考えを、その日の授業で生徒が学んだパネット・スクエア[7]の内容と結びつけました。すると、生徒たちはまだ習ってもいない顕性遺伝、潜性遺伝、対立遺伝子、表現型、遺伝子型、といった概念とつなげて考え始めたのです。

　ジャスティン先生のTLシフトは、生徒に新しい学習内容への「アクセス」を可能にしました。生徒同士で家庭言語を使って話すことで、遺伝という抽象的な概念から抜け出し、自分が家族と似ているかという具体的で身近な問いについて話すことができたのです。すでに議論されたように、萌芽的バイリンガルの生徒にアカデミックな内容へのアクセスを可能にすることは、社会的公正の実現を目指した教室を作ることの一端を担うことになるのです。すべての生徒、特によくアカデミックな会話から取り残されてしまう生徒が学習内容にアクセスできるようにすることで、生徒の強みと可能性にフォーカスを当てたより公正な教室を作ることになるのです。

　ジャスティン先生は、TLシフトを通してよりアクセスしやすくしただけでなく、生徒が学習内容について話しあうときに生徒自身のつながりや関心

7　第5章注16を参照。

を持ち出してよいとしたことで、教室をより民主的な場にしました。ジャスティン先生は生徒が「表現型［phenotype］」のような科学的なトピックに関して（たとえ生徒がその用語を知らなかったとしても）こんなにたくさんのことを知っているとは思っていませんでした。このような知識が教室に解き放たれ、学んでいる内容をより面白くし、生徒自身の経験とつなげられたのは、ジャスティン先生の柔軟な対応があってこそのことでした。この柔軟な対応によって突如、「知識の保有者」はジャスティン先生だけでなくなり、専門家としての先生の役割が生徒と共有され、生徒は、クラスが科学的なテーマをより有意義な形で理解する手助けをするために自身の「ローカル」な知識や経験を利用するようになったのです。こうしたとき、生徒たちは自分の意見、アイディア、物語は歓迎されるものであり、学びの場において重要なものなのだと気づくのです。

　教師がTLコリエンテ［流れ］に乗り、社会的公正の実現を目指した活動を促進する方法はたくさんあります。

- 生徒が新しい言語で学習内容によりよくアクセスできるように、ターン＆トーク[8]の活動や、ブレインストーミング、フリーライティング[9]、家庭言語とつなげるといった活動をさせる。
- 生徒たちは教師にとってすばらしい言語資源であることを忘れてはいけない！　学習内容で使われる語彙や概念を生徒たちにその場で通訳、説明してもらい、また、話した内容を新しい言語に戻すように頼むとよい。
- 生徒の物語、経験、新しい学習内容とのつながりなどを可能な限り生徒から引き出す。それにより、強い教室コミュニティを形成し、生徒がお互いに教えあう場［space］を作ることができる。
- 生徒に他者と自身の言語資源を共有させる。それにより、生徒は他者の言語を資源として捉えることができるようになり、言語的寛容性、

8　第5章注14を参照。
9　フリーライティング：ディスカッションやライティング課題の準備として、前後の脈絡や構成、誤用などを気にせず思いついたことを一気に書く活動。

そして言語的差別に対抗する行動が促進される。

　教育者が教室にTLを取り入れれば、私たちはバイリンガルの生徒が学校や社会において経験する不公平さに対抗することができるようになるのです。

11.5　まとめ

　TLCが、バイリンガルの生徒の社会的情動面の強みを**積極的に活用して** [leverage] 学習するのに有効であることを見てきました。これまで記述してきたvalorización［価値づけ］のスタンスは、con respeto, con cariño, como familia y con acompañamiento［敬意と愛の気持ちを持って、家族のように、そして伴走者として］の指導において実現されます。教師は、適切なtextos［テクスト］やcontextos［コンテクスト］を選択し、また生徒がそのテクストやコンテクストと向きあい相互にやりとりをすることができるように背中を押したりすることを通して、バイリンガルの生徒の社会的情動面のウェルビーイングや社会的地位をサポートすることができます。バイリンガルの生徒の学びを促進するためにTLで教えることは、生徒の〈声〉を解放すること、ランゲージングの実践、そして教室で支配的なものとは異なる経験ということになりますが、これらの実践自体が社会的公正の行為なのです。

　また、私たちはTLCは、単に個々のバイリンガルの生徒の成功のために機能するものではないということも強調したいと思います。TLCは、モノリンガル教室やバイリンガル教室といった従来の定義を超えるものであることを忘れないでください。同様に、TLCにおける教師は、モノリンガル教師やバイリンガル教師といった定義を超えるものです。TLは、バイリンガル生徒の批判的意識を促す潜在的な力を持っています。TLCは、教師と生徒がjuntos［共に］学校や社会における不平等を認識し、それに対抗し、さらに変革することもできるように準備を行う場なのです。

章末問題とアクティビティ

1. TLはどのようにしてバイリンガルの生徒の社会的情動面の発達をサポートし、活用する場を提供することができるでしょうか。
2. TLコリエンテ［流れ］は社会的公正とどのような関係がありますか。どのような点でTL自体が社会的公正の行為であると言えるでしょうか。
3. TLは生徒の社会的情動面の強みをvalorización［価値づけ］するうえでどのように貢献するでしょうか。valorización［価値づけ］の要素を挙げ、TLがそれぞれの要素にどう貢献するかを説明してください。

やってみよう

1. あなたが自分のクラスで実践した単元（できればあなたが本書を通して学びながら開発した単元）かレッスンの指導案をよく見てください。
   - その単元には、con respeto, con cariño, como familia y con acompaña-miento［敬意と愛の気持ちを持って、家族のように、そして伴走者として］というスタンスがどのように反映されていますか。
   - その単元は、生徒の社会的情動面のウェルビーイングとどのように関連していますか。
   - その単元は、社会的公正の促進に関してはどのように機能していますか。
   - あなたの用意したTL単元のデザインと評価が、バイリンガルの生徒の教科学習及び言語学習を促進し、バイリンガリズムを活用し、より強い社会的情動面のアイデンティティを育み、社会的公正の実現に向けての働きかけを確かにするためには、どのようなアクション・ステップをとるのがよいでしょうか。

参考文献

American Educational Research Association, American Psychological Association, and National Council on Measurement in Education (2014). National Council on Measurement. The standards for educational and psychological testing. Washington, DC: American Psychological Association.

Anaya, R. (2004). *The santero's miracle*. Albuquerque: University of New Mexico Press.

Baker, C. (2001). *Foundations of bilingual education and bilingualism*. Clevedon, UK: Multilingual Matters.

Bartlett, L., & García, O. (2011). *Additive schooling in subtractive times: Bilingual education and Dominican immigrant youth in the Heights*. Nashville: Vanderbilt University Press.

Bartolomé, L. (2008). Authentic cariño and respect in minority education: The political and ideological dimensions of love. *International Journal of Critical Pedagogy, 1*(1), 1–17.

Bodrova, E., & Leong, D. J. (2007). *Tools of the mind: The Vygotskian approach to early childhood education* (2nd Ed.). Columbus, OH: Merrill/Prentice Hall.

Canagarajah, S. (2011). Translanguaging in the classroom: Emerging issues for research and pdagogy. In Li Wei (Ed.), *Applied linguistics review* (Vol. 2, pp. 1–27). Berlin: De Gruyter Mouton.

Canagarajah, S. (2013). *Translingual practice: Global Englishes and cosmopolitan relations*. London: Routledge.

Carini, P. (2000). Prospect's descriptive processes. In M. Himley & P. Carini (Eds.), *From another angle: Children's strengths and school standards. The Prospect Center's descriptive review of the child* (pp. 8–20). New York: Teachers College Press.

Celic, C. (2009). *English language learners day by day K–6. A complete guide to literacy, content-area, and language instruction*. Portsmouth, NH: Heinemann.

Celic, C., & Seltzer, K. (2012). *Translanguaging: A CUNYNYSIEB guide for educators*. Retrieved from http://www.cuny-nysieb.org

Creese, A., & Blackledge, A. (2010). Translanguaging in the bilingual classroom: A pedagogy for learning and teaching? *The Modern Language Journal, 94*, 103–115.

Cummins, J. (1979). Cognitive/academic language proficiency, linguistic interdependence, the optimum age question, and some other matters. *Working Papers on Bilingualism, 19*, 121–129.

Cummins, J. (2008). Teaching for transfer: Challenging the two solitudes assumption in bilingual education. *Encyclopedia of language and education, 5*, 65–75.

Cummins, J. (2010). Foreword. In O. García & J. Kleifgen, *Educating emergent bilinguals: Policies, programs and practices for English language learners* (pp. ix–x). New York: Teachers College Press.

Darder, A. (1991). *Culture and power in the classroom*. Westport, CT: Bergin & Garvey.

Escamilla, K., Hopewell, S., Butvilofsky, S., Sparrow, W., Soltero-González, L., Ruiz-Figueroa, O., & Escamilla, M. (2014). *Biliteracy from the start: Literacy Squared in action*. Philadelphia: Caslon.

Fairclough, N. (1995). *Critical discourse analysis*. Boston: Addison-Wesley.

Fitts, S. (2006). Reconstructing the status quo: Linguistic interaction in a dual-language school. *Bilingual Research Journal, 30*(2), 337–365.

Flores, N. (2014). *Let's not forget that translanguaging is a political act*. Retrieved from https://educationallinguist.wordpress.com/2014/07/19/lets-not-forget-that-translanguaging-is-a-political-act/

Flores, N., & Schissel, J. (2014). Dynamic bilingualism as the norm: Envisioning a heteroglossic approach to standardsbased reform. *TESOL Quarterly, 48*(3), 454–479.

Flores-Dueñas, L. (1999). Plática as critical instruction: Talking with bilingual students about their reading. *Educational Considerations, 26*(2), 44–49.

Freeman, D., & Freeman, Y. (2007). *English language learners: The essential guide*. New York: Scholastic.

Freire, P. (1970). *Pedagogy of the oppressed*. New York: Herder and Herder.

Freire, P. (2008). Teachers as cultural workers: Letters to those who dare teach. In M. Cochran-Smith, S. Feiman- Nemser, D. J. McIntyre, & K. E. Demers (Eds.), *Handbook of research on teacher education: Enduring questions and answers in changing contexts*. New York: Routledge (original work published in 1990).

Freire, P., & Macedo, D. (1987). *Literacy: Reading the word and the world*. Westport, CT: Praeger.

García, O. (2009). *Bilingual education in the 21st century: A global perspective*. Malden, MA: Wiley/Blackwell.

García, O. (2011a). Educating New York's bilingual children: Constructing a future from the past. *International Journal of Bilingual Education and Bilingualism, 14*(2), 133–153.

García, O. (2011b). From language garden to sustainable languaging: Bilingual education in a global world. *Perspectives*. Sept/Oct, 5–10.

García, O. (2012). Theorizing translanguaging for educators. In C. Celic & K. Seltzer (Eds.), *Translanguaging: A CUNY-NYSIEB guide for educators*. Retrieved from http://www.nysieb.ws.gc.cuny.edu/files/2013/03/Translanguaging-Guide-March-2013.pdf

García, O. (2013). From diglossia to transglossia: Bilingual and multilingual classrooms in the 21st century. In C. Abello-Contesse, P. Chandler, M. D. López-Jiménez, M. M. Torreblanc López, & R. Chacón Beltrán (Eds.), *Bilingualism and multilingualism in school settings* (pp. 155–178). Bristol, UK: Multilingual Matters.

García, O. (2014). Countering the dual: Transglossia, dynamic bilingualism and translanguaging in education. In R. Rubdy & L. Alsagoff (Eds.), *The global-local interface, language choice and hybridity* (pp. 100–118). Bristol, UK: Multilingual Matters.

García, O., & Kleyn, T. (Eds.). (2017). *Translanguaging with multilingual students: Learning from classroom moments. New York: Routledge.

García, O., & Leiva, C. (2014). Theorizing and enacting translanguaging for social justice. In A. Black-
ledge & A. Creese (Eds.), *Heteroglossia as practice and pedagogy* (pp. 199–216). New York: Springer.

García, O., & Li Wei. (2014). *Translanguaging: Language, bilingualism and education.* London: Pal-
grave Macmillan Pivot.

García, O., Woodley, H. H., Flores, N., & Chu, H. (2013). Latino emergent bilingual youth in high
schools: Transcaring strategies for academic success. *Urban Education, 48*(6), 798–827.

Gibbons, P. (2009). *English learners, academic literacy, and thinking: Learning in the challenge zone.*
Portsmouth, NH: Heinemann.

Goizueta, R. S. (2001). *Caminando con Jesus: Toward a Hispanic/Latino theology of accompaniment.*
New York: Orbis.

Goldbenberg, C., Tolar, J., Reese, L., Francis, D., Ray Bazán, A., Mejía-Arauz, R. (2014). How impor-
tant is teaching phonemic awareness to children learning to read in Spanish? *American Educational
Research Journal, 51*, 604–633.

Gort, M. (2015). Transforming literacy learning and teaching through translanguaging and other typi-
cal practices associated with "doing being bilingual." *International Multilingual Research Journal,
9*(1), 1–6.

Gort, M., & Sembiante, S. F. (2015). Navigating hybridized language learning spaces through translan-
guaging pedagogy: Dual language preschool teachers' languaging practices in support of emergent
bilingual children's performance of academic discourse. *International Multilingual Research Jour-
nal, 9*(1), 7–25.

Grosjean, F. (1982). *Life with two languages.* Cambridge, MA: Harvard University Press.

Gutiérrez, K. D. (2008). Developing a sociocritical literacy in the third space. *Reading Research Quar-
terly, 43*(2), 148–164.

Gutiérrez, K. D., Morales, P. Z., & Martinez, S. C. (2009). Remediating literacy: Culture, difference,
and learning for students from nondominant communities. *Review of Research in Education, 33*,
212–245.

Haugen, E. (1953). *The Norwegian language in America: A study of bilingual behavior.* Philadelphia:
University of Pennsylvania Press.

Heller, M. (1999). *Linguistic minorities and modernity: A sociolinguistic ethnography.* London: Long-
man.

Hornberger, N. (1990). Creating successful contexts for bilingual literacy. *Teachers College Record,
92*(2), 212–229.

Hornberger, N. (Ed.). (2003). *Continua of biliteracy. An ecological framework for educational policy,
research, and practices in multilingual settings.* Clevedon, UK: Multilingual Matters.

Hornberger, N. (2005). Opening and filling up implementational and ideological spaces in heritage
language education. *Modern Language Journal, 89*(4), 605–609.

Johnson, S. I. (2013). Dual language teachers' changing views of Spanish literacy teaching and learning as influenced by critical dialogue. (Unpublished doctoral dissertation.) University of New Mexico.

Johnson, S. I., & Meyer, R. J. (2014). Translanguaging: A language space for multilinguals. In R. J. Meyer & K. F. Whitmore (Eds.), *Reclaiming writing: Composing spaces for identities, relationships, and action* (pp. 164–168). New York: Routledge.

Lee, J. S., Hill-Bonnet, L., & Gillispie, J. (2008). Learning in two languages: Interactional spaces for becoming bilingual speakers. *International Journal of Bilingual Education and Bilingualism, 11*(1), 75–94.

Lewis, G., Jones, B., & Baker, C. (2012a). Translanguaging: Developing its conceptualisation and contextualisation. *Educational Research and Evaluation, 18*(7), 655–670.

Lewis, G., Jones, B., & Baker, C. (2012b). Translanguaging: Origins and development from school to street and beyond. *Educational Research and Evaluation, 18*(7), 641–654.

Li Wei (2010). The nature of linguistic norms and their relevance to multilingual development. In M. Cruz- Ferreira (Ed.), *Multilingual norms* (pp. 397–404). Frankfurt, Germany: Peter Lang.

Li Wei (2011). Moment analysis and translanguaging space: Discursive construction of identities by multilingual Chinese youth in Britain. *Journal of Pragmatics, 43*, 1222–1235.

Li Wei (2013). Conceptual and methodological issues in bilingualism and multilingualism research. In T. K. Bhatia & W. C. Ritchie (Eds.), *The handbook of bilingualism and multilingualism* (2nd Ed., pp. 26–51). Oxford: Wiley Blackwell.

Li Wei (2014). Who's teaching whom? Co-learning in multilingual classrooms. In S. May (Ed.), *The multilingual turn: Implications for SLA, TESOL and bilingual education* (pp. 167–190). New York: Routledge.

Linquanti, R., & Cook, H. G. (2013). Toward a "common definition of English learner": A brief defining policy and technical issues and opportunities for state assessment consortia. *Council of Chief State School Officers.* Retrieved from http://eric.ed.gov/?id=ED542705

Makoni, S., & Pennycook, A. (2007). *Disinventing and reconstituting languages.* Clevedon, UK: Multilingual Matters.

Martínez, R., Hikida, M., & Durán, L. (2015). Unpacking ideologies of linguistic purism: How dual language teachers make sense of everyday translanguaging. *International Multilingual Research Journal, 9*(1), 26–42.

May, S. (Ed.). (2013). *The multilingual turn: Implications for SLA, TESOL and bilingual education.* New York: Routledge.

McTighe, J., & Wiggins, G. P. (2013). *Essential questions: Opening doors to student understanding.* Alexandria, VA: Association for Supervision and Curriculum Development.

Moll, L. (2013). *L.S. Vygotsky and education.* New York: Routledge.

Moll, L. C., Amanti, C., Neff, D., & González, N. (1992) Funds of knowledge for teaching: Using a qualitative approach to connect homes and classrooms. *Theory into Practice, 31*(2), 132–141.

Otheguy, R., García, O., & Reid, W. (2015). Clarifying translanguaging and deconstructing named languages: A perspective from linguistics. *Applied Linguistics Review, 6*(3), 281–307.

Otheguy, R., & Stern, N. (2011). On so-called Spanglish. *International Journal of Bilingualism, 15*(1), 85–100.

Palmer, D., & Henderson, K. (2016). Dual language bilingual education placement practices: Educator discourses about emergent bilingual students in two program types. *International Multilingual Research Journal, 10*(1), 17–30.

Palmer, D. K., & Martínez, R. A. (2013). Teacher agency in bilingual spaces: A fresh look at preparing teachers to educate Latino/a bilingual children. *Review of Research in Education, 37*, 269–297.

Palmer, D. K., Martínez, R. A., Mateus, S. G., & Henderson, K. (2014). Reframing the debate on language separation: Toward a vision for translanguaging pedagogies in the dual language classroom. *Modern Language Journal, 98*(3), 757–772.

Paris, D. (2012). Culturally sustaining pedagogy: A needed change in stance, terminology, and practice. *Educational Researcher, 41*(3), 93–97.

Popham, J. (2008). *Transformative assessment*. Alexandria, VA: Association for Supervision and Curriculum Development.

Ruiz, R. (1984). Orientations in language planning. *NABE Journal, 8*(2), 15–34.

Sepúlveda, E. (2011). Toward a pedagogy of acompañamiento: Mexican migrant youth writing from the underside of modernity. *Harvard Educational Review, 81*(3), 550–619.

Street, B. (1984). *Literacy in theory and practice* (Vol. 9). Cambridge, UK: Cambridge University Press.

Valdés, G. (1996). *Con respeto: Bridging the distances between culturally diverse families and schools*. New York: Teachers College Press.

Valdés G. (2017). Entry visa denied: The construction of symbolic language borders in educational settings. In O. García, N. Flores, & M. Spotti (Eds.), *Handbook of language and society*. New York: Oxford University Press.

Valenzuela, A. (1999). *Subtractive schooling: U.S.–Mexican youth and the politics of caring*. New York: State University of New York Press.

Velasco, P., & Johnson, H. (2014). New York State Bilingual Common Core Initiative: Creating scaffolds for the successful education of language learners. In L. Minaya- Rowe (Ed.), *A handbook to implement educational programs, practices, and policies for English language learners* (pp. 29–62). Charlotte, NC: Information Age.

Vertovec, S. (2007). Super-diversity and its implications. *Ethnic and Racial Studies, 30*(6), 1024–1054.

Vygotsky, L. S. (1978). *Mind in society: The development of higher psychological processes*. Cambridge, MA: Harvard University Press.

Walqui, A. (2006). Scaffolding instruction for English learners. A conceptual framework. *International Journal of Bilingual Education and Bilingualism, 9*(2), 159–180.

Weinreich, U. (1979). *Languages in contact: Findings and problems*. The Hague: Mouton.

Williams, C. (1994). Arfarniad o ddulliau dysgu ac addysgu yng nghyd-destun addysg uwchradd ddwyieithog [An evaluation of teaching and learning methods in the context of bilingual secondary education]. (Unpublished doctoral thesis.) University of Wales, Bangor.

Williams, C. (2002). *A language gained: A study of language immersion at 11–16 years of age.* Bangor: University of Wales, School of Education. Retrieved from http://www.bangor.ac.uk/addysg/publications/Ennill_Iaith.pdf

索 引

原著者紹介

オフィーリア・ガルシア（Ofelia García）

ニューヨーク市立大学（CUNY）大学院教授で、都市教育プログラム及びヒスパニック言語・文学プログラムで博士課程の教育に携わる。バイリンガリズム及びバイリンガル児童・生徒の教育に関する著書多数。11歳でキューバからアメリカに移住した自身の経験や、マイノリティの児童のバイリンガル教育について教えてきた経験、さらにバイリンガル教育・ESL教育に携わる教師養成に関わってきた経験に基づいた研究を行っている。

スザンナ・イバラ・ジョンソン（Susana Ibarra Johnson）

ニューメキシコ大学非常勤教授として、リテラシー教育及びバイリンガル教育について指導している。自分自身の生徒として、また教師としての経験を踏まえ、バイリンガルの子どもたちの教育に情熱を傾ける。バイリンガル教育プログラムの実施、クリティカル・リテラシー教育、バイリンガルの言語習得に関わる教師教育をニューメキシコ州及び全米で実践している。

ケイト・セルツァー（Kate Seltzer）

ニューヨーク市立大学大学院　都市教育プログラム博士課程の学生（博士号取得予定者）で、CUNYのシティ・カレッジでも教鞭をとる。以前は、バイリンガルの生徒を多く抱えるニューヨーク市の高校でランゲージ・アーツの教員として教育に従事していた。

監訳者・訳者紹介（[　] 内は翻訳担当）

[監訳者]

佐野愛子（さの　あいこ）［第 1 章］

北海道大学大学院国際広報メディア・観光学院修了（学術博士）。北海道文教大学准教授、札幌国際大学教授等を経て、現在、立命館大学文学部・立命館大学大学院言語教育情報研究科教授。専門は、バイリンガル教育学、英語教育学。

［主な著書・論文］

『日本手話で学びたい！』（佐々木倫子・田中瑞穂と共編著、ひつじ書房、2023 年）

The Practice of English as a Medium of Instruction (EMI) Around the World（Carol Griffth【編】、分担執筆、Springer、2023 年［英語］）

『多文化理解のための国際英語文化入門』（分担執筆、丸善出版、2022 年）

中島和子（なかじま　かずこ）

トロント大学東アジア研究科名誉教授。カナダ日本語教育振興会 (CAJLE) 名誉会長、母語・継承語・バイリンガル教育（MHB）学会名誉会長、バイリンガル・マルチリンガル子どもネット（BMCN）会長。専門は、バイリンガル教育学、継承日本語教育学。

［主な著書・論文］

『新装版 言語マイノリティを支える教育』（共訳著、明石書店、2011/2021 年）

『新装版 カナダの継承語教育——多文化・多言語主義をめざして』（共訳著、明石書店、2005/2020 年）

『マルチリンガル教育への招待——言語資源としての外国人・日本人年少者』（編著、ひつじ書房、2010 年）

『バイリンガル教育の方法——12 歳までに親と教師ができること』（完全改訂版、アルク、1998/2010 年）

『言葉と教育』（海外子女教育振興財団、1998 年）

[訳者]（担当順）

松田真希子（まつだ　まきこ）［第2章、第4章］
大阪外国語大学（現大阪大学）大学院博士後期課程単位取得退学（学術博士、一橋大学）。
金沢大学融合研究域教授を経て、現在、東京都立大学大学院人文科学研究科教授。専門は、
応用言語学、日本語教育学。
［主な著書・論文］
『「日系」をめぐることばと文化——移動する人の創造性と多様性』（中井精一、坂本光代
　と共編著、くろしお出版、2022年）
『ベトナム語母語話者のための日本語教育』（春風社、2016年）

小島祥美（こじま　よしみ）［第3章］
大阪大学大学院人間科学研究科修了（人間科学博士）。小学校教員、NGO職員、岐阜県可
児市教育委員会初代外国人児童生徒コーディネーター、愛知淑徳大学教授等を経て、現在、
東京外国語大学准教授／多言語多文化共生センター長。文部科学省・外国人児童生徒等教
育アドバイザー。専門は、教育社会学、国際ボランティア学。
［主な著書・論文］
『外国人の子ども白書【第2版】——権利・貧困・教育・文化・国籍と共生の視点から』
　（共編著、明石書店、2022年）
『Q&Aでわかる外国につながる子どもの就学支援——「できること」から始める実践ガイ
　ド』（編著、明石書店、2021年）
『外国人の就学と不就学——社会で「見えない」子どもたち』（大阪大学出版会、2016年）

伊東祐郎（いとう　すけろう）［第5章］
Western Illinois University（U.S.A.）大学院教育学研究科（修士課程）修了。東京外国語大学
名誉教授。東京外国語大学副学長・附属図書館長を経て、現在、国際教養大学専門職大学
院特任教授／放送大学客員教授。専門は、日本語教育学、応用言語学（評価・テスト）。
［主な著書・論文］
『日本語教育学入門』（共著、放送大学教育振興会、2024年）
『日本語教育よくわかる評価法』（アルク、2022年）
『日本語教育の過去・現在・未来　第1巻「社会」』（共著、凡人社、2009年）

櫻井千穂（さくらい　ちほ）［第6章］

大阪大学大学院言語文化研究科修了（言語文化学博士）。同志社大学、広島大学准教授等を経て、現在、大阪大学大学院人文学研究科准教授。専門は、バイリンガル教育、日本語教育。

［主な著書・論文］

「外国につながる児童生徒への教育——課題とその解決に向けた提言」（『ことばと文字』
　（16）14-24、2023年）

「『DLA〈読む〉』の構成概念妥当性の検証——日本語母語児童を対象としたテキストレベルの妥当性に関する分析」（『日本語教育』(185)30-45、2023年、共著論文）

『母語をなくさない日本語教育は可能か——定住二世児の二言語能力』（真嶋潤子編、共著、
　大阪大学出版会、2019年）

『外国にルーツをもつ子どものバイリンガル読書力』（大阪大学出版会、2018年）

真嶋潤子（まじま　じゅんこ）［第7章］

ジョージア大学大学院言語教育学科外国語教育学専攻（Ed.D. 教育学博士）。大阪大学名誉教授。大阪外国語大学助教授、大阪大学大学院言語文化研究科教授等を経て、現在、国際交流基金関西国際センター所長。専門は、日本語教育学、外国語教育学、言語教育政策。

［主な著書・論文］

『技能実習生と日本語教育』（編著、大阪大学出版会、2021年）

「日本語教育における CEFR と CEFR-CV の受容について」（分担執筆。西山教行・大木充
　（編）『CEFRの理念と現実　現実編　教育現場へのインパクト』くろしお出版、2021年）

Migration, Multilingualism and Education: Critical Perspectives on Inclusion（Latisha Mary, Ann-
　Birte Krüger, and Andrea S. Young【編】：分担執筆、Multilingual Matters, 2021年［英語］）

『母語をなくさない日本語教育は可能か——定住二世児の二言語能力』（編著、大阪大学出
　版会、2019年）

Handbook of Bilingual and Multilingual Education（Wayne E. Wright, Sovicheth Boun, and Ofelia
　García【編】：分担執筆、Wiley Blackwell, 2015年［英語］）

伊澤明香（いざわ　さやか）［第8章］

大阪大学大学院 言語文化研究科 博士後期課程修了。博士（日本語・日本文化）。関西大学外国語学部・外国語教育学研究科准教授。専門は、日本語教育学、地域日本語教育、年少者日本語教育。

［主な著書・論文］

『「日系」をめぐることばと文化——移動する人の創造性と多様性』（松田真希子・中井精
　一・坂本光代【編著】、分担執筆、くろしお出版、2022年）

菅長理恵（すがなが　りえ）[第9章]

東京大学大学院人文社会系研究科博士課程満期退学（文学修士）。東京外国語大学大学院国際日本学研究院教授。専門は、日本語日本文学。

[主な著書・論文]

『エピソードとタスクから描く私のキャリアプラン』（中井陽子・渋谷博子・伊集院郁子と共著：凡人社、2022年）

『世界のなかの子規・漱石と近代日本』（柴田勝二【編】：分担執筆、勉誠社、2018年）

『日本をたどりなおす29の方法——国際日本学入門』（野本京子・坂本恵・東京外国語大学国際日本研究センター【編】：分担執筆、東京外国語大学出版会、2016年）

小林幸江（こばやし　ゆきえ）[第10章]

東京外国語大学大学院外国語学研究科修士課程修了（文学修士）。東京外国語大学名誉教授。東京外国語大学留学生日本語教育センター、国際日本学研究院教授等を歴任。専門は、日本語教育学。

[主な著書・論文]

『国際日本研究への誘い——日本をたどりなおす29の方法』（坂本恵・友常勉・東京外国語大学国際日本研究センター【編】：分担執筆、東京外国語大学出版会、2022年）

「外国にルーツを持つ子どもの日本語教育の現状と課題」（『ことばと文字』（11）108-122、2019年）

『マリアとケンのいっしょににほんご——学びにつながる16の活動』（横田淳子と共著、スリーエーネットワーク、2007年）

三輪聖（みわ　せい）[第11章]

京都大学人間・環境学研究科博士後期課程単位取得満期退学。ベルリン自由大学、ハンブルク大学などを経て、現在、テュービンゲン大学専任講師。専門は、言語教育政策、民主主義教育（政治教育）、継承語教育、言語学。

[主な著書・論文]

『日本語×民主的シティズンシップ』（名嶋義直・野呂香代子と共著、凡人社、2023年）

『ことばの教育と平和——争い・隔たり・不公正を乗り越えるための理論と実践』（佐藤慎司・神吉宇一・奥野由紀子と共編著、明石書店、2023年）

『「日系」をめぐることばと文化——移動する人の創造性と多様性』（松田真希子・中井精一・坂本光代【編著】、分担執筆、くろしお出版、2022年）

『右翼ポピュリズムに抗する市民性教育』（名嶋義直・神田靖子【編】、分担執筆、明石書店、2020年）

トランスランゲージング・クラスルーム
——子どもたちの複数言語を活用した学校教師の実践

2024 年 3 月 30 日　初版第 1 刷発行

著　者	オフィーリア・ガルシア
	スザンナ・イバラ・ジョンソン
	ケイト・セルツァー
監訳者	佐　野　愛　子
	中　島　和　子
発行者	大　江　道　雅
発行所	株式会社明石書店

〒 101-0021 東京都千代田区外神田 6-9-5
電　話　03 (5818) 1171
ＦＡＸ　03 (5818) 1174
振　替　00100-7-24505
http://www.akashi.co.jp

装丁　　　　　　　谷川のりこ
印刷・製本　モリモト印刷株式会社

言語マイノリティを支える教育【新装版】
ジム・カミンズ著　中島和子著訳
◎3200円

新装版 カナダの継承語教育
ジム・カミンズ、マルセル・ダネシ著
中島和子、高垣俊之訳
多文化・多言語主義をめざして
◎2400円

外国人の子ども白書【第2版】
荒牧重人、榎井縁、江原裕美、小島祥美、
志水宏吉、南野奈津子、宮島喬、山野良一編
権利・貧困・教育・文化・国籍と共生の視点から
◎2500円

Q&Aでわかる外国につながる子どもの就学支援
小島祥美編著
「できること」から始める実践ガイド
◎2200円

ことばの教育と平和
佐藤慎司、神吉宇一、奥野由紀子、三輪聖編著
争い・隔たり・不公正を乗り越えるための理論と実践
◎2700円

右翼ポピュリズムに抗する市民性教育
名嶋義直、神田靖子編
ドイツの政治教育に学ぶ
◎3600円

異文化間教育ハンドブック
イングリット・ゴゴリンほか編著
立花有希、佐々木優香、木下江美、クラインハーベル美穂訳
ドイツにおける理論と実践
◎15000円

日本型多文化教育とは何か
松尾知明著
「日本人性」を問い直す学びのデザイン
◎2600円

多文化ファシリテーション
秋庭裕子、米澤由香子編著
多様性を活かして学び合う教育実践
◎2400円

多文化教育の授業開発と実践
中澤純一著
多様性の尊重と社会正義の実現をめざして
◎3800円

外国人生徒と共に歩む大阪の高校
山本晃輔、榎井縁編著
学校文化の変容と卒業生のライフコース
◎2600円

公立学校の外国籍教員
中島智子、権瞳、呉永鎬、榎井縁著
「教員の生(ライヴズ)」、「法理」という壁
◎2700円

いっしょに考える外国人支援
関わり・つながり・協働する
南野奈津子編著
◎2400円

いっしょに考える難民の支援
日本に暮らす「隣人」と出会う
森恭子、南野奈津子編著
◎2500円

女性移住者の生活困難と多文化ソーシャルワーク
母国と日本を往還するライフストーリーをたどる
南野奈津子著
◎3800円

異文化間教育事典
異文化間教育学会編著
◎3800円

〈価格は本体価格です〉